2016年世界就业和社会展望

实现工作转型以消除贫困

国际劳工组织 著
中国财政经济出版社 组织翻译

中国财经出版传媒集团
中国财政经济出版社

本书英文版由国际劳工研究所（日内瓦）出版，书名为 World Employment and Social Outlook 2016: Transforming Jobs to End Poverty

© 2015 International Labour Organization (International Institute for Labour Studies)

中国财政经济出版社获得授权翻译出版《2016年世界就业和社会展望：工作性质的不断改变》中文版。

© 中国财政经济出版社，2017年。

国际劳工组织出版物中所用的称号符合联合国惯例，且其中的内容和材料并不意味着国际劳工局认可任何国家、地区或领土的法律地位或其当局，或关于其疆界的划定。

本书的研究和文稿所持的观点由其署名作者负责，国际劳工研究所对其观点看法不负任何责任。

图书在版编目（CIP）数据

2016年世界就业和社会展望：实现工作转型以消除贫困/国际劳工组织著；中国财政经济出版社组织翻译. —北京：中国财政经济出版社，2017.9
书名原文：World Employment Social Outlook: Transforming jobs to end poverty
ISBN 978-7-5095-7655-7

Ⅰ. ①2… Ⅱ. ①国… ②中… Ⅲ. ①劳动就业-研究-世界-2016 Ⅳ. ①F249.1

中国版本图书馆CIP数据核字（2017）第193195号

责任编辑：孙　腾　　　　责任校对：张　凡

中国财政经济出版社出版
URL：http://www.cfeph.cn
E-mail：cfeph@cfeph.cn
（版权所有　翻印必究）
社址：北京市海淀区阜成路甲28号　邮政编码：100142
营销中心电话：88190406　北京财经书店电话：64033436　84041336
北京财经印刷厂印刷　各地新华书店经销
880×1230毫米　16开　12.25印张　313 000字
2017年10月第1版　2017年10月北京第1次印刷
定价：46.00元
ISBN 978-7-5095-7655-7
图字：01-2017-5331
（图书出现印装问题，本社负责调换）
本社质量投诉电话：010-88190744
打击盗版举报热线：010-88190414　QQ：447268889

序言

本期《2016年世界就业和社会展望》报告专门针对贫困问题,其出版正值一个关键时刻。最近世界银行通过的《可持续发展议程》的首要目标就是在2030年之前"在世界各国消除一切形式的贫困"。此外,该议程对体面工作的重要性给予极大关注。尤其是,该议程旨在"促进持久、包容和可持续的经济增长,促进充分的生产性就业和人人获得体面工作"。

本报告的主要研究结果是,体面工作是消除贫困的一个必要先决条件。因此,在没有体面工作的情况下,可能将无法实现《可持续发展议程》的第一个目标。事实上,仅仅依赖经济增长将不足以消除贫困。该报告显示,近期的增长模式,再加之不公平的自然资源财富转移、较低的生产率增长水平以及对农业领域的重视不足,而有近三分之二的贫困人口集中在农业部门,以上这些只能扩大贫富差距并延长贫困的影响。而更令人忧虑的是,发达国家的贫困率出现上升,所以,消除贫困这一目标与所有地区都是相关的。

本报告也考察了体面工作是如何帮助实现消除贫困这一目标的。报告显示,首要的一点是,必须建立基于权利的消除贫困办法,这就要求批准那些与减贫最为相关的国际劳工标准。此外,可通过劳工、社会监管以及其他监管的延伸来实现尽可能高的覆盖率,这提供了一种实现劳工标准减贫效果最大化的方法。

其次,经济增长应该具备广泛的基础,这一点可以通过支持向正规企业和体面工作进行转变的政策来得到促进。在此方面,应为可持续性企业,尤其是那些作为工作机会创造主要引擎以及长期减贫管道的中小企业营造有利的环境,这一点具有重要意义。这可以通过促进完善的企业监管、引入更加有效和公平的税制以及实施高效的企业登记等措施来实现。农业经济也存在着大量未开发潜能,通过体面工作的方式对其予以充分承认并开发将为减贫作出重要贡献。

再次,精心设计的就业和收入政策对于为个人提供支持并通过提高技能水平、推进劳动力市场参与以及促进向正式就业的转变而言是必须的。同样势在必行的是使雇主能够在新的行业领域创造工作机会,同时工作者也需要掌握从事这些工作所必需的工具。与此同时,在上述各政策领域之中,社会保障发挥着核心作用,而且与针对那些没有能力工作的人员或非工作年龄人员的减贫特别相关。

最后,本报告特别指出了减贫战略充分融资的重要性。这要求在改善税基方面作出更多努力——这可以通过创造体面工作机会来予以支持。在此方面,也必须采取打击逃税漏税以及收入过度不平等现象的举措。事实上,富人有一定责任来解决贫困群体面对的状况。

上述研究结果根植于大型实证分析,分析中采用了大多数国家的详尽数据。本报告也给出了通过实现工作转型有效消除贫困的大量政策实例。

早在1944年,《费城宣言》就指出了"任何地方的贫穷对一切地方的繁荣都构成危害"。这种观点即便在当今也是真知灼见。因此，我希望本项重要研究能够有助于政策制定者成功对抗贫困，而对抗贫困仍然是我们时代最为紧迫的任务之一。

盖伊·莱德
国际劳工组织总干事

致谢

本期《2016年世界就业和社会展望：实现工作转型以消除贫困》是由国际劳工组织研究部主任领导部门人员撰写的。

各章的作者为弗洛伦斯·邦尼特、乌马·拉尼和玛丽安·菲雷（第一章）；弗洛伦斯·邦尼特（第二章）；圣图·米拉斯、维达·纳拉辛汗、萨米尔·卡提瓦达和斯蒂芬·曲恩（第三章）；约翰娜·斯尔万达和拉斐尔·皮尔斯（第四章）；汤姆·莱弗斯和埃莉诺·泰伊（第五章）；以及理查德·霍恩和圣图·米拉斯（第六章）。雷蒙德·托雷斯负责执行摘要的撰写。

史蒂文·托宾在莫阿扎姆·马哈茂德和雷蒙德·托雷斯的指导下对整篇报告进行协调。安娜·伯德詹尼、朱迪·拉弗蒂、埃莉诺·泰伊和王铮（Zheng Wang）提供了研究支持。

我们对国际劳工组织总干事特别顾问詹姆斯·霍华德的指导和建议表示感谢。

我们对参加2016年1月18—19日召开的本报告讨论会议的国际劳工组织研究评审小组的成员表示感谢，其中包括依艾恩·贝格教授、贾亚提·高希教授、努里·穆兹德教授、罗伯特·斯基德尔斯基勋爵教授和阿兰·萨皮尔特教授，感谢他们的深刻洞察和建议。

国际劳工组织非洲、阿拉伯国家、亚太、欧洲和东亚以及拉美和加勒比地区的区域办公室提出了宝贵的意见和建议。

我们对以下国际劳工组织的部门主任对本报告给予的反馈表示感谢，他们是：就业政策部的艾茨塔·贝拉·阿瓦德；统计部的拉斐尔·迪茨·德·麦地那；社会保障部的伊莎贝尔·奥蒂兹；治理和三方代表制部的穆萨·奥马鲁；多边合作部的史蒂芬·普尔西；工作条件和平等部的曼纽拉·托梅伊；行业政策部的阿莱特·范勒尔；企业部的维克·范瑞安；以及国际劳工标准部的科琳·瓦格哈。雇主活动局以及工作者活动局也提供了有建设性的洞察。同时，我们也对国际劳工组织出版委员会秘书处给予的支持表示感谢。

最后，我们对我们研究部的同仁以及其他为我们提供过有益评价和起草建议的国际劳工组织工作人员表示感谢，他们是：玛利亚·阿里克辛斯卡，克里斯蒂娜·贝伦特，帕特里克·贝尔萨，亚尼内·伯格，埃尔维斯·贝图拉也夫，玛瓦·科利—库利巴利，维罗妮卡·埃斯库德罗，埃里克·格拉维尔，卡拉·亨利，史蒂芬·卡普索斯，瓦特里·卡塔亚姆·基，塔卡里，登旦木津，弗莱德里克·拉佩尔，高丽·李，洛雷塔·德·卢卡，伊丽莎白·埃彻维利亚·曼里克，菲利普·玛卡邓特，罗萨纳·米罗拉，埃尔瓦·洛佩兹·莫雷洛，迈克尔·瓦斯卡卡他，伊姆加德·纽贝勒，克莱蒙特·皮尼亚迪，彼得·伯申，那伦·普拉萨德，克塞尼亚·莱多耶维克·博威特，迭戈·列伊，丹尼尔·萨门，瓦莱里奥·德·斯特凡诺，盖伊·查米和克里斯丁·维格拉恩。

目录

执行概要	xi
引言	1

第一部分　贫困人口的工作与收入　　5

第一章　贫困与职场：全球趋势综述　　7

第一节　贫困趋势综述	7
第二节　贫困人口的构成与工作类型	10
第三节　贫困人口的收入来源	17
第四节　贫困的非收入因素	21
第五节　结束语	23
附录 A　地区、国家与收入群组	24
附录 B　贫困人口与非贫困人口的分布及贫困率	26
附录 C　贫困人口的收入来源	29
附录 D　按就业状况统计的贫困人口收入来源	31
附录 E　贫困的变化	33
附录 F　贫困的非收入面	37

第二章　解决收入差距问题　　43

引言	43
第一节　对消除贫困所需收入的估计	43
第二节　人口和经济抚养比率以及体面工作匮乏	47
第三节　缩小收入差距所需的应对政策组合	60
第四节　结束语	65
附录 A　消除贫困的最低收入差距数量（总量及其构成）	66
附录 B　2012 年按国家统计的总贫困差距水平及其构成（极度和中等贫困）	71
附录 C　2012 年表示为目前公共社会保障支出百分比的总收入差距（按不同贫困线）	73
附录 D　各国社会保障在脱贫和防贫方面的作用	75
附录 E　社会保障或增加劳动收入：简化的个案分析	78
附录 F　收入差距中通过社会保障缩小部分比例的估计方法	83
附录 G　各国资料来源：家庭调查名单	84

第三章　实现增长和工作转型以脱贫	95
引言	95
第一节　经济增长和贫困综述	95
第二节　旨在脱贫的工作转型	101
第三节　结束语以及与本报告第二部分的联系	105
附录 A　经济增长、不平等与贫困	106
附录 B　就业类型与贫困发生率	108

第二部分　旨在实现工作转型和收入转型的政策　　115

第四章　以权利为基础的减贫途径	117
引言	117
第一节　作为脱贫促进机制的国际劳工标准	117
第二节　改善国际劳工标准的实施与执行，令其惠及贫困人口	124
第三节　结束语	132

第五章　体面工作对于消除农村经济中贫困现象的作用	139
引言	139
第一节　农业与农村经济：脱贫的机会与挑战	139
第二节　通过农业生产率增长实现脱贫	143
第三节　小农农业的替代品：非农活动和农业授薪工作	147
第四节　结束语	151

第六章　为人们提供支持并促进优质工作	159
引言	159
第一节　社会保障在帮助非劳动适龄人口和无工作能力人口实现减贫中的作用	159
第二节　支持人们重返就业岗位	161
第三节　应对工作质量和在职贫困问题	165
第四节　结束语：确保通过劳动力市场制度和社会对话实现扶贫战略的连贯性	170

专栏

专栏 1.1	选择的贫困衡量方法：定义与注意事项	8
专栏 1.2	在职贫困人口的趋势：1991 到 2015 年期间新兴和发展中国家 15 岁及以上人口的估计值	13
专栏 1.3	按劳动力市场状况统计的欧盟贫困风险率	14
专栏 2.1	对全球收入差距的估计	44
专栏 2.2	概念定义	49
专栏 2.3	简化情况及其最合适的应对政策组合	61
专栏 2E.1	对五种情况的逐一分析	78
专栏 3.1	经济增长与脱贫：一些文献内容概述	96

专栏 3.2	理解贸易与贫困之间的相关关系	99
专栏 3.3	全球化与"自然资源诅咒"	100
专栏 3.4	产业政策对生产转型的作用	104
专栏 3.5	向低碳和可持续性经济转型	104
专栏 4.1	歧视与贫困的例子：原住民、种族与宗教	122
专栏 4.2	无酬家庭帮工和家庭工人面临的挑战	125
专栏 4.3	腐败对贫困人口获得司法服务产生影响	126
专栏 4.4	贸易协定与劳工条款	127
专栏 4.5	劳动监察机构扩大有效覆盖范围的作用	128
专栏 4.6	在提高司法服务可得性方面开展合作的重要性	129
专栏 4.7	组织和代表在职贫困人口	130
专栏 4.8	工会在确认家庭工人权利方面的作用	131
专栏 4.9	雇主组织在为企业创造有利环境方面的作用	131
专栏 5.1	"全球土地争夺"	142
专栏 5.2	埃塞俄比亚的脱贫：农业增长、小农户及合作社的作用	145
专栏 5.3	尼加拉瓜对小农户订单农业的支持	146
专栏 5.4	中国的农业增长、农村工业化与脱贫	148
专栏 5.5	卢旺达的农业增长与谋生手段多元化	149
专栏 5.6	改善巴西种植业的工作条件	150
专栏 6.1	降低老年群体中的贫困：南非的情况	160
专栏 6.2	蒙古的儿童资金计划	161
专栏 6.3	积极的劳动力市场政策将消除贫困：来自拉美和加勒比地区的证据	162
专栏 6.4	改善目标定位：丹麦和长期失业者	163
专栏 6.5	公共就业计划中的培训和目标设定规则：秘鲁建设计划	164
专栏 6.6	将针对就业群体的社会保障福利作为一种权利导向型的贫困消除方法	167
专栏 6.7	在职税收抵免福利综述	168
专栏 6.8	支持向正规经济的转变	170
专栏 6.9	让社会伙伴参与减贫对话促进了重心的转变并对更加明智的政策制定流程提供支持	172

图

图 1.1	2012 年按三大经济部门就业人口统计的新兴和发展中国家极度贫困率（百分比）	16
图 1.2	2012 年按技能水平统计的新兴和发展中国家极度贫困率（百分比）	16
图 1.3	最近年份按贫困状况统计的家庭收入来源（百分比）	18
图 1.4	最近年份按贫困状况统计的女性户主家庭收入来源（百分比）	19
图 1C.1	用于分析的不同收入来源	29
图 1D.1	最近年份极度贫困家庭按户主就业状况统计的收入来源（百分比）	31
图 1E.1	从 21 世纪头十年中期到最近年份贫困（低于收入中位数的 60%/低于每天 3.10 美元）变化的分解（百分比）	35
图 1F.1	最近年份五岁以下儿童死亡率（每千活产儿）	38
图 2.1	2012 年的总收入差距与公共社会保障支出（国内生产总值的百分比）	46
图 2.2	2012 年总收入差距（极度和中等贫困：低于每天人均 3.10 美元购买力	

	平价）的分解（百分比）	47
图 2.3	最近年份新兴国家、发展中国家和发达国家的短时间工作情况（每周工作小时）	50
图 2.4	最近年份新兴国家、发展中国家和发达国家的超长时间工作情况（每周工作小时）	52
图 2.5	按贫困人口与非贫困人口来分最近年份授薪工作者中签订长期合同的比例（极度和中等贫困：低于每天 3.10 美元购买力平价）（百分比）	53
图 2.6	最近年份贫困和非贫困劳动者加入缴费型社会保障计划（主要为养老金计划）的比例（总就业人口的百分比）	54
图 2.7	最近年份贫困与非贫困人口中收到社会保障福利的百分比以及社会保障福利支出中分配给贫困人口的比例	56
图 2.8	最近年份的公共社会保障支出（国内生产总值的百分比）与社会转移的作用（百分比）	58
图 2.9	最近年份社会保障投入在脱贫和防贫方面的作用（百分比）	59
图 2.10	简化情况及其最合适的应对政策组合	61
图 2.11	2012 年分别通过社会保障和增加劳动收入缩小的收入差距比例（新兴和发展中国家按 3.10 美元购买力平价计算，发达国家按收入中位数的 60% 计算）（百分比）	63
图 2.12	最近年份政府支出和公共社会保障支出规模（国内生产总值的百分比）以及人均国内生产总值（当前国际美元购买力平价）	64
图 2B.1	2012 年收入差距（国内生产总值的百分比）及其分布（百分比）	71
图 2C.1	2012 年消除极度贫困的总收入差距：收入差距与实际社会保障支出之比（百分比）	73
图 2C.2	2012 年消除极度和中等贫困的总收入差距：收入差距与实际社会保障支出之比（百分比）	74
图 2C.3	2012 年消除每天人均 5 美元购买力平价贫困的总收入差距：收入差距与实际社会保障支出之比（百分比）	74
图 2D.1	最近年份按年龄群组和经济状况统计的各国社会保障在脱贫和防贫方面的作用（百分比）	75
图 2E.1	社会保障发挥主要作用的情况	80
图 2E.2	增加劳动收入发挥主要作用的情况	82
图 3.1	经济增长与贫困之间的关系	97
图 3.2	1991 到 2012 年期间国内生产总值构成要素比例与贫困率之间的关系	98
图 3.3	1990 到 2012 年期间脱贫与出口结构之间的关系	99
图 3.4	1992 到 2012 年按收入不平等水平和国家群组统计的人均国内生产总值增长率增加 1 个百分点对极度贫困率的作用	101
图 3.5	1992 到 2012 年期间人均国内生产总值增长率对极度贫困作用的分解（百分点）	102
图 3.6	1991 到 2013 年期间就业类型与贫困率之间的关系	103
图 3.7	2012 年生产率增长分解为两个组成部分（百分点）	103
图 5.1	农业与发展	141
图 6.1	极度贫困和中等贫困与非正规性之间的关系，2013 年（百分比）	169

表

表 1.1	1990 到 2012 年期间按国家群组和国际劳工组织地区统计的贫困率（百分比）	9
表 1.2	2012 年按人口群组、贫困状况与劳动力市场状况统计的贫困分布与贫困率（百分比）	11
表 1.3	2012 年 15 到 64 岁劳动人口的贫困分布和贫困率（百分比）	12
表 1.4	1991 到 2015 年期间按国家群组和国际劳工组织地区统计的新兴和发展中国家的在职贫困率（百分比）	13
表 1.5	按前一年最频繁活动统计的欧盟贫困风险率（百分比）	14
表 1.6	2012 年按居住地区统计的贫困分布和贫困率（百分比）	15
表 1B.1	2012 年新兴和发展中国家低于 1.90 美元购买力平价的地区和总人口分解	26
表 1B.2	2012 年新兴和发展中国家低于 3.10 美元购买力平价的地区和总人口分解	27
表 1B.3	2012 年发达国家低于家庭收入中位数 60% 的人口分解	28
表 1B.4	2012 年新兴和发展中国家按部门统计的贫困人口和非贫困人口分布及贫困率（百分比）	28
表 1B.5	技能水平分类	28
表 1C.1	数据来源及局限性	29
表 1E.1	建议方法的一种可能路径	33
表 1F.1	食品补贴对脱贫的影响	37
表 2.1	2012 年按地区和贫困线水平统计的全球收入差距（百分比）	45
表 2.2	最近年份的家庭规模和从事有偿工作家庭成员百分比	48
表 2.3	2012 年缩小收入差距需要增加的社会保障投入（百分比）	64
表 2A.1	极度贫困（低于每天 1.90 美元购买力平价）	66
表 2A.2	极度和中等贫困（低于每天 3.10 美元购买力平价）	67
表 2A.3	贫困（低于每天 5 美元购买力平价）	69
表 2A.4	相对贫困（低于家庭可支配收入/消费支出中位数的 60%）	70
表 2E.1	主要依靠社会保障来缩小收入差距：最近年份按家庭类型统计的贫困家庭构成（百分比）	79
表 2E.2	以增加体面工作和创造就业作为缩小收入差距的主要措施：最近年份按家庭类型统计的贫困家庭构成（百分比）	81
表 3A.1	按国家群组统计的人均国内生产总值增长率对极度、中等和相对贫困作用的估计	106
表 3A.2	按收入不平等水平统计的人均国内生产总值增长率对极度贫困作用的估计	106
表 3A.3	人均国内生产总值增长率各构成要素对极度贫困（低于每天人均 1.90 美元购买力平价）作用的估计	107
表 3B.1	弱势就业对贫困和在职贫困作用的分析（截面回归）	108
表 3B.2	弱势就业对贫困和在职贫困作用的分析（面板回归）	108
表 3B.3	个体工作者对贫困和在职贫困作用的分析（截面回归）	109
表 3B.4	无酬家庭帮工对贫困和在职贫困作用的分析（截面回归）	109
表 3B.5	授薪工作对贫困和在职贫困作用的分析（截面回归）	109
表 3B.6	授薪工作对贫困和在职贫困作用的分析（面板回归）	110

表3B.7	国内生产总值构成要素比例对贫困和在职贫困作用的分析（截面回归）	110
表3B.8	国内生产总值构成要素比例对贫困和在职贫困作用的分析（面板回归）	110
表4.1	应对贫困挑战：关键的国际劳工组织标准和文件	118
表4.2	关键脱贫公约的批准率	124

执行概要

在过去的20年中，大多数国家已经降低了贫困……

在过去的20年中，大多数国家在减贫方面已经取得了重大进展。总体而言，在新兴国家和发展中国家中，估计近20亿人口每天收入购买力不足3.10美元（已按不同国家的生活成本差异进行调整），这占到新兴和发展中国家和地区人口的36%，与最初作出减贫国际承诺时的1990年相比，这一比例几乎降低了一半。在这段时期，每天收入购买力不足1.90美元的极端贫困人口的下降幅度更快，在数据可获得的最近年份2012年，在新兴和发展中国家的总人口中，极端贫困人口所占比例为15%。

……不过，减贫事业的进展是不均衡的，也是脆弱的，这在发达国家中尤为明显，发达国家相对贫困现象正在抬头。

一直以来，减贫的进展是不均衡的。尽管许多国家取得了重大的减贫进展，尤其是在中国和拉美大部分国家，但在非洲和部分亚洲地区，贫困发生率依然居高不下。此外，在发达国家中，出现了贫困加剧的现象，这在欧洲尤为突出。据估计，在2012年，发达国家中超过3亿人口生活在贫困之中（贫困的定义是相对的，为收入中位数的60%以下）。

在不同人口群体中减贫成效的分布也是不均匀的。贫困对妇女的影响显著，对儿童的影响程度更甚前者。在新兴和发展中国家中，有超过一半的15岁以下儿童生活在极端贫困和中度贫困之中。在发达国家的全部儿童中，有36%生活在相对贫困线以下。

即便在取得减贫进展的地方，成效也依然是脆弱的。在那些脱离了贫困的人口之中，有很大比例的人口每天的生活费用依然仅为几美元，且他们所能够获得的基本服务以及可使其长期摆脱不稳定生活条件的社会保障都是有限的。同时，在那些优质工作稀缺的发达国家，中产阶级家庭对保持其收入地位的能力的焦虑感与日俱增。

与此类似，亚洲、拉丁美洲、阿拉伯地区以及那些拥有丰富自然资源的国家近期经济前景的恶化已经开始暴露出近年来就业和社会进步方面的脆弱性。事实上，在许多上述国家中，收入不平等在下降数十年之后已经开始回升，所以迄今为止在应对贫困方面取得的一些进展发生逆转并不是不可想象的。同样，最近的趋势显示，欧洲和其他发达国家的相对贫困水平在继续升级。

如果在创造优质工作方面不持续取得进展的话，在 2030 年之前消除贫困的目标将无法实现。

减贫进展的不均衡性和脆弱性如果持续下去，可能会影响联合国 2015 年 9 月通过的可持续发展目标（SDGs）的实现，其中包括可持续发展目标第 1 项——在 2030 年之前在世界各国消除一切形式的贫困以及许多其他可持续发展目标。此外，贫困群体可能会完全错过正在推动当今经济和社会发生转变的技术革命。尽管目前贫困群体已经占到全球人口的 30%，但他们在全球收入中的占比不足 2%。所以，除非采取措施，否则贫困将会一代一代地延续下去。这可能会加剧社会经济的不稳定并降低对促增长政策的支持。

本研究的一项重要发现是，在缺乏体面工作的情况下，实现持续减贫是不可能的。换言之，体面工作是消除贫困的一项必要条件（尽管不是充分条件）。根据国际劳工组织的估算，在 2030 年之前消除极端贫困和中度贫困需要近 10 万亿美元。这仅通过收入转移来实现是不现实的。解决方案所需要的不仅仅是资源的可用性。事实上，人们需要提高自己通过优质工作来维持生计的能力。新兴国家和发展中国家中几乎三分之一的极端贫困人口和中度贫困人口实际上是拥有工作的。然而，他们的工作在本质上具有不稳定性：有些时候他们拿不到报酬，主要集中在低技能职业领域，同时，在缺乏社会保障的情况下，贫困群体几乎完全依赖劳动所得。此外，三分之二的此类工作通常为低生产率的农业活动。

在发达国家中，大量工作者都拥有授薪工作，但这并不能使其免于陷入贫困。事实上，发达国家中 80% 以上的贫困工作者是拥有授薪工作的。在缺乏充足的体面工作机会的前提下，贫困工作者要改善其工作条件，进入职业生涯并使其自身和家庭成员摆脱贫困将会是困难的。

因此，通过工作转型的形式来应对消除贫困过程中面临的各种障碍是至关重要的……

本报告凸显了这样一个事实，即许多关键的结构性障碍正在阻碍优质就业岗位的产生以及减贫举措的实施。

首先，狭窄的经济基础已经阻碍了减贫的步伐。事实上，那些出口依赖自然资源和初级产品的国家在这方面取得的进展是最小的。而且，在部分上述国家中，经济增长实际上似乎加剧了贫困。这主要是由于初级产品，尤其是与采掘业及农业相关的初级产品的出口向其他经济领域的溢出效应通常有限。因此，其对工作岗位创造和减贫的直接影响（如果有的话）保持在较为一般的水平。局限性的经济增长也会加剧收入不平等，因为经济增长的收益集中在更加方便获取收益的少数群体之中。大规模非正式经济和农村经济的存在使自然资源开发和减贫之间联系松散这一问题变得更为复杂。

其次，我们讨论过的因素以及许多其他因素导致的收入不平等的扩大将抑制增长及其对减贫的影响。尤其是，由于世界上的资源有限，随着更多增长收益被富人获得，减贫的范围被缩减。这一调查结果表明了这样一个事实，即富人必须为贫困的持续存在承担一定责任。

最后，贫困通常是制度设置薄弱的产物，它会明显地边缘化弱势群体。这种弱势包括有限的工作者权利、在制定坚实的劳动力市场制度方面的进展不足、企业发展环境不充分以及缺乏效率或者腐败的治理安排。在许多案例中，就业和社会计划未能在减贫过程中取得重大进展,其原因在于在缺乏充分的实施能力的情况下,这些计划无法惠及贫困群体。这种现象在一些发达国家中也正在日益成为一个问题。

本报告表明,以上三大障碍中的任何一个均可以通过体面工作以及提高企业创造优质工作岗位的能力予以解决。

……第一,通过推广可持续性企业来扩大生产基础……

如果希望通过经济增长来促进减贫,则经济增长需要具备广泛的基础,同时需避免在政策制定中有时对农业等行业的忽视。提高独立小自耕农的生产率在解决这一问题中是一项关键的政策举措,需要一系列干预措施,其中包括研发、农业投入的供应以及改善信贷服务、交通连接和市场进入。农业合作企业在这方面可作出重要贡献。例如,在埃塞尔比亚和尼加拉瓜,此类安排业已改善了农业和其他经济部门的关系,同时也加强了农民在市场进入谈判中的地位。

推动农村非农经济的发展是另外一个关键因素。许多处于极度贫困中的家庭缺乏利用机会促进农业生产率提高所需的资源,不过他们非常适合通过建立小型非农企业的方式来实现谋生方式的多样化。需要同时采取各种举措来刺激农村企业的创建,尤其是通过帮助小型企业实现其业务活动的增长和升级。中国减贫进程中的许多进展反映了农村发展采取的这种方法。当然,除非上述努力伴随着总体工作条件的改善,尤其是在农村经济中,否则任何减贫将依然是不完全的和脆弱的。

促进向正式经济和正式就业安排的过渡是消除贫困的必要条件。这将确保个人能够获得社会保障、最低工资以及其他就业和收入支持,而这些是减贫的核心之所在。此外,这还将有助于加强增长中的出口导向型行业与其他经济部门之间的联系。

总之,推进可持续性企业的发展是关键。这要求对企业监管作出重大调整,同时提供健全的环境以促进新企业的设立和现有企业的增长。此外,经济活动和工作岗位的正式化将扩大税基,而这是减贫项目融资所需要的。该报告给出了在这一领域各国所采取的举措示例,这些国家包括部分中东欧国家、加纳和乌拉圭。

……第二,通过加强权利……

尽管基础广泛的增长提供了改善贫困群体收入的经济基础,但这还不够。贫困和弱势群体需要能够以最适合其需求和期望的方式从这些机会中获益。在个人层面,人们在其所从事的工作类型方面应该有一些选择,尤其是,他们应该能够拒绝不受欢迎的工作形式。在集体的层面上,贫困和弱势群体应该拥有发言权和相关能力,以便对政策制定产生影响,从而制定支持其生计的措施,如技能培养、健康和安全举措、集体谈判、社会保障和反歧视。简言之,反贫困斗争既需要培养个人能力,也需要培养集体能力。

在此方面,国际劳工标准具有至高无上的重要性。国际劳工标准旨在为工作者赋予权利,使其能够公平地分享经济增长的成果,从而解决工作贫困和不平等问题。本报告指明了许多与抗击贫困最为相关的关键标准。这些标准包括国际劳工组织的八项基本公约,这些公约为公平的收入分配提供了框架条件。《联合国原住民权利宣言》是另外一项相关标准,如果能够正确遵行,该宣言可为当地社区赋予权利。劳工标准对于社会对话而言也是必不可少的,这样雇主和工人组织可以表达其观点并帮助设计有效的消除贫困政策。

但是,本报告指出了发展中国家和发达国家在认可和遵行一些最为重要的公约方面存在的差距。在很多案例中,对无酬家庭帮工以及非正规企业等特定工作者和企业的覆盖是有限的，从而对有效减贫产生了相关影响。

所以，减贫要确保国际劳工标准能够使贫困群体受益，这一点至关重要。最近通过的国际劳工组织《家政工作人员公约》（第189号）展示了在此方面可以采取哪些举措。私人企业在提高劳工标准的减贫潜能方面也具有重要作用，使其更加积极地投身其中也大有可为。此外，通过提高劳动监察机构的能力以及促进执行机构与其他政府服务部门和私人实体之间的合作，政府可改善权利的受益范围。

……以及劳动力市场制度……

劳动力市场制度是对国际劳工标准的重要补充，有助于帮助贫困群体从中受益。上述努力必须通过有效的劳工管理和监察以及增强司法途径得到支持。各国业已通过实施与国际劳工标准相一致的法律法规来保护传统弱势群体，洪都拉斯的无酬家庭帮工就是这样的一例。在莫桑比克，劳动监察机构与政府法律援助机构密切配合，而巴西的劳动诉讼服务机构旨在改善最弱势群体诉诸司法体系的途径。此外，劳动监察机构可携手技术服务部门，为企业提供有关提高生产效率的建议，如泰国的"邻里发展工作改善"（WIND）项目就是这样一个例子。

另外一个核心渠道是为有代表性的雇主和工人组织建立一个有利环境。这一有利环境包括作为基本要素的结社自由，这也有助于确保通过更加高效和具有包容性的进程来实现可持续发展目标，因为强大的社会合作伙伴有助于改进政府政策的问责制。通过为其提供新兴工作形式，工人和雇主组织均可在制定消除贫困的战略中发挥重要作用。突尼斯近期对社会合作伙伴在制定青年就业战略中所发挥的作用进行了说明，这些战略对于消除贫困是至关重要的。

……第三，通过提高就业和社会政策的有效性扩大其影响范围……

就业和社会政策能够帮助个人找到工作，改善其当前工作和收入条件并帮助他们实现向更加优质的新工作的过渡。本报告给出了发达国家和发展中国家许多此类政策的实例。从中可以得到的一个总体经验是，制定这些政策时应将其作为旨在提高不同工具之间协同作用的战略的一部分，而这一点至关重要。

例如，智利的"道德家庭收入计划"是该国在2018年之前消除贫困战略的一个关键组成部分。该计划旨在扩大并增强转移价值，但是它也包含新的就业支持形式，所以更加重视推动家庭摆脱贫困并按照自己的方式维持生计的重要性。在一些发达国家中实现了相对较低的贫困率（如日本和部分北欧国家），这得益于他们精心设计并实施了一揽子就业和社会政策。此类政策通常包含一个针对性的组成群体（如单亲家庭）以解决受贫困影响最大的群体的问题。

社会对话可以增强政策的协同效应。通过社会对话，可以将政策落实到位以确保责任共担并划清不同参与者的责任界限。社会对话也可以成为抗击腐败并促进稳健治理架构的工具。

……第四，通过为战略提供充足的资源。

本报告中所指出的许多政策工具要求对现有努力进行重新定位，而不是要求新增资源。一项侧重于体面和高效率工作、监管和实施工具改善并增进国际贸易和投资的社会包容性以解决不公平问题的政策可能是较为复杂的工作，但却无需大量的额外政府资源。

然而，还有一些案例是需要公共资金的，比如扩展社会保障底线以及强化劳动力市场制度等。不过，在许多情况下，所采取的举措可以是财政中性甚至是财政积极的。比如，实现非正式经济的正式化可能会有效地扩大税基。事实证明，部分北美国家所采用的简化税收计划（被称为"调高单一税"）对于实现小微企业的正式化起到了有效的促进作用，而后者又进而显著促进了正式工作岗位的创造以及社会保障的普及。这一进程提高了政府收入，并使其他减贫举措的实施成为可能。

这一方法在发展中国家中可能还是不充分的，发展中国家注重发展援助的作用，更加重视可产生体面工作的计划。抗击国际税收竞争和逃税漏税的努力也应被视为为减贫计划提供资金的机会。而那些从此类税务实践中获益的人士应该更加充分地认识到其肩负责任的重大。

职场的未来以及贫困的终结：一枚硬币的两面。

最后，对抗贫困应该考虑到目前正在塑造职场的各种发展变化。快速的技术变革以及全球价值链的延伸等新型全球化现象的出现为扩展至更边远的区域、提高政策工具的响应程度以及改善制度框架提供了新的机会。非洲移动设备的迅猛发展及其在企业发展中的应用为抗击贫困提供了一线希望之光。

然而，上述各项潜在收益不会自动实现，同时确实会产生新的风险，尤其是对弱势群体而言，因为他们可能缺乏充分的技能或谈判优势来分享收益。因此，各国应尽快实施本报告所倡导的政策，并根据职场中正在发生的各种转型进行适应性修改。假设能够遵循这一路径，未来工作中蕴含的动能可能会成为消除贫困的一个主要驱动因素，并藉此对《2030年可持续发展议程》的实现作出重要贡献。

引言

本期《2016年全球就业和社会展望》(WESO)审视了体面工作与减贫之间的关系。本报告从记述全球的贫困趋势入手,同时密切关注贫困依赖的工作类型和收入以及消除贫困所需的结构性转型流程(第一部分)。接下来,本报告探讨了体面工作友好型政策如何有利于消除贫困(第二部分)。特别是,本报告分析了:(1)劳工标准和权利;(2)大多数贫困工作所在行业——农业的生产率提高举措;(3)劳动力市场和社会政策的减贫影响。

本分析的主要发现是,体面工作——包括生产性就业和社会保障——是消除发达国家以及新兴和发展中国家中存在的各种形式贫困的必要条件。如果没有生产性工作,则企业发展、社会保障和权利以及减贫努力将会是不完全的或不可持续的。不过,本报告强调指出,为了有效消除贫困,需要精心设计体面工作政策,并使其适应各国情况。

国际劳工组织要求支持相关人士为所有人提供体面工作,本分析结果支持国际劳工组织的该项指令,同时也是在未来15年中达成新近通过的《可持续发展议程》的关键所在。国际劳工组织的工作与目标8特别相关,即"促进持久、包容和可持续的经济增长,促进充分的生产性就业和人人获得体面工作",但是,正如本报告中所指出的,生产性就业和体面工作是实现许多可持续发展目标的关键,其中包括目标1,即"在世界各国消除一切形式的贫困"。

第一部分 贫困人口的工作与收入

第一章 贫困与职场:全球趋势综述

本报告的第一章回顾了过去20年间贫困水平的发展趋势。在报告中采用了世界银行近期更改过的贫困线标准——每人每天1.90美元购买力平价来衡量极端贫困,用3.10美元衡量中度贫困,用5美元作为补充贫困标准来衡量拉丁美洲和加勒比地区以及欧洲和中亚的贫困情况。考虑到可持续发展目标也是着眼于发达国家的,本报告也探讨了高收入国家的贫困情况,将收入中位数的60%作为阈值。

之后,本章分析了贫困在人口统计结构(贫困家庭中需抚养儿童和赡养老人的发生率、性别等)以及就业中处于何种地位。尤其是,本章考察了授薪工作者、自营工作者、无酬家庭帮工、失业者和非经济活动人口的发生比例,以及贫困群体所持有工作的技能、行业和职业构成。本章考虑了贫困人口的各种收入来源,其中包括劳动和非劳动收入,并探讨了贫困的非收入维度,如基本服务的获得。

第二章 解决收入差距问题

第二章对需要多少收入来消除各国的贫困——即所谓的"收入差距"作出了估

算。该章将第一章中描述的劳动力市场、收入和非货币模式与本报告第二部分探讨的减贫政策之间建立起了联系。本章审视了人口统计和经济抚养比率以及体面工作缺口是如何对收入差距产生影响的。尤其是，本章对社会保障和体面工作能在多大程度上降低收入差距进行了分析。尽管就业一般会降低贫困风险，但很明显仅依赖就业是不够的。在这方面，贫困群体所从事的工作类型以及从劳动中获得的收入和非货币福利以及一般权利是最为重要的。

第三章　实现增长和工作转型以脱贫

第三章讨论了经济增长在减贫中的作用。该章对不同增长模式如何与贫困趋势产生关联展开了实证分析，其中包括增长对减贫的影响如何受到不断加剧的收入不平等的阻碍。由于三分之二的极端贫困人口从事农业活动，大部分贫困者常常处于弱势就业之中，其工作常态为自营或无酬家庭帮工。行业内部的生产率提高——尤其是农业——以及不同行业之间（即经济的结构性转型）的生产率提高对于帮助贫困群体脱贫至关重要。本章也介绍了有关国际贸易和投资与贫困之间关系的一些研究成果。总体而言，结构性转变对于实现工作转型以及帮助人们永久性地摆脱贫困是至关重要的。随着贸易开放度的提高以及与全球市场的联系更加密切，这种情况很可能发生。然而，贸易开放度和生产各自为政的本质业已形成了多种劳动力市场和社会挑战。

第二部分　旨在实现工作转型和收入转型的政策

在利用本报告第一部分实证调查结果的基础上，本报告第二部分探讨了体面工作政策是如何在消除贫困过程中发挥作用的。在第四章中，考察了劳工标准和权利作为提高个人和集体能力（减贫的关键引擎）的框架条件起到的作用。之后，本报告研究了特定的经济增长模式（尤其是在农业和农村经济之中）可如何为摆脱贫困提供路径（第五章）。最后，对劳动力市场和社会政策对消除贫困起到的作用进行了详细探讨（第六章），在此过程中选用了各种类型的国家示例和政策举措加以说明。本章也强调指出了良好的政策设计以及脚踏实地的制度实施所发挥的作用。

第四章　以权利为基础的减贫途径

国际劳工组织的一个发起文件中提到"任何地方的贫穷对一切地方的繁荣都构成危害"（《费城宣言》，1944年）。出于这种考虑，第四章开篇便探讨了可持续发展目标成果是如何与法律强制性权利以及国际通用标准相联系的。该章分析了在《体面工作议程》四大支柱之下运行的国际劳工标准在消除极端贫困和减少各种形式的贫困的过程中所发挥的作用。该章探讨了具有特定减贫影响的最相关标准的主要要求，尤其是通过改善工作者权利和提高企业的生产效率。本章分析特别着眼于国际劳动标准在拥有最大数量的贫困个人的非正式经济中的适用性。同时提及了实施劳工标准的重要性以及其在满足最弱势工作者需求方面的功效。

第五章　体面工作对于消除农村经济中贫困现象的作用

第五章在农村经济（涵盖农业部门和农村非农经济）的背景之下考察了体面工作政策以及这些政策将如何推动消除极端贫困。本分析根据第一章的结论推断出，极端贫困主要是一种农村现象，三分之二的极端贫困人口都受雇于农业。本章通过两种途径考察了解决贫困问题的潜力,一种途径是通过提高农业生产率使贫困群体收益,另外一种途径是从农业行业中转出,进入更加盈利的行业并改善小农农业外的工作条件。本章还审视了农村脱贫的潜在路径以及可能对上述转变予以支持的政策。近年来对农业的兴趣被重新燃起,同时农业也被纳入可持续发展目标,此外,农业还获得了来自传统捐助者的更多资金,近期还兴起了非洲绿色革命联盟等举措倡议,这一切均提高了新兴和发展中国家农业的前景。

第六章 为人们提供支持并推进优质工作

本章讨论了通过劳动力市场和社会角度解决贫困问题的方法。本章开篇评估了社会保障在减贫,尤其是针对那些没有工作能力以及非劳动适龄人口的减贫的作用。接下来,本章考察了一系列有助于为失业者减贫并帮助他们在新的增长型行业找到可持续性就业所需的措施。事实上,这种方法是支持结构性变革的根本。文章针对为在职贫困者提供支持的政策路径以及改善其工作质量尤其是提高其收入以避免贫困的方法进行了探讨。最后,第六章考察了交叉政策的重要性以及有效劳动力市场制度作为成功实施政策核心举措的作用。在上述各个领域,均采用了很多示例来突出说明可资借鉴的经验教训,以便改善现有安排的设计并使其在迄今尚无类似计划政策的各国得到更好利用。

第一部分
贫困人口的工作与收入

第一章
贫困与职场：全球趋势综述

本章对当今世界的贫困状况进行了综合性概述，包括近期趋势与当前形势，考虑了收入性贫困和非收入性贫困（比如基本服务的可得性），也研究了不同社会经济阶层、不同地区、不同就业状况和不同技能水平的贫困发生率。本章中使用的贫困估计值是根据占全球总人口85%左右的100[1]多个发达国家、新兴和发展中国家的贫困情况编制的。这是我们首次在如此众多的国家收集贫困数据，因此可以从各个方面对体面的工作在解决贫困问题中的作用进行新型分析[2]。

具体来说，本章首先回顾了过去20多年中收入性贫困的发展趋势（第一节）；然后通过分析在职贫困的发生率以及贫困人口比非贫困人口更依赖的工作类型来审查贫困人口的就业（第二节），其中包括对贫困人口及非贫困人口与劳动力市场关系的分析以及按就业状况、部门、技能、职业性质对贫困的分析；接下来对贫困人口的收入来源进行了调查，特别关注了一些家庭依赖劳动收入与非劳动收入维持生计的程度（第三节）；最后是对非货币性贫困的讨论（第四节）和结束语（第五节）。

第一节 贫困趋势综述

衡量贫困

2000年，在实现千年发展目标的开始阶段，世界各国领导人就同意，在1990年到2015年期间，将世界极度贫困人口减少一半（联合国，2000年）。这一目标现已经实现。实际上，2015年的极度贫困（自2008年起为每日生活费按2005年购买力平价计算低于1.25美元）率降至10%，而1990年的极度贫困率为30%。其中发展中国家的极度贫困率下降尤为明显，从1990年的47%降至2015年的14%（联合国，2015a）。

而且，《2030可持续发展议程》已将减贫目标进行更新和推进。可持续发展目标第1项是"在世界各国消除一切形式的贫困"（联合国，2015b），包括多个贫困相关目标，例如，确保所有男性与女性都能获得合适的社会保障以及获取经济资源和基本服务的平等权利[3]。

可持续发展目标第1项强调了衡量贫困的不同方法，本报告中主要使用了收入性和消费性贫困衡量方法（见专栏1.1）。对新兴和发展中国家，本报告特别采用了世界银行更新后的国际贫困线（按2011年购买力平价计算），包括了新的不同国家之间生活成本差异信息，但仍将极度贫困线和中等贫困线分别保留在以前的每天1.25美元和2美元购买力平价水平（按2005年的购买力平价计算）（克鲁兹等，

2015 年)。因此,在本报告中,极度贫困是指家庭人均生活费收入低于每天 1.90 美元购买力平价[4],中等贫困是指家庭人均生活费收入处于每天 1.90 美元购买力平价和 3.10 美元购买力平价之间。

而对发达国家本报告则采用了相对衡量方法,将贫困线定为各自国家家庭可支配收入中位数的 60%[5]。鉴于发达国家与新兴和发展中国家之间存在这些定义和方法上的明显差异,所以本报告没有进行直接的国际比较。

重要的是要认识到这些货币衡量方法不能更全面地反映贫困与综合贫困,比如儿童死亡率、小学毕业率和营养不良等(布吉尼翁与菲尔茨,1990 年)。实际上,通过将贫困人口经受的社会排斥纳入其中,已经产生了多维贫困指数(MPI)等新的替代方法。当然,没有什么方法是无缺陷的,例如,多维贫困指数就对权重的选择非常敏感,数据也经常限制于某一时点上。尽管如此,通过多维贫困指标和货币贫困指标之间发生率的比较显示,不同方法之间存在很强(统计上显著)的相关性(巴伦与查特吉,2016 年)[6]。

> **专栏 1.1**
>
> **选择的贫困衡量方法:定义与注意事项**
>
> **收入线或消费支出线**:贫困率是以生活在特定的家庭人均收入线或消费支出线之下的人数来衡量的。世界银行提供了按照不同货币贫困线计算的国际比较估计值(例如,使用于可持续发展目标 1.1 中),但是这些国际比较估计值通常与各国的估计值(按照可持续发展目标 1.2)不同。
>
> **绝对阈值**:绝对贫困线固定在一个绝对的标准,即家庭能够满足他们基本的需求。在货币衡量方法中,绝对贫困线通常是以基本食品需求的成本(即典型家庭健康生存所需最低营养组合的成本)为基础的估计值,再加上非食品需求部分。新兴和发展中国家由于大部分人口都生活在最低水平或低于最低水平,因此要更依赖于绝对贫困线,而不是相对贫困线。
>
> **多维贫困指数**:本指数考虑了贫困的三个维度:健康、教育和生活水平,用十个指标衡量,没有包括收入衡量,也被当作是改进的贫困衡量方法。政界已越来越多地将多维贫困指数与其他两种贫困衡量方法一同使用(联合国开发计划署已经成为使用多维贫困指数和人类发展指数的先锋)。
>
> **人均与成人等值标准**:尽管人均消费是使用最普遍的福利衡量方法,但有些国家或国家集团(例如经合组织)却使用了成人人均等值消费或成人人均等值收入指标,这是为了体现各年龄层需求的不同,以及消费中的规模经济。本报告中的大部分结果都是以人均值计算的,但以经合组织和欧盟统计局的统计数据为基础的除外。
>
> **贫困差距比率**:人口收入距离贫困线的平均差距用贫困线的百分比表示。这一指标可以让研究者评估贫困程度,因为它显示了贫困的深度,而不只是生活在贫困线以下的人数(如上所述)。
>
> **相对贫困线**:这些指标最常用于发达国家,体现了重大综合贫困应该以社会整体生活水平为基准进行判断的观点,其中社会整体生活水平是用位于收入分布中位数家庭的收入水平来近似表示的。

贫困的趋势

在中等收入国家，贫困水平已经快速降低，但在低收入国家下降速度较慢

无论贫困线如何设定，在过去 20 年中，新兴和发展中国家的贫困发生率已大幅降低（见表 1.1），其中在 2012 年（能够取得绝大多数国家数据的最近年份），107 个新兴和发展中国家的极度贫困人口占总人口的比例不到 15%，虽然已经比 1990 年的 46.9% 和 2005 年的 25.2% 显著降低，但实际上 2012 年全球仍然有将近 10 亿人（9.4 亿人）生活在极度贫困状态。而且，在 2012 年，如果将贫困线提高到包括中等贫困人口（每天收入或消费低于 3.10 美元购买力平价的人口）在内，则贫困人口数量上升了一倍以上，达到 20 亿人，或占新兴和发展中国家总人口的 36.2%（尽管比 1990 年的 67.2% 显著降低）。

中等收入国家占了极度贫困和中等贫困人口下降的大部分份额，而低收入国家的脱贫速度却相对较慢。因此，低收入国家每天收入或消费低于 1.90 美元购买力平价和 3.10 美元购买力平价的人口比例在 2012 年仍然很高，分别为 47.2% 和 73.6%（1990 年则分别为 69.0% 和 86.8%）。另外，极度贫困和中等贫困的边际改善可能表明，某些个人从极度贫困状态上升到中等贫困状态。

表 1.1

1990 到 2012 年期间按国家群组和国际劳工组织地区统计的贫困率（百分比）

	极度贫困（低于每天人均 1.90 美元购买力平价）			极度和中等贫困（低于每天人均 3.10 美元购买力平价）			
	1990	2005	2012	1990	2005	2012	2014
主要国家群组							
新兴和发展中国家合计	46.9	25.2	14.9	67.2	50.4	36.2	
中等收入国家	44.7	23.0	12.6	65.2	48.2	33.3	
低收入国家	69.0	59.2	47.2	86.8	81.9	73.6	
国际劳工组织地区（不包括发达国家）							
非洲	52.4	48.3	40.7	71.7	75.0	64.2	
亚太地区	58.7	25.4	12.2	82.0	54.3	36.2	
欧洲和中亚	2.5	9.1	3.9	7.7	18.2	11.2	
拉丁美洲和加勒比海地区	21.2	10.2	5.9	35.8	21.4	13.0	
定为收入中位数 60% 的相对贫困线							
发达国家（成人等值标准）[1]				20.0	20.1		
欧盟				16.5	16.8		17.2
美国				23.8	24.6		24.6
日本				21.7	22.1		
其他发达国家				20.7	20.3		
发达国家（人均）[2]					22.0		

注：由于调查数据范围有限，国际劳工组织地区中阿拉伯地区数据没有显示在本表中。[1] 37 个发达国家数据是按成人等值标准计算的。[2] 37 个发达国家数据是按人均水平计算的。数字是指总人口。欧盟：2005 年数据是指欧盟 27 国，而 2012 年和 2014 年数据是指欧盟 28 国。日本：2005 年数据是指 2006 年值，2012 年数据是指 2009 年值。美国：2014 年数据是指 2013 年值。

资料来源：新兴和发展中国家数据为国际劳工组织基于世界银行 Povcalnet 数据库的计算。发达国家（成人等值标准）数据：国际劳工组织基于经合组织收入分配数据库和欧盟统计局的欧洲非经合组织国家（克罗地亚、塞浦路斯、拉脱维亚、立陶宛、马耳他）数据的计算。发达国家（人均）数据：国际劳工组织基于发达国家的全国家庭调查的计算。

对广大不同地区（不包括发达国家）贫困趋势的考察显示，亚太地区的改善是个例外。例如，在 1990 年到 2012 年期间，亚太地区极度贫困人口比例从 46% 以上降至 2012 年的 12.2%，主要是由于中国和印度（较次要）的贡献。同样的，拉丁美洲和加勒比地区的国家也在根除极度贫困方面取得了显著的进步，其极度贫困人口比例从 1990 年的 21.2% 降至 2012 年的 5.9%。但是，在上述两个地区，生活费低于每天 3.10 美元购买力平价的人口比例分别为 36.2% 和 13%，表明挑战仍然存在。而非洲国家的进步则较不明显，因为有 40% 以上的非洲人口仍生活在极度贫困状态，64% 的人口生活在极度贫困和中等贫困状态。

发达国家的贫困水平有所上升

同时，根据国际劳工组织基于家庭调查数据的估计值，2012 年 37 个发达国家样本中的贫困率（定义为收入低于国家人均收入中位数 60% 个人的比例）为 22%（相当于 3 亿多人）。同样地，从其他来源估算的 2012 年发达国家相对贫困率（定义为收入低于等值收入中位数 60% 个人的比例）为 20.1%，并且在最近几年中保持相对稳定（见表 1.1）[8]。另外，在 2008 年全球金融危机的前几年中，欧盟的贫困风险率（定义为收入低于等值可支配收入中位数 60% 人口的比例）保持相当稳定，处于 16.5% 的水平，而从那以后，该比率呈现上升趋势，在 2014 年达到欧盟人口的 17.2%（见表 1.1）。

第二节 贫困人口的构成与工作类型

本节将考察贫困人口及非贫困人口与劳动力市场关系的特点，以对 103 个国家（包括 66 个新兴和发展中国家以及 37 个发达国家）家庭调查的详细分析为基础，旨在更好地理解贫困人口习惯依赖的工作类型，包括部门差别和技能差别。

贫困具有显著的人口统计特征

如表 1.2 所示，有相当部分的贫困人口是处于劳动力市场范围之外的，即他们要么是儿童，要么年龄在 65 岁以上。实际上，在新兴和发展中国家，2012 年有 43% 的极度贫困人口处于 15 岁以下或者 65 岁以上，而在同样年龄段的非贫困人口只有 30%，其中儿童占非劳动年龄极度贫困人口的比例最大，为 38%，而非贫困人口中儿童只占 24%。实际上，在 2012 年，有四分之一的儿童处于极度贫困状态，有一半的儿童处于极度贫困和中等贫困状态。这种情况在低收入国家特别严重（2012 年其所有儿童中有 45% 处于极度贫困状态，有将近 77% 处于极度贫困或中等贫困状态）。在中等收入国家，虽然儿童的贫困发生率较低，但仍然有将近四分之一（22%）的儿童生活在极度贫困状态，有将近一半（少于 50%）的儿童生活在极度贫困或中等贫困状态[9]。

而且，发达国家也呈现出类似的趋势：37% 的贫困人口是儿童和 65 岁及以上的老人（而同样年龄段的非贫困人口为 32%），其中的绝大多数是儿童。在贫困率方面，发达国家所有儿童中有三分之一生活在贫困线以下（全国人均收入中位数的 60% 以下）。

表 1.2

2012 年按人口群组、贫困状况与劳动力市场状况统计的贫困分布与贫困率（百分比）

	新兴和发展中国家				发达国家	
	极度贫困（低于每天1.90美元购买力平价）	非极度贫困（大于等于每天1.90美元购买力平价）	极度贫困和中等贫困（低于每天3.10美元购买力平价）	非贫困（大于等于每天3.10美元购买力平价）	贫困人口（相对）	非贫困人口
占总人口的比例（人口的百分比）						
非劳动年龄	42.8	29.8	38.9	27.2	37.4	32.4
儿童（0到14岁）	38.3	23.6	34.1	20.6	27.9	18.4
老人（65岁及以上）	4.5	6.2	4.8	6.6	9.5	14.0
劳动年龄（15岁至64岁）	57.2	70.2	61.0	72.8	62.6	67.6
经济活动人口	31.3	40.0	33.1	42.4	37.7	51.6
非经济活动人口	25.9	30.2	27.9	30.4	24.9	16.0
地理区域						
农村	87.8	59.1	83.3	41.2	21.1	18.0
城市	12.2	40.9	16.7	58.8	78.9	82.0
贫困率（%）						
非劳动年龄	22.3		48.8		24.5	
儿童（0到14岁）	24.5		52.5		35.9	
老人（65岁及以上）	12.8		32.7		12.7	
劳动年龄（15岁至64岁）	14.0		35.9		20.7	
经济活动人口	13.5		34.3		17.0	
非经济活动人口	14.6		38.0		30.4	
总人口	16.7		40.0		22.0	

注：发达国家的相对贫困率定义为收入低于全国家庭收入中位数60%人口的比例。包括发达国家在内，消费和收入按人均值计算。基于103个国家（66个新兴和发展中国家以及37个发达国家）的数据。详细结果参见附录B中的表1B.1到表1B.3。

资料来源：国际劳工组织基于全国家庭调查的计算。

贫困人口主要是劳动适龄人口，在新兴和发展中国家尤其如此，因此难以成为非经济活动人口

2012年，在各个国家群组中，贫困人口中的大多数都处于劳动年龄，即处于15—64岁年龄段，其中，贫困的参与经济活动（就业的或正在找工作的）人口比例稍高于贫困的非经济活动人口比例（见表1.2）。在新兴和发展中国家，57%的极度贫困人口和61%的中等和极度贫困人口处于15—64岁年龄段（相应的非贫困人口比例分别为70%和将近73%）。但是，劳动适龄人口的贫困发生率（极度贫困人口占14%和极度或中等贫困人口占36%）要低于儿童或老年人的贫困发生率。

有意思的是，新兴和发展中国家非经济活动人口和经济活动人口的贫困率基本相似，其中前者的贫困发生率略高。然而，与非贫困人口相比，贫困人口的非经济活动人口比例却较低。例如，在2012年，新兴和发展中国家极度贫困人口中的非经济活动人口比例为26%，而其非贫困人口中的非经济活动人口比例则为30%。在将中等和极度贫困人口综合考察时，也发现了类似的模式。这些趋势突显了贫困人口难以成为非经济活动人口，尤其是在新兴和发展中国家。这也可能反映了一种现象：在缺乏充分社会保障的情况下，贫困人口有很强的压力要去工作，即便是工作条件可能会让他们继续陷于贫困之中，在某些情况下他们也会接受这些工作。

虽然发达国家的大多数贫困人口都处于劳动年龄段（63%），但与新兴和发展中国家的情况相反，发达国家的贫困人口比非贫困人口更可能是非经济活动人口。

而且，发达国家非经济活动人口的贫困发生率（30%）也大大高于有工作或找工作者的贫困发生率（17%）。

在职贫困人口习惯依赖的工作类型

从就业状况、就业部门、职业和技能水平方面对劳动者贫困水平进行研究得出了很多重要成果[10]。例如，在 2012 年，新兴和发展中国家有 13.7% 的劳动者处于极度贫困状态，即有 3.67 亿劳动者人均每天生活费低于 1.90 美元购买力平价（见表 1.3）。但是，每天生活费低于 3.10 美元购买力平价的劳动者比例仍然相当高，占了新兴和发展中国家所有就业人口的三分之一以上（34.9%）（其中中等收入国家平均比例超过四分之一，而低收入国家平均比例则将近 70%）。从总体上看，这意味着，在新兴和发展中国家，2012 年有超过 12 亿劳动者处于极度贫困或者中等贫困状态（关于 15 岁及以上人口在职贫困的趋势请见专栏 1.2）。2012 年 37 个发达国家相对在职贫困的发生率（人均）大约为就业人口的 15.0%，即有超过 7000 万的劳动者处于相对贫困状态。另外，仅是没有包括在表 1.3 中欧洲国家的（基于成人等值标准）数据就表明，欧盟的在职贫困已从 2005 年的 11.9% 上升到 2012 年的 13.3% 以上[11]。

表 1.3

2012 年 15 到 64 岁劳动人口的贫困分布和贫困率（百分比）

	新兴和发展中国家				发达国家	
	极度贫困（低于每天 1.90 美元购买力平价）	非极度贫困（大于等于每天 1.90 美元购买力平价）	极度贫困和中等贫困（低于每天 3.10 美元购买力平价）	非贫困（大于等于每天 3.10 美元购买力平价）	贫困人口（相对）	非贫困人口
占总人口的比例（人口的百分比）						
失业人口	0.9	1.8	0.9	2.2	7.1	2.7
就业人口	30.4	38.2	32.2	40.2	30.6	48.9
授薪工作者	7.1	20.8	8.8	25.4	24.9	42.9
自营工作者	23.2	17.3	23.3	14.7	5.4	5.6
个体工作者	16.6	12.0	16.6	10.0	3.9	3.9
雇主	0.7	1.7	1.0	1.9	0.8	1.2
无酬家庭帮工	5.9	3.7	5.7	2.8	0.7	0.6
其他就业人口	0.2	0.1	0.1	0.1	0.3	0.4
劳动力总数（15—64 岁）	31.3	40.0	33.1	42.4	37.7	51.6
贫困率（百分比）						
失业人口	8.7		22.5		42.7	
就业人口	13.7		34.9		15.0	
授薪工作者	6.4		18.7		14.0	
自营工作者	21.1		51.5		21.4	
个体工作者	21.7		52.6		22.0	
雇主	8.1		26.3		16.8	
无酬家庭帮工	24.3		57.7		25.8	
其他就业人口	24.1		39.6		17.5	
劳动力总数（15 到 64 岁）	13.5		34.3		17.1	

注：发达国家的相对贫困率定义为收入低于全国家庭收入中位数 60% 人口的比例。消费和收入按人均值计算。基于 103 个国家（66 个新兴和发展中国家以及 37 个发达国家）的数据。详细结果参见附录 B 中的表 1B.1 到表 1B.3。

资料来源：国际劳工组织基于全国家庭调查的计算。

> **专栏 1.2**
>
> **在职贫困人口的趋势：1991 到 2015 年期间新兴和发展中国家 15 岁及以上人口的估计值**
>
> 在新兴和发展中国家，极度贫困的劳动者占全部就业人口的比例从 1991 年的 48.6% 降至 2015 年的 12%（见表 1.4）。其中，中等收入国家的工作性极度贫困人口的降低尤为突出，其比例至 2015 年下降了 40 多个百分点，达到 10% 以下。但低收入国家的进步相对较小，2015 年其在职贫困的发生率仍然高于 37%，但也比 1991 年的 67% 以上显著下降。
>
> 如果将极度贫困和中等贫困综合考察，也呈现类似的下降趋势。但是，在 2015，估计非洲、亚太地区和阿拉伯地区仍然分别有 57.8%、26.4% 和 22.0% 的就业人口属于在职贫困人口，每天生活费低于 3.10 美元购买力平价。
>
> **表 1.4**
>
> **1991 到 2015 年期间按国家群组和国际劳工组织地区统计的新兴和发展中国家的在职贫困率（百分比）**
>
> | | 极度贫困（低于每天人均 1.90 美元购买力平价） | | | | 极度和中等贫困（低于每天人均 3.10 美元购买力平价） | | | |
> |---|---|---|---|---|---|---|---|---|
> | | 1991 | 2005 | 2012 | 2015 | 1991 | 2005 | 2012 | 2015 |
> | **主要国家群组** | | | | | | | | |
> | 新兴和发展中国家合计 | 48.6 | 22.2 | 13.7 | 12.0 | 67.3 | 44.7 | 31.2 | 27.9 |
> | 中等收入国家 | 51.1 | 20.6 | 11.8 | 9.9 | 71.3 | 44.3 | 28.8 | 25.0 |
> | 低收入国家 | 67.2 | 55.1 | 41.5 | 37.5 | 83.6 | 81.7 | 73.2 | 69.8 |
> | **国际劳工组织地区（不包括发达国家）** | | | | | | | | |
> | 非洲 | 48.8 | 40.0 | 32.8 | 29.8 | 69.0 | 65.6 | 59.8 | 57.8 |
> | 阿拉伯国家 | 7.8 | 5.0 | 4.1 | 4.6 | 31.1 | 2.2 | 19.4 | 22.0 |
> | 亚太地区 | 59.4 | 23.2 | 12.7 | 10.4 | 80.1 | 48.8 | 31.2 | 26.4 |
> | 欧洲和中亚 | 2.8 | 3.6 | 1.9 | 1.5 | 8.8 | 9.0 | 5.5 | 4.7 |
> | 拉丁美洲和加勒比海地区 | 9.1 | 6.6 | 3.7 | 3.5 | 20.5 | 14.6 | 8.6 | 8.2 |
>
> 注：涵盖的国家范围与表 1.2 与表 1.3 不同，参照人口也不一样。数据是指 15 岁及以上人口，2015 年数据为估计值。
>
> 资料来源：2015 年 10 月更新的卡普索斯—布尔姆普拉模型（2013 年）。

新兴和发展中国家的贫困人口倾向于从事不稳定的工作

表 1.3 中在职贫困人口的就业状况表明，在新兴和发展中国家，2012 年个体工作者和无酬家庭帮工占了工作性极度贫困人口的四分之三左右（约占全部贫困人口的四分之一），而只有 7% 的贫困人口是授薪工作者（非贫困人口中则有 21% 是授薪工作者）。此外，个体工作者和无酬家庭帮工中的极度贫困率是授薪工作者或雇员的三倍。实际上，只有不到 10% 的授薪工作者（6.3%）和雇员（8.1%）生活在极度贫困状态，而有 21.7% 的个体工作者和 24.3% 的无酬家庭帮工生活在极度贫困状态。另外，大约有三分之一的妇女是以无酬家庭帮工的形式就业的，差不多比男子的比例高了 10 个百分点，无论是对贫困人口还是非贫困人口来说，都是如此[12]。

发达国家的贫困人口更可能是失业者，是授薪工作者的可能性较低

与新兴和发展中国家不同，发达国家的贫困人口中失业率相对较高[13]，在 2012 年，失业人口中的贫困率高达 42.7%，而按人均收入估算的平均贫困率则为 22%。授薪工作者比自营工作者更不容易受到相对贫困的影响，而自营工作者贫困发生率的范围从雇主的 16.8% 到无酬家庭帮工的 25.8%。另外，研究欧盟统计局的数据也可以发现类似的趋势，虽然欧盟统计局的数据使用了等值收入方法（见专栏 1.3）。

专栏 1.3

按劳动力市场状况统计的欧盟贫困风险率

根据欧盟统计局的数据（按家庭等值可支配收入中位数的 60% 估算相对贫困，即按成人等值标准方法而不是人均方法进行估算），2014 年就业人口的贫困风险率相对较低，只有 9.5%，但比 2009 年的 8.5% 有所上升（见表 1.5）。然而，在雇员和其他就业人口之间的区别相当大。事实上，2014 年其他就业人口的贫困风险率为 22% 以上，而雇员的贫困风险率只有 7.4%。

而 2014 年非就业人口的贫困风险率仍然较高，达到 23.4%，但其内部的贫困风险差别也非常大。例如，在 2014 年，欧盟有将近一半的失业人口位于贫困线以下，而位于贫困线以下的非经济活动人口（不含退休人口）和退休人口比例分别为 27.3% 和 12.7%。此外，2014 年欧盟各成员国之间失业人口的贫困风险率差别也非常大，其中最低为丹麦的 27.4%，最高为德国的 67%。

重要的是要记住，这些数据提到的贫困发生率是以收入水平中位数的 60% 为基准的，因此对收入分布带底部和中位数收入的变化非常敏感，而去除后者的影响（即将基准中位数收入固定在危机前的水平），就可以较好地反映贫困人口生活水平的绝对变化。的确，在将收入水平中位数固定为 2008 年值的情况下，贫困风险率从 2009 年的 15.9% 上升至 2014 年的 18.9%。

表 1.5

按前一年最频繁活动统计的欧盟贫困风险率（百分比）

	2001	2009	2014
总人口	15	15.5	16.5
就业人口	**8**	**8.5**	**9.5**
雇员		6.4	7.4
其他就业人口	17	21	22.5
非就业人口	**23**	**23**	**23.4**
失业人口	41	45.4	47.4
非经济活动人口（不含退休人员）	25	25.9	27.3
退休人口	16	15.6	12.7

注：数字是指 16 岁及以上人口的百分比。2001 年数据是指欧盟 25 国的数据，而 2009 年和 2014 年数据则分别是指欧盟 27 国和欧盟 28 国的数据。家庭等值可支配收入中位数 60% 的相对贫困家庭。

资料来源：国际劳工组织基于欧盟统计局数据的计算。

大多数在职贫困人口是农业和农村地区从业人员

在新兴和发展中国家，贫困主要是一种农村现象，虽然并非农村独有（利普顿与拉瓦利翁，1993年；奥迪阿姆博与曼达，2003年）。在2012年，88%的工作性极度贫困人口居住在农村地区（见表1.6）。实际上，农村地区的极度贫困率是城镇地区的四倍。而且，就业人口贫困率的城乡差异更加明显，因为有将近20%的农村地区就业人口生活在极度贫困状态，而城镇地区就业人口中只有4%多一点生活在极度贫困状态（如果将极度贫困和中等贫困合计，则农村地区和城镇地区的贫困率分别上升为48.5%和13.9%）。在发达国家，虽然大多数劳动适龄人口都生活在城市，但是，农村地区的非经济活动人口、失业人口、就业人口的贫困发生率都略高于城市。

新兴和发展中国家的趋势部分反映了贫困人口就业的部门。因为根据对43个新兴和发展中国家的估计值，在所有工作性极度贫困人口中有将近三分之二在农业部门就业（见图1.1），如果将中等贫困和极度贫困合计，则该指标有所降低（约60%）。此外，男女之间的农业贫困人口比例基本保持一致，尽管男性比例略高于女性。

在贫困率方面，农业部门就业人口中有四分之一生活在极度贫困状态，而工业部门和服务业部门就业人口中则分别只有12%和7%处于极度贫困状态。在所有发展中地区，农业部门的高贫困发生率是一项共同特征（见附录B中的表1B.4）。

表1.6

2012年按居住地区统计的贫困分布和贫困率（百分比）

人口群组	地区	新兴和发展中国家				发达国家	
		极度贫困（低于每天1.90美元购买力平价）	非贫困（大于等于每天1.90美元购买力平价）	极度贫困和中等贫困（低于每天3.10美元购买力平价）	非贫困（大于等于每天3.10美元购买力平价）	贫困人口（相对）	非贫困人口
占总人口的比例（人口的百分比）							
非经济活动人口	农村	88.5	62.6	84.6	53.6	20.8	19.1
	城市	11.5	37.4	15.4	46.4	79.2	80.9
失业人口	农村	68.1	30.5	60.5	25.2	25.8	23.4
	城市	31.9	69.5	39.5	74.8	74.2	76.6
就业人口	农村	88.6	57.4	84.4	48.0	21.4	16.9
	城市	11.4	42.6	15.6	52.0	78.6	83.1
授薪工作者	农村	87.5	46.7	83.3	40.9	19.1	16.5
	城市	12.5	53.3	19.7	59.1	81.	83.5
自营工作者	农村	89.2	70.2	86.0	60.3	31.4	19.8
	城市	10.8	29.8	14.0	39.5	68.6	80.2
贫困率（百分比）							
非经济活动人口	农村	19.5		49.2		32.4	
	城市	5.0		16.9		29.9	
失业人口	农村	17.6		41.0		45.1	
	城市	4.2		13.3		42.0	
就业人口	农村	19.7		48.5		18.2	
	城市	4.1		13.9		14.3	
授薪工作者	农村	11.3		31.2		15.9	
	城市	1.6		7.1		13.6	
自营工作者	农村	25.4		60.1		30.2	
	城市	8.8		27.3		18.9	

注：发达国家的相对贫困率定义为收入低于全国家庭收入中位数60%人口的比例。消费和收入按人均值计算。基于103个国家（66个新兴和发展中国家以及37个发达国家）的数据。

资料来源：国际劳工组织基于全国家庭调查的计算。

第一章　贫困与职场：全球趋势综述

图 1.1

2012 年按三大经济部门就业人口统计的新兴和发展中国家极度贫困率（百分比）

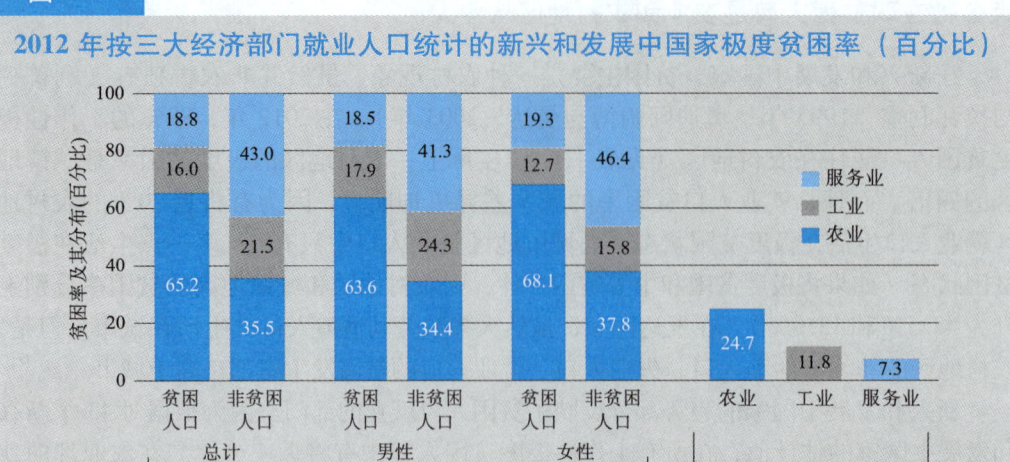

注：极度贫困定义为人均收入低于每天 1.90 美元购买力平价。基于 43 个国家（不包括发达国家）的数据，具体国家名单请参见附录 B 中的表 1B.4 附注。

资料来源：国际劳工组织基于全国家庭调查数据的计算。

贫困人口在技能性职业*中处于不利地位

基于少数国家（由于可用数据的限制）数据的证据显示，在职贫困人口倾向于从事低技能工作（见图 1.2 中的 A 组和附录 B 中的表 1B.5）。实际上，2012 年，在可以进行详细估算的 17 个新兴和发展中国家中，有 43% 处于工作性极度贫困状态的劳动者从事通常只需要低技能（相当于小学或以下教育水平）的工作，相反，非贫困人口中则只有 18% 的人从事低技能的工作。因此，低技能人员的极度贫困率为 26.2%，分别是中等技能工作者和高技能工作者极度贫困率的两倍以上和接近十倍（见图 1.2 中的 B 组），也就毫不奇怪了。

图 1.2

2012 年按技能水平统计的新兴和发展中国家极度贫困率（百分比）

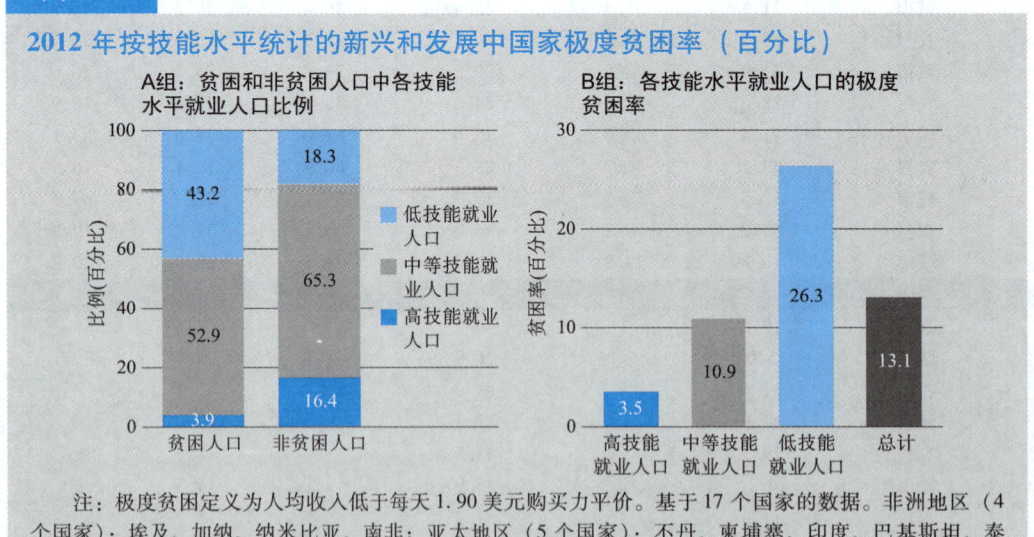

注：极度贫困定义为人均收入低于每天 1.90 美元购买力平价。基于 17 个国家的数据。非洲地区（4 个国家）：埃及、加纳、纳米比亚、南非；亚太地区（5 个国家）：不丹、柬埔寨、印度、巴基斯坦、泰国；拉丁美洲和加勒比地区（6 个国家）：玻利维亚、巴西、哥斯达黎加、萨尔瓦多、危地马拉、巴拉圭；欧洲和中亚地区（2 个国家）：塞尔维亚、土耳其。

资料来源：国际劳工组织基于全国家庭调查数据的计算。

---

* 埃万耶丽娅·布尔姆保拉的分析。

第三节 贫困人口的收入来源

上一节考察了贫困人口的劳动力市场定位，本节将分析贫困人口的收入来源，这很重要，因为既可以对减轻贫困的政策措施有所启示，也为第二章中收入差距的讨论，以及第二部分对各种可能的政策路径的详细分析铺平道路。

具体来说，本节将考察中等和极度贫困人口依赖劳动收入和非劳动收入维持生计的程度，其中考虑的主要收入来源为工资和薪酬收入、自营工作者的收入（包括自用产出[14]）、资本[15]或投资收入（租金、利润、红利）、私人/社区转移（家庭间转移、赡养费、汇款）以及社会转移（缴费型，例如退休金和失业保险救济金；非缴费型，例如儿童津贴、失业津贴和社会养老金）。

在本节分析中，收入来源分析的对象是极度贫困人口（包括按成人等值标准计算发达国家生活在收入中位数30%线以下的家庭或者新兴和发展中国家每天人均收入低于1.90美元购买力平价的家庭），以及中等贫困人口（包括按成人等值标准计算发达国家生活在收入中位数30%线和60%线之间的家庭或者新兴和发展中国家每天人均收入在1.90美元购买力平价到3.10美元购买力平价之间的家庭）。

贫困人口比非贫困人口更少依赖劳动收入，更多依赖社会转移，在发达国家尤其如此

一般来说，劳动收入占家庭总收入比例最高的是非贫困人口，其次是中等贫困人口，最低是极度贫困人口（图1.3）。但根据现有数据，在新兴和发展中国家中，贫困人口的劳动收入占总收入的比例也非常高。非贫困家庭主要依赖劳动收入，而贫困家庭则依赖多种来源的收入来满足其消费和物质需求，这些收入来源包括：社会转移收入（缴费型和非缴费型）、私人转移收入（包括汇款、赡养费）和资本收入。但是，不同国家的家庭对不同收入来源的依赖程度差别也非常大。

在发达国家和中东欧国家，中等贫困家庭的劳动收入占家庭总收入的比例比非贫困家庭低，范围在20%（爱尔兰）和66%（美国）之间。其中，在南欧国家（希腊、意大利、葡萄牙、西班牙），劳动收入占家庭总收入的比例超过40%，缴费型社会转移在这些国家则是第二大收入来源，非缴费型社会转移只占了其收入中相对较小的部分。在北欧国家（芬兰、冰岛、挪威、瑞典），劳动收入占家庭收入的比例差别非常大。在芬兰，非缴费型社会转移是中等贫困家庭的最大收入来源，其次是缴费型社会转移。而在瑞典和挪威，缴费型和非缴费型社会转移占了中等贫困家庭总收入的60%左右，其中瑞典的非缴费型社会转移几乎是缴费型社会转移的两倍（见图1.3中的B组）[16]。在中东欧国家，缴费型社会转移是除匈牙利、波兰和斯洛伐克之外所有国家的最大收入来源，其次分别是非缴费型社会转移和私人转移。

新兴和发展中国家各地区的情况差别也非常大。其中，劳动收入占中等贫困家庭总收入的比例，在亚洲为80%以上，在拉丁美洲为36%（乌拉圭）至88%（玻利维亚）之间，在非洲为34%（南非）和92%（加纳）之间。在土耳其，劳动收入占了75%，在约旦则大约为32%。另外，在亚洲国家和非洲的卢旺达和加纳，私人转移是第二大收入来源，占了家庭收入的4%—10%。在南非，非缴费型社会转移（52%）和私人转移是贫困家庭收入最大的两种来源。在约旦，非缴费型社会转移和资本收入是贫困家庭最大的两种收入来源。在拉丁美洲，非劳动收入来源差别非常大：其中，非缴费型社会转移在巴西、墨西哥和乌拉圭是最大收入来源，而在洪都拉斯，私人转移是最大来源（见图1.3中的B组）。

图 1.3

最近年份按贫困状况统计的家庭收入来源（百分比）

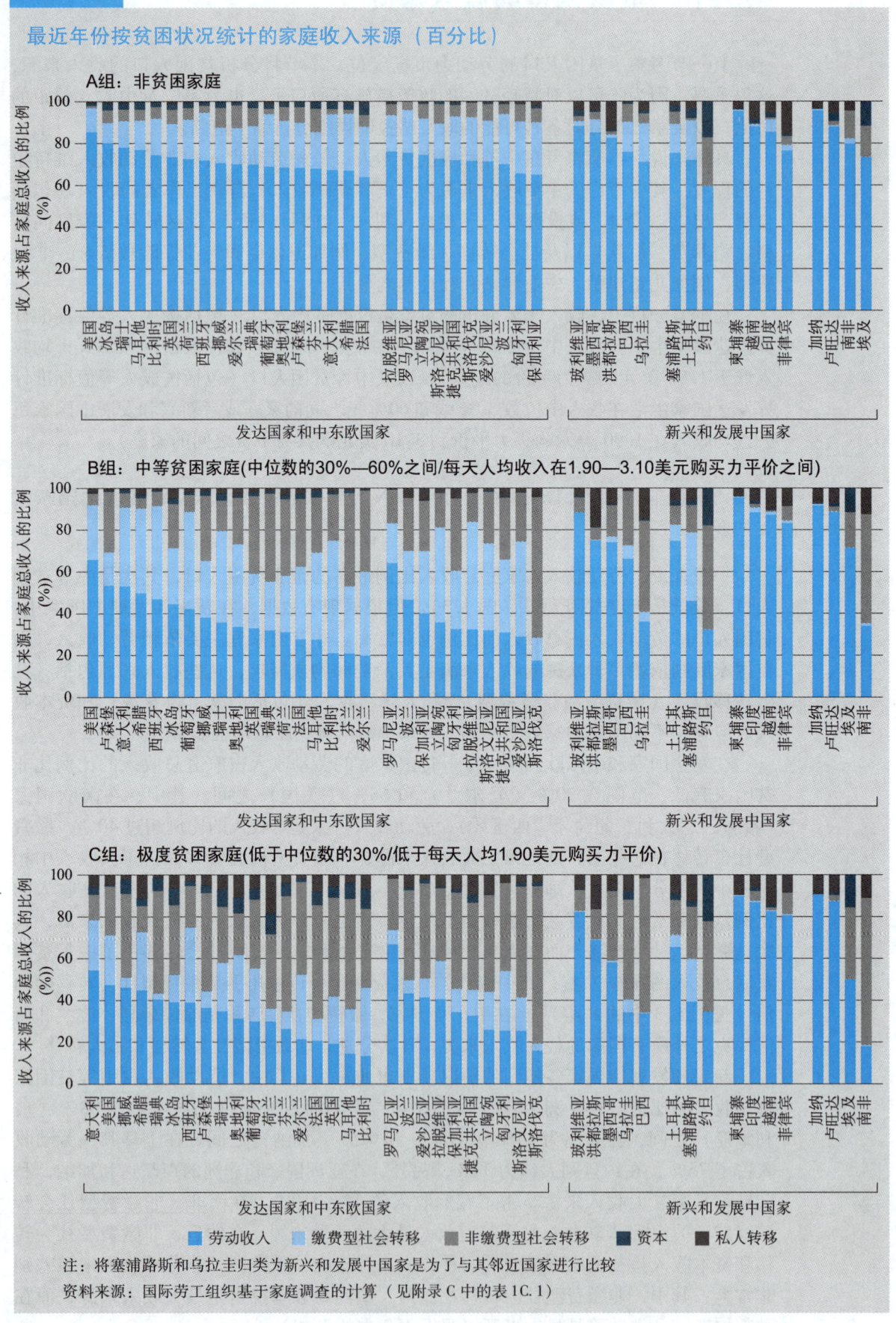

注：将塞浦路斯和乌拉圭归类为新兴和发展中国家是为了与其邻近国家进行比较
资料来源：国际劳工组织基于家庭调查的计算（见附录 C 中的表 1C.1）

图 1.4

最近年份按贫困状况统计的女性户主家庭收入来源（百分比）

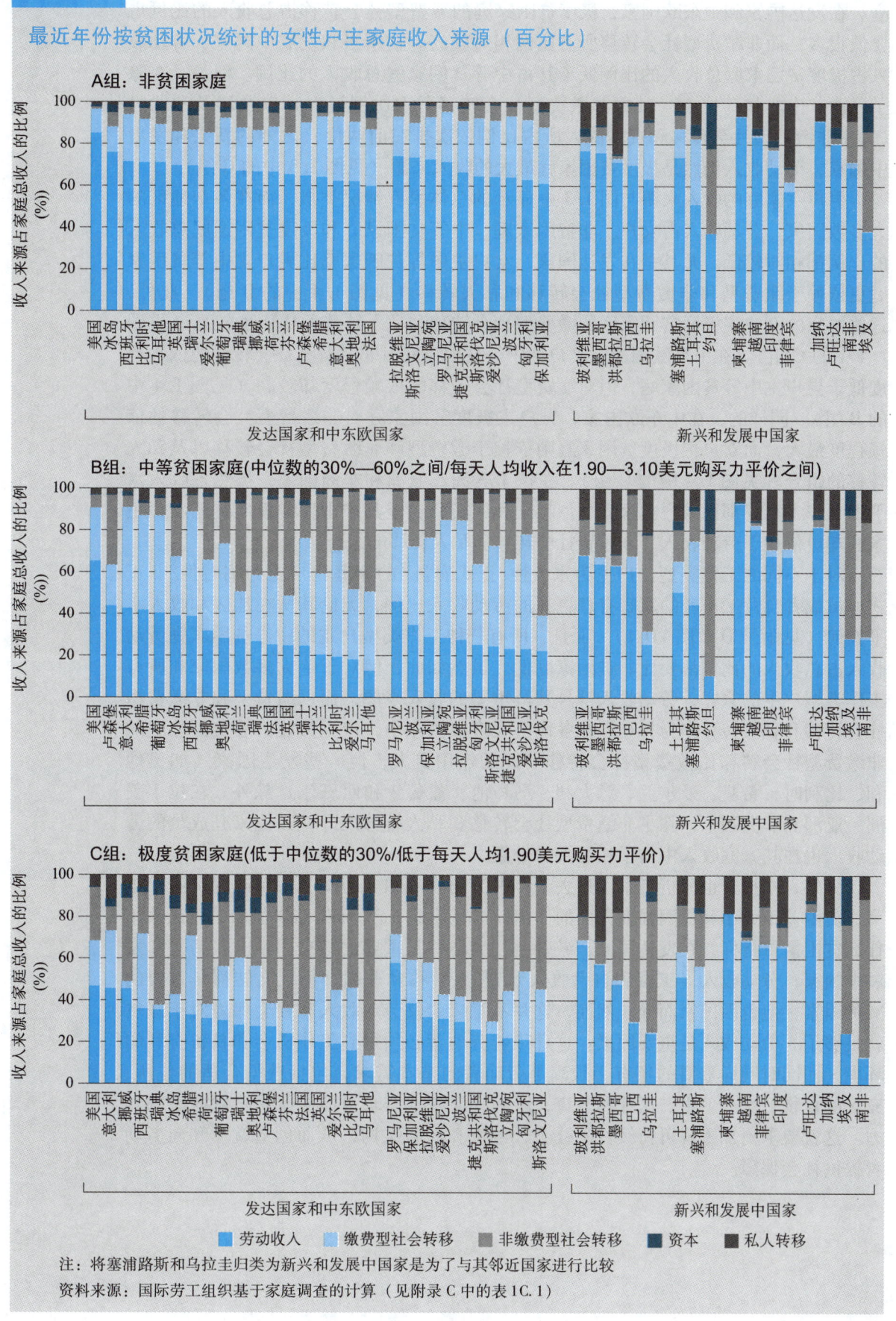

注：将塞浦路斯和乌拉圭归类为新兴和发展中国家是为了与其邻近国家进行比较
资料来源：国际劳工组织基于家庭调查的计算（见附录 C 中的表 1C.1）

第一章 贫困与职场：全球趋势综述

在所有国家中，极度贫困家庭的劳动收入占家庭总收入的比例低于中等贫困家庭。在发达国家和中东欧国家，极度贫困家庭的缴费型社会转移占总收入的比例也要低很多，而非缴费型社会转移所占比例相对较高。在新兴和发展中国家，劳动收入占极度贫困家庭总收入的比例低于其占中等贫困家庭总收入的比例。但是，在除了巴西、南非和乌拉圭（其中非缴费型社会转移所占比例最大）以及埃及和约旦（其中非缴费型社会转移和资本收入所占比例依次排在前两位）之外的新兴和发展中国家，劳动收入仍然是极度贫困家庭最大的收入来源（见图1.3中的C组）。

男户主家庭的收入来源与图1.3中显示的总体家庭情况类似，而在各个地区的大多数国家，劳动收入占女户主非贫困家庭、中等贫困家庭和极度贫困家庭总收入的比例都相对较低。尤其是在发达国家，女户主中等贫困家庭比男户主中等贫困家庭更依赖于缴费型和非缴费型社会转移和私人转移（见图1.4中的B组）。此外，这些国家的女户主极度贫困家庭的缴费型社会转移和私人转移的比例也较高（见图1.4中的C组）。在中东欧国家，女户主中等贫困家庭对非缴费型社会转移的依赖程度低于男户主中等贫困家庭，但对缴费型社会转移的依赖程度却较高（见图1.4中的B组）。同样的，在中东欧国家，男户主极度贫困家庭对非缴费型社会转移的依赖程度最大，而女户主极度贫困家庭则依赖于缴费型和非缴费型社会转移以及私人转移的组合（见图1.4中的C组）。在拉丁美洲、亚洲和非洲国家，虽然各收入水平的女户主家庭都比男户主家庭更依赖于私人转移，但其中中等和极度贫困女户主家庭却更依赖于劳动收入、非缴费社会转移和私人转移的组合。

对于不同的工作类型，户主为永久性/正式雇员[17]的家庭比户主为临时性/非正式雇员或者自营工作者的家庭有着更高的劳动收入比例，无论其所在地区和收入水平如何（见附录D及图1D.1）。而且，所有三种工作类型户主的中等贫困家庭劳动收入占总收入的比例都要比非贫困家庭低。虽然如此，但对于绝大多数国家和所有工作类型户主的家庭，劳动收入都是其最重要的收入来源，而以缴费型和非缴费型社会转移和私人转移作为补充。在各地区大多数国家中，户主失业中等贫困家庭的非缴费型社会转移比缴费型社会转移发挥的作用更大，但一些发达国家（如奥地利、比利时、希腊、爱尔兰、意大利、马耳他、葡萄牙和西班牙）除外。在拉丁美洲、亚洲和非洲国家，除了非缴费型社会转移和私人转移之外，其他家庭成员的劳动收入也在其家庭收入中占了相当大的份额。

另外，本报告也分析考察了过去十年中劳动收入和非劳动收入对改变贫困发生率、贫困差距大小和贫困强度方面的作用（参见附录E）。分析结果显示，无论采用什么贫困衡量指标，在发达国家，缴费型社会转移是重要的减贫因素。在新兴和发展中国家，劳动收入（工资和自营收入）、私人转移和非缴费型社会转移是重要的减贫因素，但也因国家而异。然而，这并不意味着仅劳动收入和社会保障对于减贫就足够了。劳动收入是重要因素。这意味着劳动者必须得到工作机会和具备有利的环境，而同时同样重要的还有必须满足劳动者的基本需求，包括获得合适的住所、充足的食物、水、卫生、医疗和教育，因为缺乏基本需求可能会限制贫困家庭的能力。这就要求更加重视可持续性的社会、经济和制度结构，从而创造就业和向劳动者提供社会保障。

第四节 贫困的非收入因素

尽管收入非常重要，但贫困通常是由货币因素和非货币因素共同造成的。因为尽管某些家庭的收入可能在贫困线以上，但是仍然可能因缺乏充足的食物而导致营养不良、没有像样的住房和卫生条件，也不能获得充足的安全饮用水、教育和医疗服务。因此，研究各种不同的贫困面[18]及其相互联系，可以帮助制定政策，建立解决贫困问题的可行框架。本节将简短地描述贫困的非货币形式及其对工作的间接影响。

饥饿与营养不良：最不足的贫困面

据估计，2014—2016 年期间，世界上有 7.95 亿人左右处于营养不良状态（联合国粮农组织、国际农业发展基金会与世界粮食计划署，2015 年），其中大多数生活在发展中国家，尤其是在容易遭受连续旱灾的地区。在撒哈拉以南非洲地区，就有四分之一的人营养不良，虽然在过去 20 多年中，营养不良的患病率已下降 10 个百分点，但营养不良人口的数量却并没有减少（同上）。在南亚地区（孟加拉国、印度、巴基斯坦），过去 20 多年来，营养不良情况几乎没有得到改善，饥饿仍然是主要问题（同上）。

食物的供应和获得是世界上解决营养不良和饥饿问题的关键，尤其是在低收入国家。但过去十多年中粮食价格的急剧上升和经济动荡已经给一些家庭带来了压力，对其就业和收入产生了不利影响，因为其收入中的大部分通常都花费在食物上（国际劳工组织，2011 年和 2015a）。毫无疑问，粮食安全关系到经济增长和就业，因为人口健康是劳动力生产率的重要决定因素。营养不良可能会限制劳动者的能力，据估计，劳动者的饮食不良"可能会导致国家遭受高达 20% 的生产率损失"（国际劳工组织，2015a，第 3 页）。

因此，必须努力：（1）提高以负担得起的、稳定的价格获得食物的可能性；（2）确保获得体面的工作机会。为了确保能以负担得起的价格获得食物，可以将食品补贴作为一种有用的收入支持手段，帮助提高贫困人口的购买力（见表 1F.1）。然而，将非贫困人口包括在内的普遍补贴通常会存在很大漏洞，因为这削弱了补贴对贫困人口的支持力度[19]。在农业部门和农村地区创造体面的工作需要增加农业方面的投资（例如扩大灌溉）。提高生产率和粮食作物与经济作物的比率，可以改善粮食安全，并且促进急需的就业增长（详细讨论参见第五章）。总之，以农业为主导基础的广泛经济发展具有前向关联和后向关联，还可以促进体面工作的增长，从而解决贫困问题。

缺乏住所、饮用水和卫生条件加剧了贫困人口的弱势地位

过去几十年中城镇人口的增长已经对城镇地区住房带来了重大挑战，因为大多数贫困人口通常无法获得足够的住房。住房是人类健康和福祉的基础，获得足够住房的权利也写入了联合国《世界人权宣言》和《经济、社会、文化权力国际公约》（世界卫生组织与联合国人居署，2016 年）。生活在贫困或住房不足条件下的人口，特别容易受到疾病的伤害，也无法抵御自然灾害。而且，修理住房也需要财务开支（给已经紧张的预算带来了额外的压力），还可能导致工作时间和收入的损失，尤其是在家庭成员自行完成修理的情况下。家庭调查数据样本显示，住房不安全（按建筑材料分类[20]）家庭占非贫困家庭中的比例范围为 2%（乌拉圭）—32%（加纳），

占中等贫困家庭的比例范围为 10%（乌拉圭）到 60%（卢旺达），占极度贫困家庭的比例范围为 6%（乌拉圭）—82%（卢旺达）。

2015 年有 24 亿人左右口生活在缺乏良好卫生条件的环境下，其中近 40% 的人露天如厕（联合国儿童基金会与世界卫生组织，2015 年）。卫生是世界健康、教育和生产率的基础。特别是，露天如厕造成了疾病与贫困之间的恶性循环，并且与较高水平的儿童死亡率、营养不良、货币性贫困以及贫富之间严重不平等相关（世界卫生组织与联合国儿童基金会，2014 年）。这一情况在撒哈拉以南非洲和南亚地区特别严重，分别有大约 70% 和 53% 的人口无法获得良好的卫生条件（同上）。良好的卫生条件与部分健康问题相关，如减少生病时间或照料病人的时间，从而可以增加生产活动的时间。

取水是获得饮用水和卫生条件的另一个重要方面，不仅减少了生产性/收入相关活动的时间，也减少可以用于学校或其他活动上的时间和精力。而且，取水通常是妇女和少女的任务，背负重担造成了她们身体上和健康上的问题，而且从远处取水的过程也增加了她们遭受身体伤害和性暴力侵害的可能性（联合国儿童基金会与世界卫生组织，2015 年）。在可以取得调查数据的很多国家中，极度贫困家庭从住处之外的地方取水的比例很高（印度为 61%，柬埔寨为 81%，越南为 84%，卢旺达为 98%）。

2010—2012 年期间，世界上有 11 亿人左右口没有通电，有 29 亿人口依靠生物燃料取暖和做饭（世界银行，2015 年）。生物燃料与其他污染性炊事燃料[21]一样，存在严重的健康风险，尤其是对呼吸系统的伤害，每年可能会造成 430 万人死亡（世界卫生组织，2016 年）。鉴于其经济条件，一些家庭（尤其是贫困家庭）通常无法选择所使用炊事燃料的类型。一项基于家庭调查数据的分析显示，极度贫困家庭通常使用生物燃料和污染性炊事燃料（比例范围在 7%（埃及和乌拉圭）到几乎 100%（卢旺达）之间），意味着其家庭成员（尤其是妇女）直接受到有害烟尘的伤害，导致健康问题，从而降低个人生产率和家庭收入。另外，收集木柴和其他生物燃料也非常耗费时间，而且通常由妇女和少女承担。例如，基于 2011 年/2012 年家庭调查数据，在印度，有一半左右的家庭需要从 30 分钟路程的地方收集生物燃料，而有 15% 的家庭则需要从一个小时路程或以外的地方收集生物燃料，因此，收集木柴很容易就耗费了半天时间，从而剥夺了她们从事生产或其他活动的机会。

贫困人口获得公共卫生服务的机会

缺乏公共卫生服务会限制贫困人口的生产率，降低家庭预算的购买力，导致健康贫困陷阱（麦金太尔及其他，2006 年）。而疾病导致的医疗支出也会极大地影响贫困家庭（瓦格斯塔夫，2002 年），迫使他们削减食品等其他必需品的支出，放弃生产活动，从而形成恶性循环。本报告的分析再一次确认贫困家庭获得公共卫生服务受到的严重限制。健康的一个关键衡量指标是儿童死亡率，在所有的报告国家中，处于最低五分位的儿童死亡率要大大高于其他人口，但叙利亚和马尔代夫除外。而儿童死亡率最高和差异最大都出现在撒哈拉以南非洲地区，其中喀麦隆和几内亚最为显著，在亚洲也存在很大的差异，其中印度和巴基斯坦最显著（见附录 F 中的图 1F.1）。

受教育机会不足

教育是主要的脱贫工具之一，因此缺乏受教育机会就构成了权利的丧失，也是造成贫困的一个方面。鉴于需要进行大范围的部门就业转移（从农业生产向低技能和高技能服务业转移），教育成了找工作最关键的核心资产之一。此外，教育也对家庭有代际效应，因此它有助于打破延续几代人的贫困链。

所选国家的家庭数据显示，贫困家庭儿童的出勤率很可能要比非贫困家庭儿童的出勤率低。但巴西贫困家庭儿童和非贫困家庭儿童的缺勤率都非常低，这是社会福利项目"家庭补助金计划"的一项成就，因为该项目将学校出勤率纳入了获得补助的必要条件当中。另外，印度和乌拉圭的证据也显示，通过提供补贴或学校免费就餐，也可以提高出勤率。但是，出勤率的提高并不都意味着所传授的教育是高质量的。因为有研究表明，尽管条件性现金转移计划有助于提高出勤率，但并不一定能解决与教育设施质量和师生比率有关的供应面问题（斯坦皮尼与托尔纳罗利，2012年）。一般来说，儿童不上学的原因有很多，比如有偿工作、家务劳动（无酬家庭帮工）、财务问题、健康问题、无法获得教育设施、由于认识不到学习对未来工作的益处而缺乏学习兴趣等。这些问题非常复杂，需要解决很多结构性问题和供应面的问题，才能帮助终结贫困代际传递。

总之，本节已表明，贫困人口通常要遭受到不能用货币衡量的匮乏，非货币贫困因素对货币贫困线之上和之下的人口都有影响。除此之外，本节也表明，所有这些非货币贫困因素对极度贫困人口仍有极大的影响。因此，本节强调了要把贫困当作多面现象看待的重要性，以及可以改善获得基本需求和平等机会的补助政策的重要性。

第五节　结束语

本章主要是以收入的标准贫困线为基础对近期贫困趋势进行了综述。在这一框架内，本章展示了劳动力市场的决定因素和贫困的组成部分，然后强调了生产性就业和体面工作对实现2015年后发展议程目标的重要性，尤其是"在世界各国消除一切形式的贫困"目标（可持续发展目标第1项）。另外，本章也显示了提高贫困人口的就业和收入质量是以可持续方式解决贫困问题的关键。

特别是，本章发现了各个国家群组的大多数贫困人口都是劳动适龄人口。然而，没有工作或从事个体工作或无酬家庭帮工等低收入工作的贫困人口通常都是低技能的，这使得在职贫困人口要想改善工作条件（例如，仅三分之二贫困人口从事农业工作）或者通过找到优质工作、获得职业发展从而脱离贫困变得非常困难。新兴和发展中国家的贫困家庭依赖较多的是劳动收入（工资收入和自营收入），其次是私人转移和非缴费型社会转移。同时，发达国家的贫困家庭依赖最多的是社会保障（更详细的调查参见第二章）。

因此，解决体面工作的不足问题，就对消除贫困非常关键。这就要求重视建立可持续性社会、经济和制度结构，从而改善现有工作条件、支持创造优质工作和确保社会保障供应。而且，这也需要提供支持性政策，让个人能够提高其劳动力市场成果，并为雇主创造有利的环境，让他们能够提供更多的体面工作（这些政策将在第三章、第五章和第六章讨论）。然而，仅体面的工作是不够的，必须要伴随着更广泛的政策，解决贫困的非货币面问题，包括缺乏足够的住房、食物和基本服务。正如第四章强调的，体面工作对基于权利的议程非常关键。

除此以外，体面工作还有助于促进这些有利于贫困人口的政策。首先，创造体面工作将会扩大关键政策干预和制度建设的资金基础，其次，提高劳动者和企业家（特别是那些希望创新和因应贫困人口需求的企业家）的能力，也有助于提高贫困人口的影响力。因此，体面工作可以成为旨在消除一切形式贫困政策的有力驱动因素。

附录 A 地区、国家与收入群组

非洲	美洲	亚太地区	欧洲和中亚
北非	**拉丁美洲和加勒比地区**	**东亚**	**北欧、南欧和西欧**
阿尔及利亚	安提瓜和巴布达	中国	阿尔巴尼亚
埃及	阿根廷	中国香港	安道尔
利比亚	巴哈马	日本	奥地利
摩洛哥	巴巴多斯	朝鲜	比利时
苏丹	伯利兹	韩国	波黑
突尼斯	玻利维亚	中国澳门	海峡群岛
西撒哈拉	巴西	蒙古	克罗地亚
撒哈拉以南的非洲地区	智利	中国台湾	丹麦
安哥拉	哥伦比亚	**东南亚和太平洋地区**	爱沙尼亚
贝宁	哥斯达黎加	澳大利亚	芬兰
博茨瓦纳	古巴	文莱	法国
布基纳法索	多米尼克	柬埔寨	德国
布隆迪	多米尼加共和国	库克群岛	希腊
喀麦隆	厄瓜多尔	斐济	冰岛
佛得角	萨尔瓦多	法属波利尼西亚	爱尔兰
中非共和国	法属圭亚那	关岛	意大利
乍得	格林纳达	印度尼西亚	拉脱维亚
科摩罗	瓜德罗普岛	基里巴斯	列支敦士登
刚果	危地马拉	老挝	立陶宛
刚果民主共和国	圭亚那	马来西亚	卢森堡
科特迪瓦	海地	马绍尔群岛	前南斯拉夫马其顿共和国
吉布提	洪都拉斯	密克罗尼西亚联邦	马耳他
赤道几内亚	牙买加	缅甸	摩纳哥
厄立特里亚	马提尼克岛	瑙鲁	黑山共和国
埃塞俄比亚	墨西哥	新喀里多尼亚	荷兰
加蓬	荷属安的列斯群岛	新西兰	挪威
冈比亚	尼加拉瓜	帕劳	葡萄牙
加纳	巴拿马	巴布亚新几内亚	圣马力诺
几内亚	巴拉圭	菲律宾	塞尔维亚
几内亚比绍	秘鲁	萨摩亚	斯洛文尼亚
肯尼亚	波多黎各	新加坡	西班牙
莱索托	圣基茨和尼维斯	所罗门群岛	瑞典
利比里亚	圣卢西亚	泰国	瑞士
马达加斯加	圣文森特和格林纳丁斯	东帝汶	英国
马拉维	苏里南	汤加	**东欧**
马里	特立尼达和多巴哥	图瓦卢	白俄罗斯
毛里塔尼亚	美属维尔京群岛	瓦努阿图	保加利亚
毛里求斯	乌拉圭	越南	捷克共和国
莫桑比克	委内瑞拉	**南亚**	匈牙利
纳米比亚	**北美**	阿富汗	摩尔多瓦共和国
尼日尔	加拿大	孟加拉国	波兰
尼日利亚	格陵兰	不丹	罗马尼亚
留尼旺岛	美国	印度	俄罗斯
卢旺达	**阿拉伯国家**	伊朗	斯洛伐克
圣多美和普林西比	巴林	马尔代夫	乌克兰
塞内加尔	伊拉克	尼泊尔	**中亚和西亚**
塞舌尔	约旦	巴基斯坦	亚美尼亚
塞拉利昂	科威特	斯里兰卡	阿塞拜疆
索马里	黎巴嫩		塞浦路斯
南非	阿曼		格鲁吉亚
南苏丹	卡塔尔		以色列
斯威士兰	沙特阿拉伯		哈萨克斯坦
坦桑尼亚	叙利亚		吉尔吉斯共和国
多哥	阿拉伯联合酋长国		塔吉克斯坦
乌干达	西岸和加沙地带		土耳其
赞比亚	也门		土库曼斯坦
津巴布韦			乌兹别克斯坦

发达国家或地区（高收入）
安道尔
安提瓜和巴布达
阿根廷
澳大利亚
奥地利
巴哈马
巴林
巴巴多斯
比利时
文莱
加拿大
海峡群岛
智利
克罗地亚
塞浦路斯
捷克共和国
丹麦
赤道几内亚
爱沙尼亚
芬兰
法国
法属圭亚那
法属波利尼西亚
德国
希腊
格陵兰
关岛
中国香港
匈牙利
冰岛
爱尔兰
以色列
意大利
日本
韩国
科威特
拉脱维亚
列支敦士登
立陶宛
卢森堡
中国澳门
马耳他
马提尼克岛
摩纳哥
荷兰
荷属安的列斯群岛
新喀里多尼亚
新西兰
挪威
阿曼
波兰
葡萄牙
波多黎各
卡塔尔
俄罗斯
留尼旺
圣基茨和尼维斯
圣马力诺
沙特阿拉伯
塞舌尔
新加坡

斯洛伐克
斯洛文尼亚
西班牙
瑞典
瑞士
中国台湾
特立尼达和多巴哥
阿拉伯联合酋长国
英国
美国
美属维尔京群岛
乌拉圭
委内瑞拉
新兴国家或地区（中等收入）
亚美尼亚
孟加拉国
不丹
玻利维亚
喀麦隆
佛得角
刚果
科特迪瓦
吉布提
埃及
萨尔瓦多
格鲁吉亚
加纳
危地马拉
圭亚那
洪都拉斯
印度
印度尼西亚
肯尼亚
基里巴斯
吉尔吉斯共和国
老挝
莱索托
毛里塔尼亚
密克罗尼西亚联邦
摩尔多瓦共和国
摩洛哥
缅甸
瑙鲁
尼加拉瓜
尼日利亚
巴基斯坦
巴布亚新几内亚
菲律宾
萨摩亚
圣多美和普林西比
塞内加尔
所罗门群岛
斯里兰卡
苏丹
斯威士兰
叙利亚
塔吉克斯坦
东帝汶

乌克兰
乌兹别克斯坦
瓦努阿图
越南
西岸和加沙地带
西撒哈拉
也门
赞比亚
阿尔巴尼亚
阿尔及利亚
安哥拉
阿塞拜疆
白俄罗斯
伯利兹
波黑
博茨瓦纳
巴西
保加利亚
中国
哥伦比亚
库克群岛
哥斯达黎加
古巴
多米尼克
多米尼加共和国
厄瓜多尔
斐济
加蓬
格林纳达
瓜德罗普岛
伊朗
伊拉克
牙买加
约旦
哈萨克斯坦
黎巴嫩
利比亚
前南斯拉夫马其顿共和国
马来西亚
马尔代夫
马绍尔群岛
毛里求斯
墨西哥
蒙古
黑山共和国
纳米比亚
帕劳
巴拿马
巴拉圭
秘鲁
罗马尼亚
圣卢西亚
圣文森特和格林纳丁斯
塞尔维亚
南非
苏里南
泰国
汤加
突尼斯
土耳其
土库曼斯坦
图瓦卢

发展中国家或地区（低收入）
阿富汗
贝宁
布基纳法索
布隆迪
柬埔寨
中非共和国
乍得
科摩罗
刚果民主共和国
厄立特里亚
埃塞俄比亚
冈比亚
几内亚
几内亚比绍
海地
朝鲜
利比里亚
马达加斯加
马拉维
马里
莫桑比克
尼泊尔
尼日尔
卢旺达
塞拉利昂
索马里
南苏丹
坦桑尼亚
多哥
乌干达
津巴布韦

附录 B 贫困人口与非贫困人口的分布及贫困率

表 1B.1

2012 年新兴和发展中国家低于 1.90 美元购买力平价的地区和总人口分解

		总计	15岁以下	就业人口 总计	授薪工作者	雇主	自负盈亏工作者	无酬家庭帮工	其他	15—64岁失业人口	15—64岁非经济活动人口	65岁以上
1. 贫困人口和非贫困人口的分布												
总计	总计	100	26.1	36.9	18.5	1.5	12.8	4.0	0.1	1.7	29.5	5.9
	贫困人口	100	38.3	30.4	7.1	0.7	16.6	5.9	0.2	0.9	25.9	4.5
	非贫困人口	100	23.6	38.2	20.8	1.7	12.0	3.7	0.1	1.8	30.2	6.2
非洲	总计	100	40.2	33.1	9.9	1.3	14.7	7.1	0.2	2.0	20.4	4.3
	贫困人口	100	47.7	29.7	3.0	0.4	17.4	8.8	0.2	1.2	17.4	4.0
	非贫困人口	100	36.6	34.7	13.1	1.7	13.4	6.3	0.2	2.4	21.9	4.5
拉丁美洲和加勒比海地区	总计	100	26.3	43.9	28.4	2.3	10.2	2.4	0.6	2.5	19.4	7.9
	贫困人口	100	45.3	27.0	6.2	1.3	10.2	5.9	3.5	3.3	20.8	3.6
	非贫困人口	100	25.4	44.6	29.4	2.3	10.2	2.2	0.5	2.5	19.4	8.1
阿拉伯国家*	总计	100	39.0	23.2	15.8	1.1	5.7	0.1	0.4	3.0	31.2	3.6
	贫困人口	100	51.6	18.3	7.9	0.4	9.3	0.0	0.8	3.3	24.4	2.4
	非贫困人口	100	38.7	23.3	16.0	1.1	5.6	0.2	0.4	2.9	31.4	3.7
亚太地区	总计	100	22.3	37.2	19.2	1.5	13.0	3.5	0.0	1.3	33.3	5.9
	贫困人口	100	32.7	31.0	9.4	0.9	16.4	4.2	0.0	0.6	30.8	4.9
	非贫困人口	100	20.5	38.3	20.9	1.6	12.4	3.4	0.0	1.5	33.8	6.0
欧洲和中亚	总计	100	22.0	36.0	24.9	1.1	5.9	4.0	0.1	3.6	28.2	10.3
	贫困人口	100	30.8	27.6	6.0	0.2	12.4	7.8	1.2	6.3	32.2	3.2
	非贫困人口	100	21.8	36.2	25.2	1.1	5.8	3.9	0.1	3.5	28.1	10.4
2. 按性别统计的贫困率												
总计	总计	16.7	24.5	13.7	6.4	8.1	21.7	24.3	24.1	8.7	14.6	12.8
	贫困人口	16.5	24.0	13.4	6.7	8.3	21.1	23.4	27.4	9.6	14.8	13.1
	非贫困人口	16.9	24.9	14.3	5.5	7.7	22.8	25.0	21.9	7.8	14.5	12.6
非洲	总计	32.0	38.0	28.8	9.8	9.7	37.9	39.7	31.7	18.8	27.3	29.4
	贫困人口	31.8	38.3	25.6	9.3	7.6	38.8	37.5	28.5	19.3	31.2	30.8
	非贫困人口	32.2	37.7	32.8	10.9	16.7	36.9	41.4	33.2	18.4	25.1	28.0
拉丁美洲和加勒比海地区	总计	4.4	7.6	2.7	1.0	2.6	4.4	10.9	23.3	5.9	4.7	2.0
	贫困人口	4.4	7.6	3.0	1.1	2.7	5.0	12.8	32.0	6.1	4.0	2.2
	非贫困人口	4.5	7.7	2.4	0.7	2.3	3.4	9.5	17.3	5.7	5.0	1.9
阿拉伯国家*	总计	2.6	3.4	2.0	1.3	0.9	4.2	…	5.0	2.9	2.0	1.7
	贫困人口	2.5	3.4	1.9	1.4	0.9	3.3	…	3.7	3.2	1.7	1.4
	非贫困人口	2.6	3.4	2.8	0.3	…	7.5	…	7.9	2.4	2.1	1.9
亚太地区	总计	15.1	22.2	12.6	7.4	9.3	19.1	18.3	0.5	6.3	14.0	12.7
	贫困人口	14.9	21.4	13.1	7.7	9.7	19.4	18.1	0.5	7.9	13.1	12.4
	非贫困人口	15.3	23.0	11.6	6.8	7.3	18.1	18.5	0.4	4.5	14.4	12.9
欧洲和中亚	总计	1.5	2.1	1.1	0.4	0.3	3.1	2.9	12.4	2.6	1.7	0.5
	贫困人口	1.5	2.0	1.1	0.4	0.2	3.2	3.2	11.5	3.1	1.9	0.5
	非贫困人口	1.5	2.1	1.2	0.4	0.8	3.2	2.7	13.1	1.9	1.6	0.4

*阿拉伯地区：基于三个国家以及非该地区代表的全球估计。注：基于66个新兴和发展中国家的数据。"…"表示无可用数据。

资料来源：国际劳工组织基于全国家庭调查数据的计算。

表 1B.2

2012年新兴和发展中国家低于3.10美元购买力平价的地区和总人口分解

		总计	15岁以下	就业人口					15—64岁失业人口	15—64岁非经济活动人口	65岁以上
				总计	授薪工作者	雇主	自负盈亏工作者	无酬家庭帮工	其他			
1. 贫困人口和非贫困人口的分布												
总计	总计	**100**	**26.0**	**37.0**	**18.7**	**1.5**	**12.6**	**4.0**	**0.1**	**1.7**	**29.4**	**5.9**
	贫困人口	100	34.1	32.2	8.8	1.0	16.6	5.7	0.1	0.9	27.9	4.8
	非贫困人口	100	20.6	40.2	25.4	1.9	10.0	2.8	0.1	2.2	30.4	6.6
非洲	总计	**100**	**40.1**	**33.1**	**9.9**	**1.3**	**14.7**	**7.1**	**0.2**	**2.0**	**20.5**	**4.3**
	贫困人口	100	46.0	30.8	4.6	0.6	16.8	8.6	0.2	1.4	17.8	4.0
	非贫困人口	100	32.7	36.0	16.6	2.1	12.0	5.2	0.2	2.7	23.9	4.7
拉丁美洲和加勒比海地区	总计	**100**	**26.3**	**43.9**	**28.4**	**2.3**	**10.2**	**2.4**	**0.7**	**2.5**	**19.4**	**7.9**
	贫困人口	100	43.3	29.3	10.0	1.3	10.8	5.1	2.0	3.0	20.1	4.3
	非贫困人口	100	24.1	45.8	30.7	2.4	10.2	2.0	0.5	2.4	19.3	8.3
阿拉伯国家*	总计	**100**	**39.0**	**23.2**	**15.8**	**1.1**	**5.7**	**0.1**	**0.4**	**3.0**	**31.2**	**3.6**
	贫困人口	100	47.7	19.9	10.7	0.4	8.2	0.0	0.6	3.1	26.8	2.5
	非贫困人口	100	37.2	23.9	16.9	1.3	5.2	0.2	0.4	2.9	32.1	3.9
亚太地区	总计	**100**	**22.2**	**37.3**	**19.5**	**1.5**	**12.8**	**3.4**	**0.0**	**1.4**	**33.3**	**5.9**
	贫困人口	100	29.2	32.9	10.2	1.2	16.8	4.8	0.0	0.7	31.9	5.1
	非贫困人口	100	17.1	40.4	26.1	1.8	10.0	2.5	0.0	1.9	34.3	6.4
欧洲和中亚	总计	**100**	**21.7**	**36.2**	**25.2**	**1.1**	**5.9**	**3.9**	**0.1**	**3.5**	**28.1**	**10.4**
	贫困人口	100	34.8	25.1	8.2	0.4	9.4	6.7	0.4	5.0	30.2	5.0
	非贫困人口	100	20.9	36.9	26.3	1.1	5.6	3.7 §	0.1	3.4	28.0	10.7
2. 按性别统计的贫困率												
总计	总计	**40.0**	**52.5**	**34.9**	**18.7**	**26.3**	**52.6**	**57.7**	**39.6**	**22.5**	**38.0**	**32.7**
	贫困人口	39.9	52.0	35.7	20.2	27.1	53.7	58.6	41.7	25.6	36.3	33.2
	非贫困人口	40.2	53.1	33.4	16.2	23.5	50.2	56.9	38.1	19.1	38.8	32.2
非洲	总计	**55.9**	**64.1**	**52.0**	**26.0**	**26.9**	**64.1**	**67.7**	**58.9**	**39.7**	**48.6**	**52.0**
	贫困人口	55.5	64.2	48.0	26.1	23.2	64.3	67.5	56.3	39.8	52.9	53.4
	非贫困人口	56.4	64.0	57.2	25.7	39.1	64.0	67.9	60.1	39.6	46.3	50.5
拉丁美洲和加勒比海地区	总计	**11.2**	**18.5**	**7.5**	**4.0**	**6.5**	**11.8**	**24.1**	**34.2**	**13.6**	**11.6**	**6.2**
	贫困人口	11.2	18.5	8.1	4.6	6.4	13.0	27.0	42.1	14.9	9.6	6.7
	非贫困人口	11.3	18.4	6.6	3.0	6.0	9.9	22.0	28.8	12.3	12.4	5.8
阿拉伯国家*	总计	**17.3**	**21.1**	**14.8**	**11.7**	**6.8**	**24.6**	**1.8**	**23.5**	**18.1**	**14.8**	**12.0**
	贫困人口	17.1	20.7	14.9	13.2	6.9	21.6	2.5	22.3	21.4	12.6	11.6
	非贫困人口	17.5	21.6	14.3	3.3	5.5	36.5	0.9	26.4	5.7	15.4	12.3
亚太地区	总计	**41.6**	**55.1**	**36.8**	**21.8**	**31.1**	**54.6**	**57.8**	**3.1**	**19.7**	**39.9**	**36.3**
	贫困人口	41.4	54.1	38.7	23.3	32.4	56.3	58.6	3.4	25.4	36.2	35.7
	非贫困人口	41.8	56.2	32.9	19.2	25.7	49.7	57.1	2.8	13.7	41.8	36.9
欧洲和中亚	总计	**5.9**	**9.5**	**4.1**	**1.9**	**2.1**	**9.5**	**10.1**	**17.5**	**8.3**	**6.3**	**2.9**
	贫困人口	5.8	9.1	4.0	2.1	2.1	9.3	10.9	16.5	10.1	6.8	2.8
	非贫困人口	6.0	9.9	4.1	1.6	2.1	9.7	9.7	18.3	6.1	6.1	2.9

*阿拉伯地区：基于三个国家以及非该地区代表的全球估计。注：基于66个新兴和发展中国家的数据。

资料来源：国际劳工组织基于全国家庭调查数据的计算。

表 1B.3

2012 年发达国家低于家庭收入中位数 60% 的人口分解

				就业人口					15—64 岁失业人口	15—64 岁非经济活动人口	65 岁以上
		总计	15岁以下	总计	授薪工作者	雇主	自负盈亏工作者	无酬家庭帮工	其他			
1. 贫困人口和非贫困人口的分布												
总计	总计	100	17.1	44.9	39.0	1.1	3.9	0.6	0.3	3.6	18.0	16.4
	贫困人口	100	27.9	30.6	24.9	0.8	3.9	0.7	0.3	7.1	24.9	9.5
	非贫困人口	100	14.0	48.9	42.9	1.2	3.9	0.6	0.4	2.7	16.0	18.4
2. 按性别统计的贫困率												
总计	总计	22.0	35.9	15.0	14.0	16.8	22.0	25.8	17.5	42.7	30.4	12.7
	贫困人口	21.7	35.9	15.4	14.3	17.9	22.2	27.2	17.8	44.5	28.5	12.3
	非贫困人口	22.2	36.0	14.5	13.7	13.8	21.8	25.0	17.2	40.7	31.5	13.0

注：基于 37 个发达国家的数据。按人均值计算贫困率。
资料来源：国际劳工组织基于全国家庭调查数据的计算。

表 1B.4

2012 年新兴和发展中国家按部门统计的贫困人口和非贫困人口分布及贫困率（百分比）

	极度贫困		极度和中等贫困（低于3.10美元购买力平价）		贫困（低于5.00美元购买力平价）	
	贫困人口	非贫困人口	贫困人口	非贫困人口	贫困人口	非贫困人口
贫困人口的分布						
农业	65.2	35.5	58.3	26.6	52.4	18.1
工业	16.0	21.5	18.3	22.4	19.3	23.0
服务业	18.8	42.9	23.4	51.0	28.3	58.8
贫困率						
农业	24.7		59.1		82.7	
工业	11.8		35.1		58.0	
服务业	7.3		23.3		44.3	

注：基于 43 个发展中和新兴国家的数据。非洲地区（18 个国家）：贝宁、布基纳法索、喀麦隆、刚果、埃及、加蓬、加纳、马里、摩洛哥、莫桑比克、纳米比亚、尼日尔、尼日利亚、塞内加尔、塞拉利昂、南非、多哥、乌干达；阿拉伯地区（1个国家）：约旦；亚太地区（9 个国家）：不丹、柬埔寨、印度、印度尼西亚、巴基斯坦、菲律宾、泰国、东帝汶、越南；拉丁美洲和加勒比地区（11 个国家）：玻利维亚、巴西、哥伦比亚、哥斯达黎加、萨尔瓦多、危地马拉、洪都拉斯、墨西哥、尼加拉瓜、巴拿马、巴拉圭；欧洲和中亚地区（4 个国家）：亚美尼亚、塞尔维亚、塔吉克斯坦、土耳其。
资料来源：国际劳工组织基于全国家庭调查数据的计算。

表 1B.5

技能水平分类

技能水平	职业类别	受教育程度
高技能就业人员	（1）立法者、高级官员和管理人员；（2）专业人员；（3）技术员和助理专业人员	高等教育第二阶段（可获得高级研究资格）；或高等教育第一阶段第一学位（中期学制）；或高等教育第一阶段（短期或中期学制）（14 年及以上）
中等技能就业人员	（1）办事员；（2）工艺及相关行业工人；（3）工厂及机器操作员与装配员；（4）服务工作及商店和商场销售人员；（5）农业和渔业技术工人	非高等的中学后教育；或高级中学教育；或初级中学教育（9 到 12 年）
低技能就业人员	初级职业	初等教育（6 年）

附录 C 贫困人口的收入来源

图 1C.1

用于分析的不同收入来源

- 劳动收入
  - 工资+奖金
  - + 自营收入+自用产出
- 其他来源
  - + 资本/投资收入：租金、股票、利润、红利
  - + 社区或私人转移：家庭间转移、赡养费、汇款
- 社会转移
  - + 缴费型：退休金、失业保险金
  - + 非缴费型：儿童津贴、失业津贴、社会养老金
- = 家庭总收入

资料来源：作者基于有关文献的定义。

表 1C.1

数据来源及局限性

国家	数据来源	涵盖的年份
奥地利、马耳他	欧盟统计局的《欧盟居民收入和生活条件统计》	2007，2013
保加利亚、法国、希腊、意大利、拉脱维亚、立陶宛、葡萄牙、罗马尼亚	欧盟统计局的《欧盟居民收入和生活条件统计》	2006，2013
塞浦路斯、捷克共和国、爱沙尼亚、芬兰、匈牙利、冰岛、爱尔兰、卢森堡、荷兰、挪威、波兰、斯洛伐克、瑞典、英国	欧盟统计局的《欧盟居民收入和生活条件统计》	2005，2013
比利时	欧盟统计局的《欧盟居民收入和生活条件统计》	2005，2011
斯洛文尼亚	欧盟统计局的《欧盟居民收入和生活条件统计》	2005，2012
西班牙	欧盟统计局的《欧盟居民收入和生活条件统计》	2006，2011
瑞士	欧盟统计局的《欧盟居民收入和生活条件统计》	2007，2012
玻利维亚	玻利维亚国家统计局的《家庭调查》	2005，2013
巴西	巴西地理统计局的《全国家庭样本调查》	2005，2013
柬埔寨	柬埔寨规划部国家统计局的《柬埔寨社会经济调查》	2007，2012
埃及	通过经济研究论坛取得的《家庭收入、支出及消费调查》	2004/05，2012/13
加纳	加纳国家统计局的《加纳居民生活标准调查》	2005/06，2011/12
洪都拉斯	洪都拉斯国家统计局的《多用途常住家庭调查》	2006，2013
印度	《印度人口发展调查》	2004/05，2011/12
约旦	通过经济研究论坛取得的《家庭收入与支出调查》	2006，2010
墨西哥	墨西哥国家统计局的《全国家庭收入与支出调查》	2006，2014
菲律宾	菲律宾国家统计局的《家庭收入与支出调查》	2003，2009
卢旺达	卢旺达国家统计局的《综合家庭生活条件调查》	2005，06，2011
南非	南非统计局的《综合家庭调查及劳动力调查》	2007，2012
土耳其	土耳其国家统计局的《收入及生活条件调查》	2005，2011
乌拉圭	乌拉圭国家统计局的《持续家庭调查》	2006，2014
美国	美国劳工统计局的《消费者支出调查》	2005，2012
越南	越南国家统计局的《家庭生活标准调查》	2006，2010

注：作者特别感谢欧盟统计局和土耳其统计局提供数据。基于这些数据及上述其他来源数据得出的所有结论由作者负完全责任。

数据局限性及相关方法问题

在运用完全不同来源数据的多国比较分析中，存在着潜在的数据局限性及方法问题，其中有些问题与不同国家数据之间的可比性（比如数据收集方法、数据报告方法、所收集的变量）有关，因为所有这些都因国而异，还有一些问题与不同时间的可比性及集合分解差异有关。

欧洲国家使用了《欧盟居民收入和生活条件统计》数据，虽然这一数据集合在某种程度上是协调的，因为所有国家都被要求向欧盟统计局提供同一套"目标变量"的数据，但各国之间的数据收集和报告方法可能会相差非常大（见沃尔夫等，2010年）。例如，某些国家使用了登记数据，而另一些国家通过国家特定调查收集数据。

这又与第二个问题，即所收集的变量有关。因为并不是所有国家都收集了图1C.1中所列各收入构成全面分析所需的全部变量，例如南非就缺少了资本收入的数据。数据的缺乏妨碍了第三节某些部分的全面分析。

第三个问题与数据处理或调和方法有关。正如维尔马与贝蒂（2010年）指出的，对于《欧盟居民收入和生活条件统计》数据集合，不同国家之间并没有标准化的处理负值、零值和畸大值的程序。而且，美国是唯一能够提供最高标准化变量和最低标准化变量的国家。但是，最高标准化或最低标准化的收入变量会产生较低的不平等数据。另一方面，某些收入变量畸高值或畸低值的出现也可能影响到结果的精确性。要处理这两方面的问题，需要通过检查收入变量的分布情况，逐个删除异常值家庭，但一般来说每个国家被删除的家庭数量不会超过一万个。

第四个问题与不同时间段的可比性有关。由于有些国家会在不同时间采用不同的调查方法，变量也会发生变化，可能增加新变量，删除旧变量。如果发现了有这些变化的国家，就要采取措施将其处理得尽可能前后一致。

最后一个问题与收入构成的分解有关。例如，在社会转移方面，欧盟统计局要求各国提供《欧盟居民收入和生活条件统计》数据库的汇总变量，使用综合社会保障统计欧洲系统（ESSPROS）的方法，将社会福利按功能划分，而不是以有资格获得福利者（缴费型与非缴费型体系）为基础进行划分。然而，自2013年开始，该方法发生了变化，因此大多数国家都可以区分缴费型与非缴费型社会转移，以及财产审查性福利与非财产审查性福利（《2014欧盟居民收入和生活条件统计》）。而在埃及和约旦的数据集合（由经济研究论坛提供）中，可能不能区分缴费型与非缴费型社会转移。因此，在有些情况下，这会导致缴费型与非缴费型福利的混合，从而难以区分其影响。

附录 D　按就业状况统计的贫困人口收入来源

按户主就业状况来统计的贫困人口收入来源发现，在发达国家和中东欧国家，户主为永久性雇员或临时性雇员的家庭，对非缴费型社会转移的依赖程度较高，而资本收入对户主为自雇劳动者的家庭也很重要。在拉丁美洲、亚洲和非洲国家，非缴费型社会转移和私人转移对户主从事各类型工作的家庭都发挥了重要作用（见图1D.1中的第一、二、三组）。在发达国家和中东欧国家，户主失业的家庭要更依赖于非缴费型社会转移，但少数国家（奥地利、比利时、爱尔兰、马耳他和西班牙）除外。而在新兴和发展中国家，非缴费型社会转移和私人转移则占了户主失业家庭总收入中相当大的比例（见图1D.1中的D组）。

图 1D.1

最近年份极度贫困家庭按户主就业状况统计的收入来源（百分比）

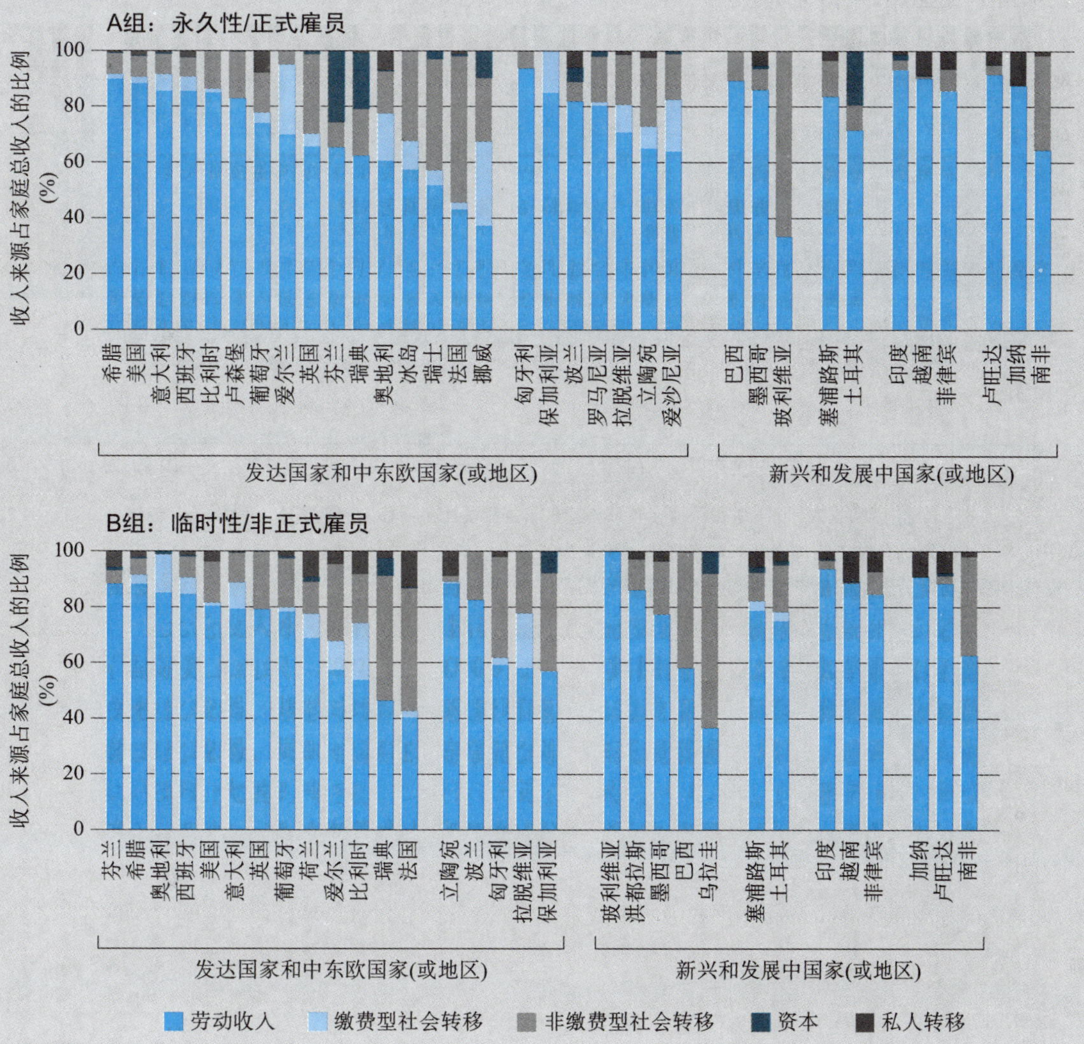

图例：劳动收入　缴费型社会转移　非缴费型社会转移　资本　私人转移

资料来源：作者基于有关文献的定义。

第一章　贫困与职场：全球趋势综述

图 1D.1（续）

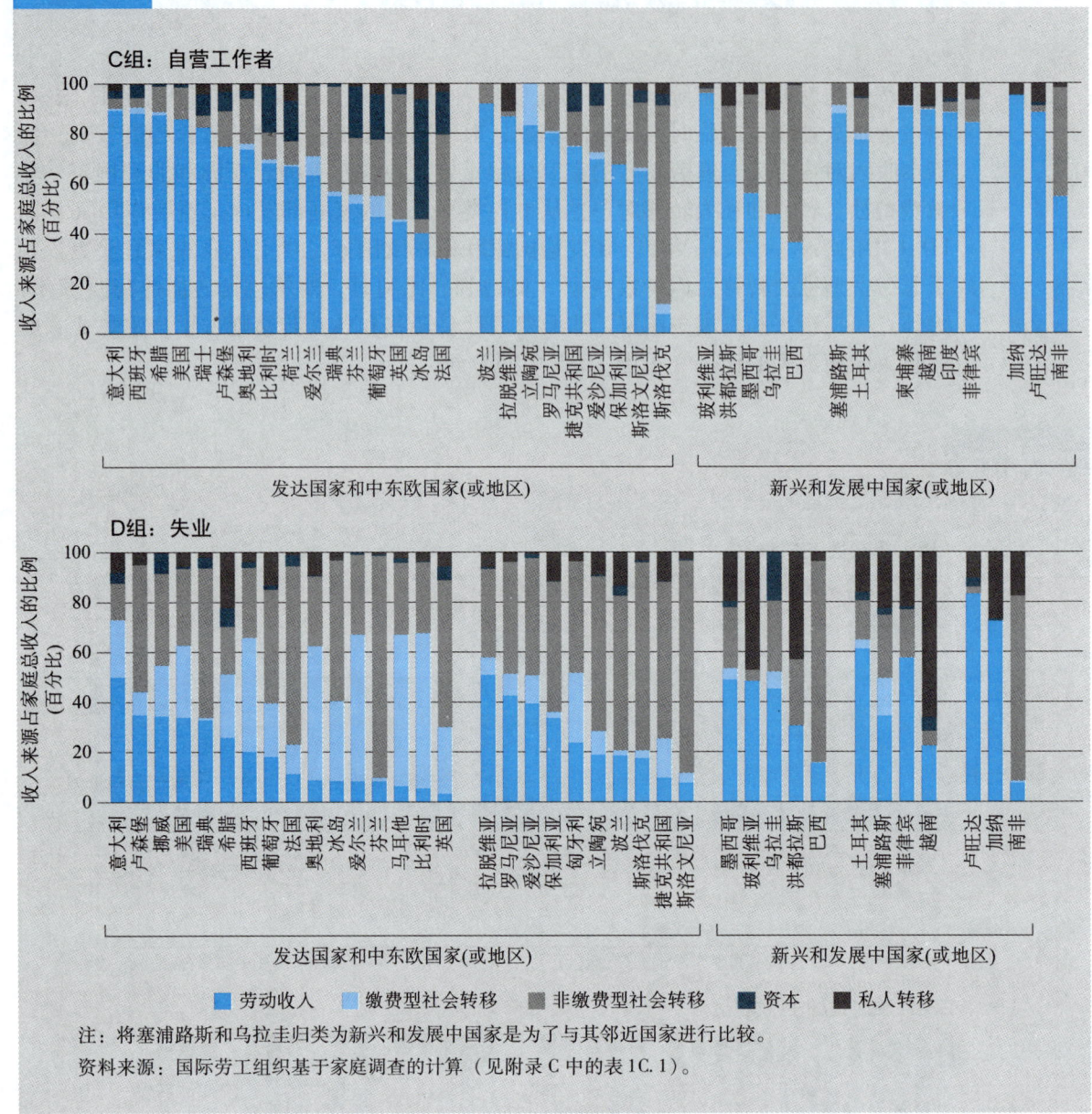

注：将塞浦路斯和乌拉圭归类为新兴和发展中国家是为了与其邻近国家进行比较。
资料来源：国际劳工组织基于家庭调查的计算（见附录 C 中的表 1C.1）。

附录 E　贫困的变化

本附录分析了过去十多年中劳动收入和非劳动收入在改变贫困发生率、贫困差距大小和贫困强度方面的作用。本分析是针对所有贫困家庭进行的，有助于发现不同地区可以帮助贫困家庭脱贫的劳动政策和社会政策差异。

本分析是基于来自家庭收入和支出调查或其他调查的国家级微观数据进行的，该数据库涵盖了世界各地区的 44 个国家及地区（包括 28 个欧洲/北美国家及地区、5 个拉美国家及地区、7 个亚洲和中亚国家及地区、4 个非洲国家及地区）。而且，对每个国家及地区都分析了两年的数据，其中一年来自于 21 世纪头十年中期，另一年则为能够取得可比数据的最近年份。

方法

为了分析这些国家不同因素对各种贫困衡量指标在两个时间段之间变化的贡献大小，使用了阿塞韦多等的分解方法。此方法可以分析劳动收入和非劳动收入（进一步划分为不同的收入构成）对各种贫困衡量指标变化的贡献大小，还可以量化不同因素对不同国家之间贫困差异的贡献。分析中使用了三种不同的贫困衡量指标：FGT_0，代表贫困发生率；FGT_1，代表贫困差距（即贫困人口的收入至贫困线的距离）；FGT_2，代表贫困的严重程度（离贫困线越远，赋予的权重越高）。

此方法的起点是各种贫困衡量指标都是不同家庭收入的累积概率密度函数 $F(\cdot)$：

$$\theta = \phi(F(Y(y_1, y_2 \cdots, y_K)))$$

其中，Y 是指人均家庭总收入，由不同收入来源 y_f（$f=1, \cdots, K$）构成，因此 $Y = \sum_{f=1}^{K} y_f$。按照巴罗斯等（2006 年）的方法，收入分布按每次改变一种收入来源进行模拟。鉴于已知阶段 0 和阶段 1 的家庭收入分布，阶段 1 的反事实分布可通过将给定收入来源的观察值替换为其阶段 0 的值来产生。然后计算每个反事实分布的贫困率，这些反事实分布可以解释为在给定指标不变的情况下出现的贫困水平。例如，为了观察收入来源 1 分布变化的影响，我们计算 $\hat{\theta}_1$，其中 y_1 的值用其阶段 0 的值 $\hat{y}_1$ 来替代：

$$\hat{\theta}_1 = \phi(F(Y(\hat{y}_1, y_2 \cdots, y_K)))$$

收入来源 1 的影响可以计算为 $\hat{\theta}_1 - \theta$。同样的，可以计算出各来源收入对贫困变化的贡献，如表 1E.1 所示。从阶段 0 到阶段 1 的赋值使用了保秩变换。特别是，将各家庭按家庭收入排序，然后将阶段 0 各分位数所有收入来源的平均值赋予阶段 1 同样分位数的各家庭。

表 1E.1　建议方法的一种可能路径

$\theta = \phi(F(Y(y_1, y_2 \cdots, y_K)))$	初始贫困率
$\hat{\theta}_1 = \phi(F(Y(\hat{y}_1, y_2 \cdots, y_K)))$	收入来源 1 的贡献：$\hat{\theta}_1 - \theta$
$\hat{\theta}_2 = \phi(F(Y(\hat{y}_1, \hat{y}_2 \cdots, y_K)))$	收入来源 2 的贡献：$\hat{\theta}_2 - \hat{\theta}_1$
…	…
$\hat{\theta}_K = \phi(F(Y(\hat{y}_1, \hat{y}_2 \cdots, \hat{y}_K)))$	收入来源 K 的贡献：$\hat{\theta}_K - \hat{\theta}_{K-1}$

但是，表1E.1所建议的计算具有路径依赖性，一种收入来源的效应取决于该收入来源的排序。在 K 个收入来源的情况下，存在 $K!$ 种可能的分解路径。为了解决这一路径依赖性问题，我们计算了所有可能路径的分解情况，然后取该效应的平均值（沙普利，1953年；肖罗克斯，2013年）。虽然路径依赖性问题可以用这种方法解决，但仍需要注意一点：由于一次改变一种因素，该反事实分布并不是一种经济均衡结果，而是一种虚拟的演习，存在均衡不一致性。

运用这一方法，我们分析了劳动收入和非劳动收入（进一步划分为不同的收入构成）的贡献大小。根据所使用贫困衡量指标的不同，本分析可以量化各种因素对贫困发生率（FGT_0）变化的贡献，也能量化对贫困差距以及贫困严重程度变化的贡献。

研究结果

对贫困家庭自21世纪头十年中期以来贫困发生率（FGT_0）变化的分析结果见图1E.1中的A组。首先看发达国家的情况，发达国家的贫困发生率出现下降，其中工资贡献最大的是挪威、法国、荷兰和瑞典（依次减小）。在所有四个国家中，缴费型社会转移是第二大贡献因素。而缴费型社会转移对奥地利、马耳他和瑞士贫困发生率的降低贡献最大。在芬兰，自营收入是最重要的因素，其次是缴费型社会转移。在不同的发达国家之间，缴费型社会转移降低贫困率的表现差异也很大，其原因在于这些国家的社会保障系统、人口统计结构、社会结构、制度结构的不同。

在除波兰以外的所有中东欧国家，缴费型社会转移对降低贫困发生率的贡献最大，而在波兰，工资和自营收入对脱贫的贡献最大。另外，非缴费型社会转移在爱沙尼亚和斯洛伐克也是重要的脱贫因素。

在所有贫困发生率降低的拉丁美洲国家（玻利维亚、巴西、乌拉圭），工资的贡献最大，因为在这些国家中，对最低工资的定期调整带来了平均实际工资的上升，从而有助于脱贫（国际劳工组织，2015b）。而对脱贫贡献第二大的收入来源，在玻利维亚是自营收入，在巴西是非缴费型社会转移，在乌拉圭是缴费型社会转移。对于过去十多年中贫困发生率降低的亚洲国家而言，在柬埔寨，工资的贡献最大，在印度和越南，工资和自营收入的贡献最大。在这些亚洲国家，社会转移对贫困发生率的降低仅仅起了很小的作用。在约旦，工资、资本收入和非缴费型社会转移对贫困发生率的降低贡献最大，而在土耳其贡献最大的则是工资、缴费型和非缴费型社会转移。在非洲，起作用的因素各不相同：其中在南非，对贫困发生率降低贡献最大的是工资，其次是非缴费型社会转移，在加纳，工资和自营收入的贡献最大，而在埃及和卢旺达，则没有决定性因素，是劳动收入和非劳动收入的组合导致了贫困发生率的下降（见图1E.1中的A组）。

在贫困发生率（FGT_0）上升的国家（洪都拉斯和卢森堡除外），在不考虑区域的情况下，劳动收入（工资和自营收入）都是最大的影响因素。其中，在一些南欧国家（希腊、葡萄牙、西班牙）和爱尔兰，自全球金融危机以来，实际工资平均每年下降2%—5%，特别是对低薪劳动者的影响较大，提高了他们的贫困脆弱性（经合组织，2014年）。但社会转移（缴费型和非缴费型）本身也出现下降，造成了除希腊、菲律宾和美国以外的所有贫困发生率上升的国家社会转移的作用下降。在希腊，社会保障支出的削减，导致了缴费型社会转移的作用非常小。在菲律宾，私人转移发挥了重要的抵消作用，因此其贫困发生率只有小幅上升。在美国，自营收入、私人转移和非缴费型社会转移只有很小的脱贫作用（见图1E.1中的A组）。

图 1E.1

从 21 世纪头十年中期到最近年份贫困（低于收入中位数的 60%/低于每天 3.10 美元）变化的分解（百分比）

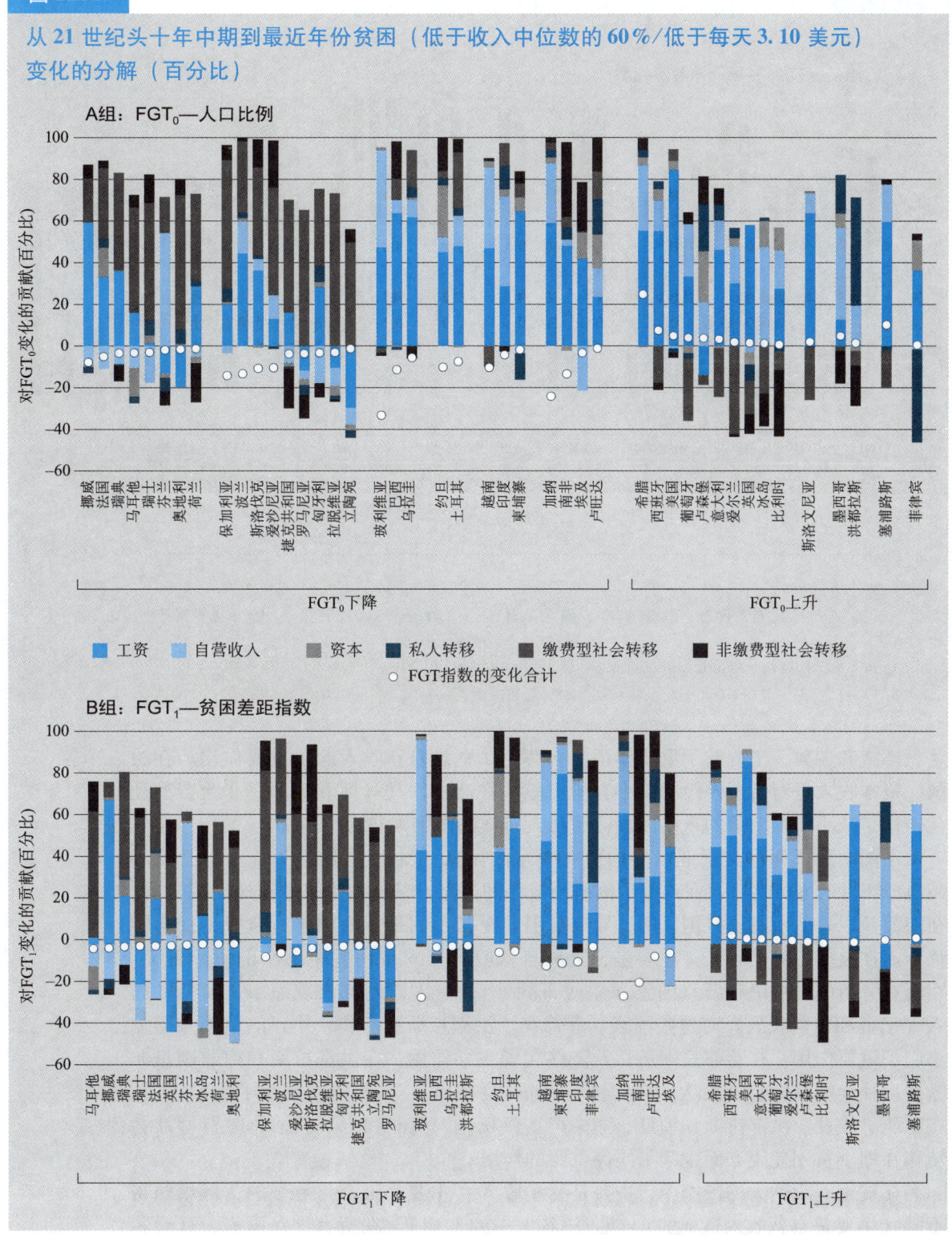

考察衡量贫困人口收入至贫困线差距的 FGT_1 发现，有一半左右的发达国家，贫困差距已缩小（见图 1E.1 中的 B 组），这些国家也就是贫困发生率（FGT_0）出现下降的国家，但冰岛和英国除外。然而，这些国家之间对贫困差距降低起作用的因素却有非常大的差别：在大多数国家缴费型社会转移起了重要作用，而在法国、荷

第一章 贫困与职场：全球趋势综述

图 1E.1 （续）

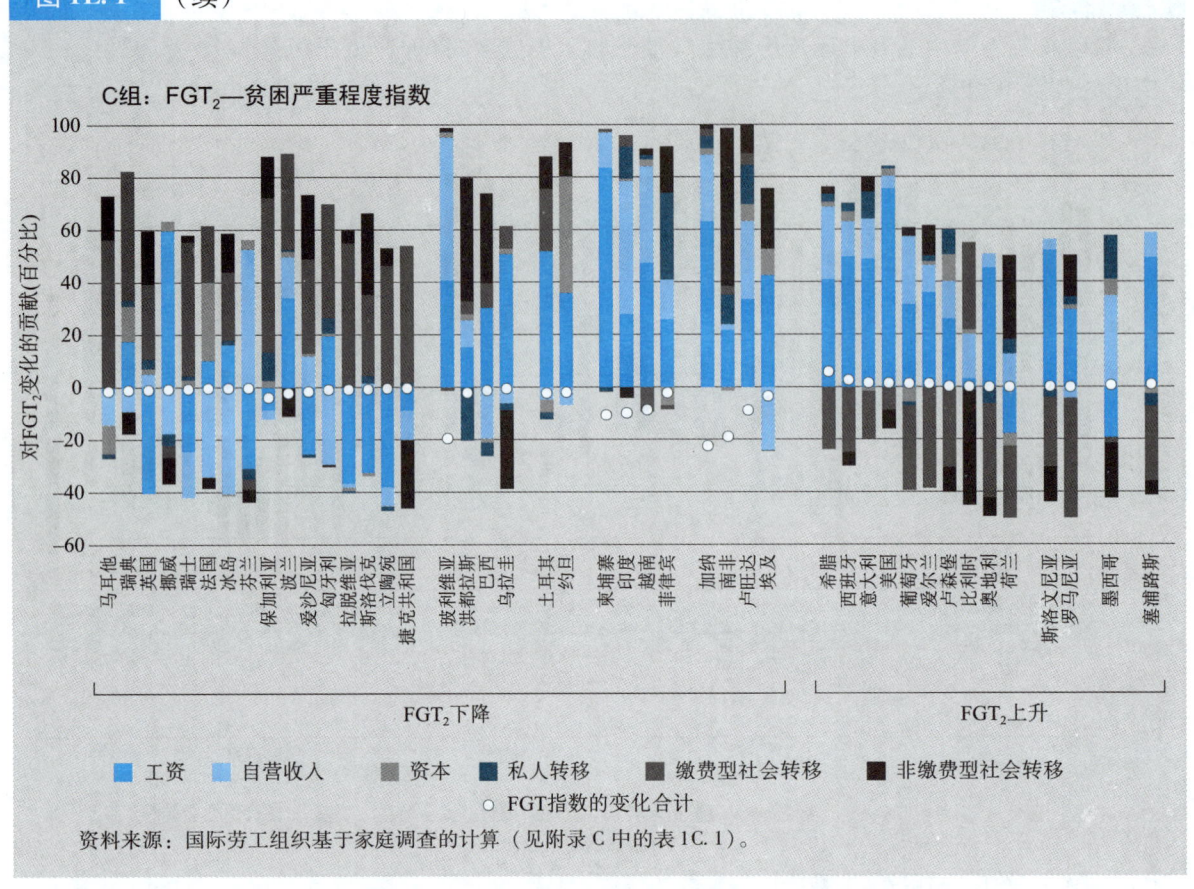

资料来源：国际劳工组织基于家庭调查的计算（见附录 C 中的表 1C.1）。

兰、挪威和瑞典，工资起了重要作用，在芬兰，则是自营收入起了重要作用。在法国，资本收入也对贫困差距的减小有所贡献。在冰岛、马耳他和英国，非缴费型社会转移是减小贫困差距的重要因素，而私人转移的作用则非常小。

在图中除了斯洛文尼亚以外的所有中东欧国家，贫困差距（FGT_1）都已缩小（见图 1E.1 中的 B 组）。在这些贫困差距减小的国家，贫困发生率也同样出现下降。在除波兰以外的所有这些国家中，导致贫困差距减小的最重要因素是缴费型社会转移。而在波兰，劳动收入（主要是工资和自营收入）对贫困差距缩小的贡献最大。在所有分析的发展中和新兴国家（墨西哥除外），贫困差距都出现缩小，而劳动收入（工资和自营收入）对这些国家（菲律宾、洪都拉斯和南非除外）的贫困差距缩小起了重要作用，在菲律宾则是私人转移起了主导作用，在洪都拉斯和南非则是非缴费型社会转移的贡献最大。在印度、卢旺达和南非，私人转移也起了重要作用。在巴西、埃及、洪都拉斯、约旦、菲律宾、卢旺达、南非和土耳其，非缴费型社会转移在缩小贫困差距方面也起了同等重要的作用。

在贫困差距增大的国家中，主要是劳动收入（主要是工资）导致的，但墨西哥不同（主要是自营收入造成的）（见图 1E.1 中的 B 组）。在所有这些国家，社会转移（缴费型及非缴费型）都发挥重要的抵消贫困差距的作用。

对贫困严重程度（FGT_2）变化的分析发现，有差不多一半的发达国家，贫困严重程度都有所下降（见图 1E.1 中的 C 组）。其中，在芬兰，贡献最大的因素是自营收入；在马耳他、瑞典、瑞士和英国，贡献最大的是缴费型社会转移；在挪威，只有工资收入起了很大的作用；在法国和瑞典，工资、资本收入和缴费型社会转移是重要因素。在冰岛、马耳他和英国，非缴费型社会转移也是降低贫困严重程度的重要因素。在大多数中东欧国家，贫困严重程度都有所降低，而缴费型社会转移是其重要贡献因素。在波兰，缴费型社会转移、工资和自营收入发挥了重要作用。在保加利亚、爱沙尼亚和斯洛伐克，非缴费型社会转移是降低贫困严重程度的贡献因素。

在除墨西哥以外的所有新兴和发展中国家，贫困严重程度都有所降低，而工资在其中发挥了重要作用。在玻利维亚、加纳、印度、卢旺达和越南，自营收入也是降低贫困严重程度的重要因素，而资本收入在约旦，私人转移在印度、菲律宾、卢旺达和南非也都是重要因素。非缴费型社会转移则是巴西、洪都拉斯和南非的最重要因素，也是埃及、约旦、菲律宾、卢旺达和土耳其的重要因素。而在大多数贫困严重程度指数（FGT_2）上升的国家（冰岛和墨西哥除外），工资降低是其主要原因，而社会转移（缴费型及非缴费型）在抵消其影响程度方面也发挥了重要作用。总体而言，贫困严重程度指数（FGT_2）的分解结果与贫困距指数（FGT_1）的分解结果非常类似。

附录 F　贫困的非收入面

表 1F.1　食品补贴对脱贫的影响

国家	年份	补贴项目及产品	有食品补贴的贫困率（A）（百分比）	没有食品补贴的贫困率（B）（百分比）	食品补贴对脱贫的影响（B−A）（百分比）	由贫困人口获得的补贴%	获得补贴的贫困人口%	支出（GDP 占比）	项目描述
印度尼西亚[1]	2010	济贫大米	15.9	17.14	1.24	20.88	79.86	0.25（2010）	有资格的家庭每月最多可以用比市场价格低 75% 到 80% 的价格购买 15 公斤大米
菲律宾[1]	2009	国家粮食署（大米）	11.98	12.46	0.48	20.78	54.27	0.05（2009）	国家粮食署以比非国家粮食署的普通大米低 20% 的价格出售大米。国家粮食署的大米补贴普遍适用，并且没有购买限制
伊拉克[2]	2007	公共食品配给系统（一篮子商品[4]）	3.37	7.43	4.06	3.23	99.71	3.30（2011）	公共食品配给系统是政府用来向约 20% 的人口提供一篮子补贴商品的实物配给卡系统
埃及[3]	2005	1. 配给卡（糖、油、大米和茶叶）2. 巴拉迪面包	19.60	26.60	7.00	18.00	1. 补贴的面粉：40　2. 巴拉迪面包：70	1.70（2005）	1. 在 2005 年，配给卡让 60% 的埃及家庭以补贴价格从指定商店购买配额的指定商品　2. 每个巴拉迪面包的售价为 5 皮阿斯特（约合 0.01 美元），没有购买资格和购买数量限制，按先到者先得的原则销售

注：[1] 贫困率按低于每天 1.90 美元 2011 年购买力平价计算。[2] 贫困率按低于每天 1.25 美元 2005 年购买力平价计算。[3] 贫困率按世界银行定义的中等贫困线（2007 年）计算。[4] 在 2007 年，这包括小麦面粉、大米、食糖、植物油、鹰嘴豆、白豆、小扁豆、茶叶、牛奶粉、食盐、肥皂、洗衣粉、婴儿配方奶粉、断奶食品、番茄酱和白面粉等 16 种商品。

资料来源：印度尼西亚：国际劳工组织的计算（支出占国内生产总值的百分比）；菲律宾：国际劳工组织的计算、国际货币基金组织（2011 年）和菲律宾国家粮食署（2016 年）（支出）；伊拉克：国际劳工组织的计算、斯德拉列维奇及其他（2014 年）（支出）；埃及：世界银行，2007 年。

图 1F.1

最近年份五岁以下儿童死亡率（每千活产儿）

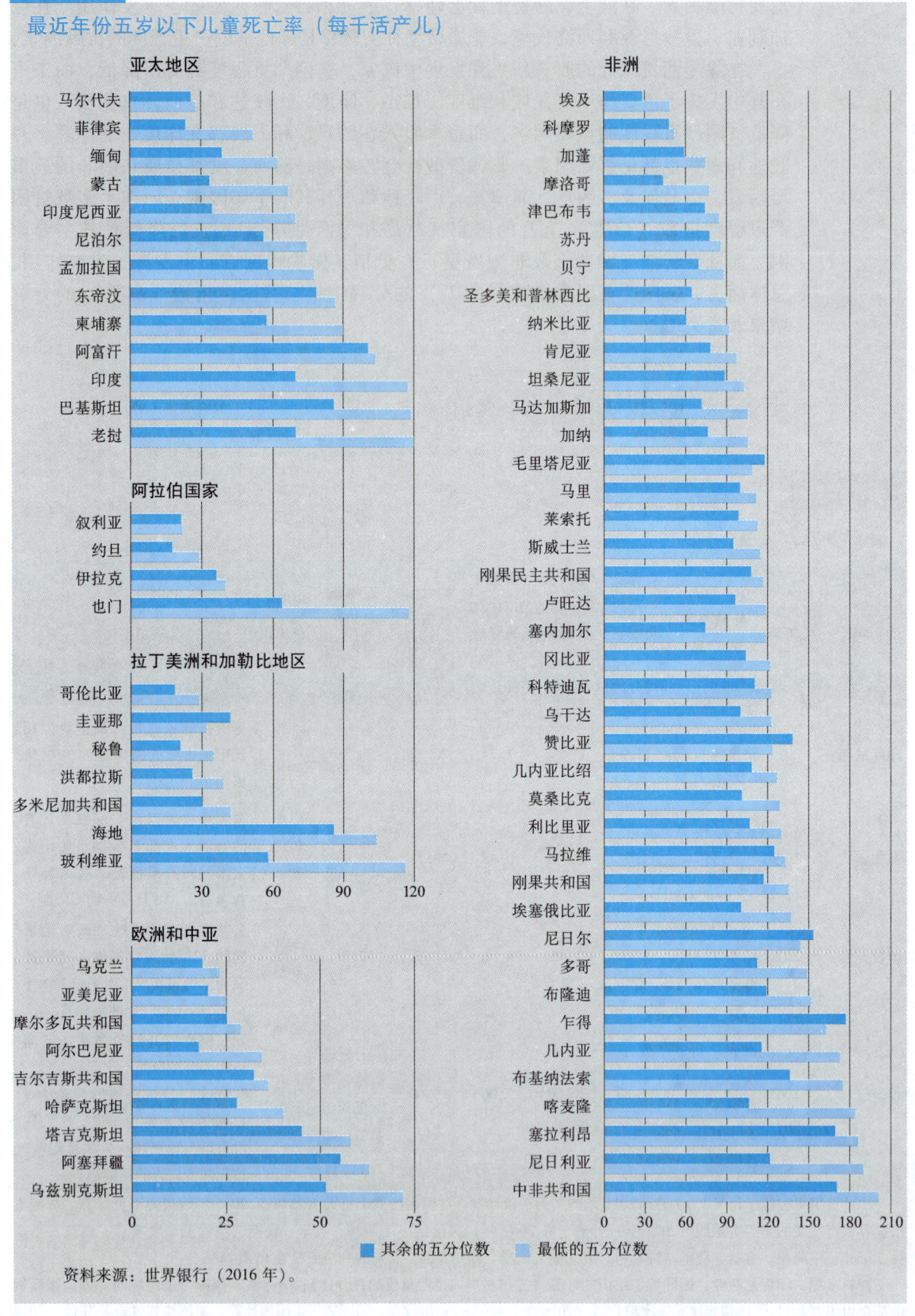

资料来源：世界银行（2016年）。

注

1. 除阿根廷（调查只包括城镇地区）以外，所有调查（大多数为收入或支出调查）都是全国性的。
2. 本章也尽可能（根据可用数据）地考虑了各种国家背景和目的，根据国际劳工组织的国家分类，采用了不同的贫困衡量指标。
3. 可持续发展目标第 1 项包括五大目标：按极度贫困率标准计算的贫困人口数量（目标 1.1）、按照国内定义的一切形式贫困（目标 1.2）、合适的全民社会保障制度和措施及其覆盖面（包括最低标准）（目标 1.3）、获取经济资源和基本服务的平等权利（目标 1.4）（国际劳工组织，2015b）。这些目标的广泛性反映了贫困的多面性，特别是在社会排斥方面。
4. 每天低于 1.25 美元购买力平价的极度贫困家庭标准，2005 年已被修订和改变，例如使用更新后的购买力平价转换率或者居民消费价格指数，这可能会显著改变贫困的估计值（迪顿，2010 年）。本估计值以 2011 年购买力平价计算。
5. 在第三节中使用了几种相对贫困线，包括家庭可支配收入中位数的 30% 和 60%。
6. 在美洲、欧洲和中亚地区也有同样发现。然而，在亚洲和非洲，多维贫困指标一般高于货币贫困指标。
7. 在世界银行收入分类中，新兴国家相当于中等收入国家，发展中国家相当于低收入国家，发达国家相当于高收入国家。见附录 A 中的地区性和收入性国家组别。
8. 国际劳工组织的计算与经合组织或欧盟统计局的面临贫困风险人口比例之间的差异，不仅在于所涵盖的国家集合不同，也在于用来确定人均收入消费比的方法不一样，即前者按人均值，后者按人均成人等值规模。
9. 数据来源与表 2 相同。
10. 按部门和技能水平的结果均基于数量更少的一组国家，其中按多部门的贫困率估计值是基于 43 个发展中和新兴国家的数据，按技能水平的贫困率是基于 17 个国家的数据。
11. 欧盟统计局（基于家庭成人等值收入中位数的贫困指标）。
12. 无酬家庭帮工占极度贫困人口女性就业的 29.0%、男性就业的 13.5%，占非贫困人口女性就业的 15.5%、男性就业的 6.8%。国际劳工组织基于涵盖 66 个新兴和发展中国家的家庭调查数据的计算。
13. 相对不到 3% 的非贫困人口失业率，贫困人口的失业率较高，为 7%。
14. 这包括从农业和非农业工作获得的收入和自用产出。
15. 资本收入中包括的货币收入本质上是定期性的，本分析中未包括一次性收入（继承现金、资本收益、赌博、彩票等），也同样没有考虑"股票"或"资产"，只包括了收入流。
16. 相对于其他北欧国家，冰岛的非缴费型和缴费型社会转移只占其家庭总收入的较小部分，而劳动收入则是其收入的最大来源（见图 1.3 中的第二组）。
17. 在所有国家，雇员都区分为两个群组，其中，在欧洲国家，区分为永久性雇员和临时性雇员，而在新兴和发展中国家，则区分为正式雇员和非正式雇员。
18. 从多维角度衡量贫困有很多方法，其中，多维贫困指数（MPI，阿尔基尔与桑托斯，2010 年）使用了三个贫困维度（教育、健康和生活水平）的十个指标来识别多维度的贫困人口，另一种常用的多维贫困指标是人类发展指数（HDI，阿南德与森，1994 年）。多维贫困指数分析的是家庭层面，而人类发展指数评估的是国家层面人类发展关键维度的成就（健康长寿、教育水平和体面生活）。
19. 然而，鉴于这些项目的规模（例如，国际货币基金组织 2008 年研究的 28 个补贴项目［食品及燃料］中的 9 个就耗费了其国内生产总值的 3% 以上），采用定向项目的行政成本和财务成本可能使其无法成为一种选择。

20. 用于建筑住所墙体、屋面和地板的材料分为牢固材料和易损材料，以易损材料修建墙体和/或屋顶的住所分类为不安全住所。如果墙体或屋面信息缺失，则记录其地板类型。典型的易损墙体材料包括泥巴、劣质木材、硬纸板和抹灰篱笆墙，牢固墙体材料包括烧制砖、水泥、混凝土和地砖，牢固屋面材料包括瓦、金属和混凝土板，易损屋面材料包括稻草、棕榈叶和劣质木材。

21. "生物燃料"包括木头、粪便和作物秸秆或副产品，煤油/石蜡和煤炭/木炭归类为"污染性"，天然气、沼气和电归类为"非污染性"，因为它最终用户使用后的排放物非常少。

参考文献

Alkire, S.; Santos, M.E. 2010. *Acute multidimensional poverty: A new index for developing countries*, Oxford Poverty and Human Development Initiative (OPHI) Working Paper No. 38, Oxford Department of International Development (ODID) (Oxford, University of Oxford).

Anand, S.; Sen, A.K. 1994. *Human Development Index: Methodology and measurement*, Human Development Report Office Occasional Paper No. 12 (New York, UNDP).

Azevedo, J.P.; Inchauste, G.; Olivieri, S.; Saavedra, J.; Winkler, H. 2013. *Is labor income responsible for poverty reduction? A decomposition approach*, World Bank Policy Research Working Paper No. 6414 (Washington, DC, World Bank).

Ballon, P.; Chatterjee, M. 2016. *Multidimensional poverty and labour market outcomes*, Policy Discussion Paper (Oxford, University of Oxford).

Barros, R.; de Carvalho, M.; Franco, S.; Mendonça, R. 2006. "Uma análise das principais causas da queda recente na desigualdade de renda brasileira", in *Revista Econômica*, Vol. 8, No. 1, pp. 117–147.

Bourguignon, F.; Fields, G.S. 1990. "Poverty measures and anti-poverty policy", in *Recherches économiques de Louvain*, Vol. 56, No. 3–4, pp. 409–427.

Cruz, M.; Foster, J.; Quillin, B.; Schellekens, P. 2015. *Ending extreme poverty and sharing prosperity: Progress and policies*, Policy Research Note PRN/15/03 (Washington, DC, World Bank). Available at: http://pubdocs.worldbank.org/pubdocs/publicdoc/2015/10/109701443800596288/PRN03-Oct2015-TwinGoals.pdf [11 Apr. 2016].

Deaton, A. 2010. *Price indexes, inequality, and the measurement of world poverty*, paper presented at the American Economic Association Annual Meeting, Atlanta, Jan.

Eurostat. 2011. *ESSPROS manual: The European System of integrated Social PROtection Statistics (ESSPROS)* (Luxembourg, Office for Official Publications of the European Communities).

Food and Agriculture Organization of the United Nations (FAO); International Fund for Agricultural Development (IFAD); World Food Programme (WFP). 2015. *The State of Food Insecurity in the World: Meeting the 2015 international hunger targets: Taking stock of uneven progress* (Rome).

International Labour Office (ILO). 2011. *World of Work Report 2011: Making markets work for jobs* (Geneva).

—. 2015a. *Decent work for food security and resilient rural livelihoods*. Decent Work in the Rural Economy Policy Guidance Notes (Geneva).

—. 2015b. *World Employment and Social Outlook: The changing nature of jobs* (Geneva).

International Monetary Fund (IMF). 2008. *Food and fuel prices—recent developments, macroeconomic impact, and policy responses. An update* (Washington, DC).

—. 2011. *Philippines: 2010 Article IV Consultation—Staff Report; Staff Statement; Public Information Notice on the Executive Board Discussion; and Statement by the Executive Director for Philippines* (Washington, DC).

Kapsos, S.; Bourmpoula, E. 2013. *Employment and economic class in the developing world*, ILO Research Paper No. 6 (Geneva, ILO).

Lipton, M.; Ravallion, M., 1993. *Poverty and policy*, Policy Research Working Paper No. 1130 (Washington, DC, World Bank).

McIntyre, D.; Thiede, M.; Dahlgren, G.; Whitehead, M. 2006. "What are the economic consequences for households of illness and of paying for health care in low- and middle-income country contexts?", in *Social Science and Medicine*, Vol. 62, No. 4, pp. 858–865.

Odhiambo, W.; Manda, D.K. 2003. *Urban poverty and labour force participation in Kenya*, paper presented at the World Bank Urban Research Symposium, Washington, DC, 15–17 Dec.

Organisation for Economic Co-operation and Development (OECD). 2014. *Employment Outlook 2014* (Paris).

Philippines National Food Authority. 2016. Available at: http://nfa.gov.ph/files/Transparency/T_IE_5yrs.htm [12 Apr. 2016].

Sdralevich, M.C.A.; Sab, M.R.; Zouhar, M.Y.; Albertin, G. 2014. *Subsidy reform in the Middle East and North Africa: Recent progress and challenges ahead* (Washington, DC, International Monetary Fund).

Shapely, L.S. 1953. "A value for *n*-person games", in H.W. Kuhn and A.W. Tucker (eds): *Contributions to the theory of games* (Princeton, NJ, Princeton University).

Shorrocks, A.F. 2013. "Decomposition procedures for distributional analysis: A unified framework based on the Shapley value", in *Journal of Economic Inequality*, Vol. 11, No. 1, pp. 99–126.

Stampini, M.; Tornarolli, L. 2012. *The growth of conditional cash transfers in Latin America and the Caribbean: Did they go too far?*, IZA Policy Paper No. 49 (Bonn, Institute for the Study of Labor (IZA)).

United Nations (UN). 2000. *Millennium Summit*, New York, 6–8 Sep. Available at: http://www.un.org/en/events/pastevents/millennium_summit.shtml [12 Apr. 2016].

—. 2015a. *The Millennium Development Goals Report 2015: Summary* (New York). Available at: http://www.un.org/millenniumgoals/2015_MDG_Report/pdf/MDG%202015%20Summary%20web_english.pdf [12 Apr. 2016].

—. 2015b. Sustainable Development Knowledge Platform. Available at: https://sustainabledevelopment.un.org/sdg1 [12 Apr. 2016].

United Nations Children's Fund (UNICEF); World Health Organization (WHO). 2015. *Progress on sanitation and drinking water: 2015 update and MDG assessment* (Geneva and New York).

United Nations World Water Assessment Programme (WWAP). 2016. *The United Nations World Water Development Report 2016: Water and jobs* (Paris, United Nations Educational, Scientific and Cultural Organization (UNESCO)).

Verma, V.; Betti, G. 2010. "Data accuracy in EU-SILC", in A.B. Atkinson and E. Marlier (eds): *Income and living conditions in Europe* (Luxembourg, Eurostat), pp. 57–77.

Wagstaff, A. 2002. *Inequalities in health in developing countries: Swimming against the tide?* Policy Research Working Paper No. 2795 (Washington, DC, World Bank).

Wolff, P.; Montaigne, F.; González, G.R. 2010. "Investing in statistics: EU-SILC", in A.B. Atkinson and E. Marlier (eds): *Income and living conditions in Europe* (Luxembourg, Eurostat), pp. 37–55.

World Health Organization (WHO). 2016. *Household air pollution and health*, Fact sheet No. 292 (Geneva).

—; United Nations Human Settlements Programme (UN-HABITAT). 2016. *Global report on urban health: equitable, healthier cities for sustainable development* (Geneva and Nairobi).

—; United Nations Children's Fund (UNICEF). 2014. *Progress on drinking water and sanitation: 2014 update* (Geneva and New York).

World Bank. 2007. *Arab Republic of Egypt: Poverty assessment update* (Washington, DC).

—. 2015. *Where does the world stand in reaching sustainable energy objectives?* Available at: http://www.worldbank.org/en/news/feature/2015/05/18/where-does-the-world-stand-in-reaching-sustainable-energy-objectives [12 Apr. 2016].

—. 2016. Health Nutrition and Population Statistics by Wealth Quintile. Available at: http://data.worldbank.org/data-catalog/HNPquintile [Apr. 2016].

第二章
解决收入差距问题

引言

本章将讨论收入差距,对消除贫困所需要的最低新增劳动收入和新增社会保障支出进行估计,并且考察按人口统计因素和劳动力市场职位对贫困人口收入差距进行统计的差异。本章的分析对于理解社会保障和就业政策等一系列政策工具的重要性非常关键,这一点我们将于本报告第二部分详细讨论。

然而,消除贫困需要各种各样的政策,比如治理安排、基本服务的可得性和设计良好的农村发展战略,这些都不能通过收入差距的分析直接得出。在认识到上述局限性的前提下,本章首先对处于不同经济发展水平国家的收入差距进行估计(第一节);然后讨论收入差距的主要决定因素(第二节),对较高的人口和经济抚养比率或体面工作匮乏对贫困家庭的影响进行特别评估,帮助制定最合适的应对政策组合;第三节将基于对个人和家庭的人口和经济特征评估,讨论在不同情况下,社会保障或增加劳动收入等政策组合在缩小收入差距方面的重要作用;第四节是结束语。

第一节 对消除贫困所需收入的估计

消除新兴和发展中国家极度贫困所需的收入数量不到全球总收入的1%

本报告的估计表明,在2012年,消除全世界的极度贫困需要1 200亿美元(见专栏2.1)[1]。这一消除极度贫困的收入差距占全球总可用收入的0.16%,占新兴和发展中国家总可用收入的0.31%,但是占发展中国家总可用收入的5%以上。尽管从全球角度看,该收入差距似乎很小,但仍然占了新兴和发展中国家政府支出和社会保险预算相对较大的份额(见附录A中的表2A.1)[2]。

而且,要想消除极度贫困和中等贫困(每天收入或消费支出低于3.10美元购买力平价),则需要将近6 000亿美元(见附录A中的表2A.2),占全球收入0.8%,占新兴和发展中国家总可用收入的1.7%,占新兴国家国内生产总值的1.4%、占发展中国家国内生产总值的21%。而消除全部贫困(定义为低于每天5美元购买力平价)所需的收入数额则超过2万亿美元。

在发达国家,使所有贫困人口脱离相对贫困线[3](家庭收入中位数的60%)所需的收入估计需要8 500亿美元,占2012年发达国家总收入的1.7%(见附录A中的表2A.4),也占到其政府支出总额的4.2%和公共社会保障支出的7.8%[4]。

专栏 2.1

对全球收入差距的估计

全球收入差距或全球总贫困差距是使所有贫困人口脱贫所需的最小收入额。按照所有贫困人口当前人均消费支出或人均收入（取决于所在国家）与各自贫困线之间的差距总和来估算。因此，全球收入差距就是从静态视角看，消除贫困需要增加的劳动收入和社会保障转移规模的最小估计值，其中就社会保障转移而言，"最小"意味着，对全球收入差距的解释只有在社会保障转移得到完全有效执行的理想情况下才是合理的，而这实际上是不可能的（霍顿与汉德克，2009 年）。而且，对收入差距的分析考虑了研究不同群组贫困率时没有评估的贫困深度（或到贫困线的距离），对不同人口群组（比如图 2.2 中所示）收入差距进行估计时，按贫困线以下个人的人口统计因素和劳动力市场职位计算了每个人到贫困线的距离。

对收入差距（总体及各人口群组）的分析是基于约占全球人口 85% 的各地区 103 个国家（其中包括 37 个发达国家）的全国家庭调查数据进行的，其中大多数（80% 以上）国家的数据是 2010 年到 2013 年之间的数据。

所计算的各个国家最近年份不同人口群组（15 岁以下儿童、按就业状况、失业者、非经济活动人口、不能工作者进行分类的 15—64 岁就业年龄人口，以及 65 岁及以上人口）收入差距的结果分布，应用到了按世界银行交互式计算工具 "PovcalNet"（世界银行，2016a）调整之后的 2012 年数据，并且外推至世界人口和地区人口。

本报告中给出的消除极度贫困的总收入差距估计值基于来自 103 个国家及地区的外推结果，低于基于世界银行 PovcalNet 数据库中更多可用国家群组数据得出的估计值，两者差异为国内生产总值的不足 0.02%。

这些全球估计值掩盖了在国家之间和国家内部的显著差距（见附录 B 中的各国估计值）[5]。因为新兴和发展中国家就占了消除极度贫困全球收入差距的将近 90%，其中仅非洲地区就占了 48.6%（见表 2.1）。但是，亚洲地区占了消除极度和中等贫困全球收入差距的 55%，若将人均贫困线定为每天 5 美元购买力平价，则占了 60%。另外，农村地区的估计值，在新兴和发展中国家占了消除极度和中等贫困全球收入差距的 85%，在发达国家占了收入差距的 15%。

在很多新兴和发展中国家，收入差距超过了社会保障预算的一半

只通过社会转移消除贫困不是好的解决方案（国际劳工组织，2001 年和 2003 年），而且也存在着重大挑战。实际上，消除极度贫困总成本超过公共社会保障总支出一半（在图 2.1A 组中用黑线表示）的国家占新兴和发展中国家的三分之一左右，占非洲国家中的 60% 和低收入国家中的 85%[6]。就可以取得数据的新兴和发展中国家而言，平均来算，消除极度和中等贫困的收入差距相当于其社会保障总支出的 70%（见图 2.1 中 B 组），其中在亚洲相当于 73%，在非洲相当于 163%。

表 2.1

2012 年按地区和贫困线水平统计的全球收入差距（百分比）

	分布（百分比）				收入差距（国内生产总值的百分比）				收入差距（政府支出的百分比）			
	1.9美元购买力平价	3.1美元购买力平价	5美元购买力平价	相对贫困线	1.9美元购买力平价	3.1美元购买力平价	5美元购买力平价	相对贫困线	1.9美元购买力平价	3.1美元购买力平价	5美元购买力平价	相对贫困线
新兴与发展中经济体的企业	88.6	96.5	98.1		0.31	1.65	5.72		1.46	7.27	24.34	
非洲	48.6	36.1	28.8		1.67	5.85	15.82		9.03	31.30	82.97	
拉丁美洲和加勒比地区	6.3	4.6	4.8		0.10	0.36	1.28		0.35	1.27	4.58	
阿拉伯国家	0.1	0.4	1.2		0.03	0.44	4.41		0.08	1.03	10.33	
亚太地区	33.3	55.0	62.6		0.19	1.49	5.75		0.74	5.84	22.55	
欧洲和中亚地区	0.2	0.4	0.7		0.01	0.09	0.53		0.04	0.30	1.76	
农村	85.8	84.1	80.7		0.27	1.39	4.61		1.25	6.11	19.64	
城市	14.2	15.9	19.3		0.04	0.26	1.10		0.21	1.16	4.70	
新兴经济体	75.7	82.5	86.3		0.25	1.40	5.05		1.14	6.02	20.95	
发展中经济体	24.3	17.5	13.7		5.48	20.75	55.95		25.57	101.36	279.62	
发达经济体	11.4	3.5	1.9		0.02	0.03	0.05	1.67	0.04	0.06	0.12	4.15
农村	20.1	19.0	20.0	15.0	0.00	0.01	0.01	0.25	0.01	0.01	0.02	0.62
城市	79.9	81.0	80.0	85.0	0.02	0.02	0.04	1.42	0.03	0.05	0.10	3.53
全球	100	100	100	100	0.16	0.80	2.74		0.72	3.49	11.63	
农村	76.7	80.9	79.1		0.12	0.65	2.17		0.55	2.82	9.19	
城市	23.3	19.1	20.9		0.04	0.15	0.57		0.17	0.67	2.44	

注：基于约占全球人口85%的103个国家数据的全球和地区估计值，详细地区小计参见附录A，数据来源参见附录G。极度贫困率是指每天人均收入或消费低于1.90美元购买力平价的人口比例；极度和中等贫困率是指每天人均收入或消费低于3.10美元购买力平价的人口比例；发达国家的相对贫困线是指家庭收入或消费支出中位数的60%。

资料来源：国际劳工组织基于全国家庭调查数据的计算。

较高的人口和经济抚养比率是贫困的重要决定因素

按年龄和经济状况对收入差距构成进行分析，确认了人口因素作为贫困决定因素的重要性（见图2.2），因为15岁以下儿童、65岁以上老人和15—64岁非劳动力人口，占了消除极度和中等贫困的全球收入差距中的将近70%。

在发展中国家，贫困儿童占了收入差距的32%，而在新兴和发展中国家以及发达国家，就业人口占总收入差距的30%，在低收入国家和中低收入国家，自营工作者（雇主、个体工作者和无酬家庭帮工）占了在职贫困人口收入差距的80%。

图 2.1

2012 年的总收入差距与公共社会保障支出（国内生产总值的百分比）

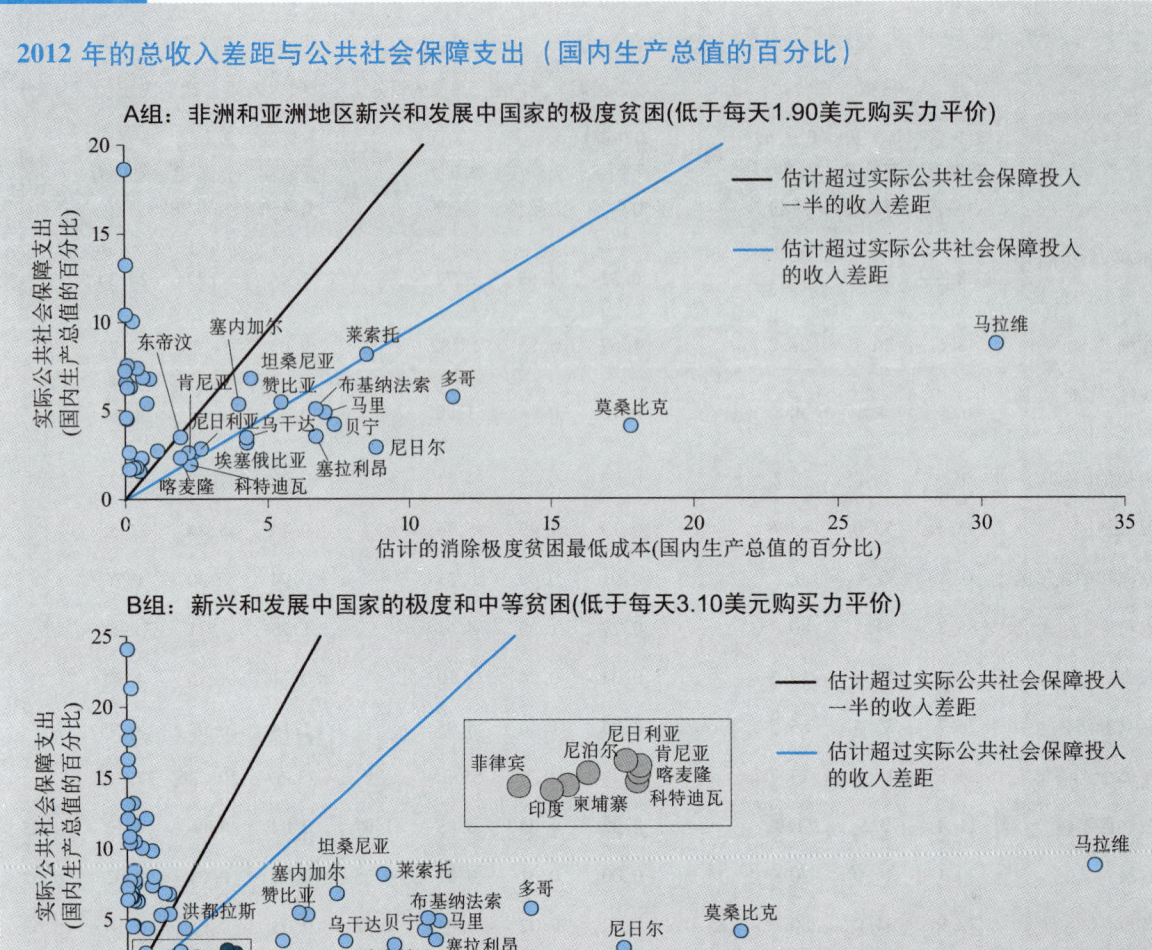

注：在 A 组中，在灰线右侧的国家，估计的消除亚洲和非洲地区新兴和发展中国家极度贫困的收入差距超过了其实际公共社会保障总投入，而在黑线右侧的国家，估计的收入差距超过其实际公共社会保障总投入的一半，而且在很多国家这仍然超过了贫困人口实际获得的社会保障收入（见第二节）。各国具体情况参见附录 C 中的图 2C.1。B 组考虑的是消除极度和中等贫困的成本，包括了所有地区的新兴和发展中国家。可取得数据的各国具体情况参见附录 C 中的图 2C.2。

资料来源：国际劳工组织基于全国家庭调查数据计算的收入差距，以及国际劳工组织（2015a）；经合组织（2015a）；亚洲开发银行 2015 年报告；欧盟统计局（2015a）的社会保障支出数据。

  65 岁及以上人口占了消除新兴和发展中国家极度和中等贫困总收入差距中的 5.3%，也占了消除发达国家收入中位数 60% 相对贫困线以下的 8.5%。残疾且不能工作的人口（在全国家庭调查中是指非劳动力的残疾人口和由于残疾无法工作的残疾人口）占新兴和发展中国家消除极度和中等贫困总收入差距中的 0.5%，也占了消除发达国家收入中位数 60% 相对贫困线以下人口收入差距中的 5.2%。通过以前的就业或获得税收资助资格等社会保障系统以确保消除上述两个人口群组的极度和中等贫困，其最低的财政成本占了新兴和发展中国家（按每天人均 3.10 美元购买力平价）国内生产总值的 0.08% 和发达国家（按相对贫困线）国内生产总值的 0.2%。

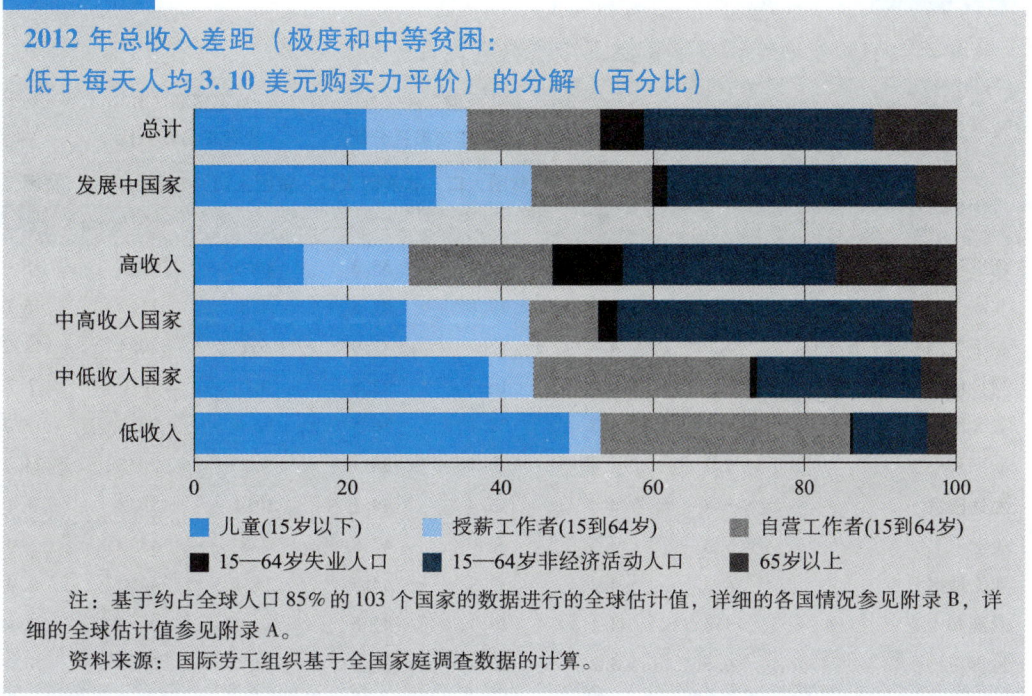

图 2.2

2012 年总收入差距（极度和中等贫困：低于每天人均 3.10 美元购买力平价）的分解（百分比）

注：基于约占全球人口 85% 的 103 个国家的数据进行的全球估计值，详细的各国情况参见附录 B，详细的全球估计值参见附录 A。

资料来源：国际劳工组织基于全国家庭调查数据的计算。

对大多数其他人口群组来说（包括儿童［通过改善其父母的工作条件］），消除贫困需要增加其劳动收入和社会转移。在这些人口群组中，对社会保障收入的需要程度，既取决于家庭经济抚养比率和劳动收入者当前的工作条件，同时又取决于家庭中有能力和有意愿工作者的就业机会。所有这些因素决定了劳动收入的实际增加值及其对所有家庭成员脱贫的影响。

虽然在职贫困人口可以从体面的工作条件中受益，但仍可能会生活在贫困线以下，原因不在于其收入低于贫困线，而在于要与很多受抚养家属分享自己的劳动收入。在这种情况下，社会保障可能是唯一的也是最好的解决方案，至少在短期内是如此。第二节将分析贫困个人和贫困家庭的社会人口特征和经济特征，这也是第三节从个人需求和特征角度讨论适当的社会保障和增加劳动收入政策组合的重要因素。

第二节 人口和经济抚养比率以及体面工作匮乏

第一，贫困人口一般生活在有劳动收入成员数量有限的较大家庭中

贫困受家庭规模和构成影响较大（经合组织，2009a）。与非贫困人口相比，贫困人口一般生活在相对大的家庭中，通常无法获得有偿工作（尤其是授薪工作），因此给其中劳动收入者带来了较大的负担[7]。平均来说，极度或中等贫困人口生活在有 6.2 个成员的家庭中，而非贫困人口家庭平均只有 5 个成员（见表 2.2）[8]。

表 2.2

最近年份的家庭规模和从事有偿工作家庭成员百分比

	平均家庭规模		从事有偿工作家庭成员百分比		从事授薪工作家庭成员百分比		个体工作者或雇主家庭成员百分比	
	贫困人口	非贫困人口	贫困人口	非贫困人口	贫困人口	非贫困人口	贫困人口	非贫困人口
极度贫困：低于每天人均1.90美元购买力平价								
新兴和发展中国家	7.2	5.7	25.3	35.3	10.3	19.6	15.0	15.7
非洲	8.4	6.4	19.8	27.8	4.8	11.2	15.0	16.6
拉丁美洲和加勒比地区	5.9	4.4	17.3	41.9	6.1	29.4	11.2	12.5
阿拉伯国家	11.4	8.0	16.7	22.8	9.0	16.0	7.7	6.8
亚太地区	7.1	5.7	28.1	36.5	12.4	20.3	15.7	16.2
欧洲和中亚	7.2	4.4	20.1	35.1	9.2	28.7	11.2	6.6
发达国家	3.4	3.4	15.4	44.1	10.4	39.2	5.4	5.0
美洲	3.6	3.5	8.8	47.8	7.8	43.0	1.9	5.0
亚太地区	4.3	4.2	33.3	44.5	24.4	40.0	8.9	4.6
欧洲和中亚	3.0	3.1	16.1	41.6	9.3	36.5	7.1	5.1
世界平均	6.5	5.2	23.4	37.0	10.3	23.4	13.1	13.6
极度和中等贫困：低于每天人均3.10美元购买力平价								
新兴和发展中国家	6.8	5.5	27.0	37.1	11.4	22.2	15.6	15.0
非洲	7.9	5.9	21.3	30.2	5.7	13.8	15.6	16.5
拉丁美洲和加勒比地区	5.8	4.3	21.7	43.1	10.2	30.6	11.5	12.5
阿拉伯国家	10.5	7.6	17.5	23.4	10.5	16.8	7.0	6.6
亚太地区	6.6	5.5	29.5	38.3	13.1	23.1	16.4	15.2
欧洲和中亚	6.5	4.2	21.6	36.1	10.6	30.1	11.3	6.2
发达国家	3.7	3.4	19.6	44.2	13.0	39.3	6.9	5.0
美洲	3.9	3.5	10.0	47.9	8.4	43.1	2.1	5.0
亚太地区	4.7	4.2	35.0	44.6	26.3	40.0	8.8	4.6
欧洲和中亚	3.3	3.1	22.8	41.7	13.3	36.6	9.7	5.1
世界平均	6.2	5.0	25.6	38.5	11.7	25.5	13.9	13.0
相对贫困：低于家庭收入中位数的60%								
发达国家	4.0	3.2	28.4	46.9	23.0	41.9	5.6	5.1
美洲	4.2	3.2	29.1	53.0	25.5	47.7	4.0	5.4
亚太地区	4.6	4.2	33.9	44.6	27.8	40.0	6.1	4.6
欧洲和中亚	3.7	3.0	26.9	43.4	20.4	38.4	6.6	5.0

注：基于约占全球人口85%的103个国家的数据进行的全球估计值。由总人口确定权重。有偿工作包括授薪工作、个体工作者和雇主。数据来源参见附录G。

资料来源：国际劳工组织基于全国家庭调查数据的计算。

全球平均有四分之一的极度和中等贫困人口生活在没有劳动收入者的家庭中，而非贫困人口中只有15%生活在这样的家庭中[9]。而且，在贫困家庭中缺乏适龄劳动的劳动收入者是各地区一个共同的现象，无论其发展水平和贫困线如何。在新兴和发展中国家，从事有偿工作的劳动适龄家庭成员比例，在极度贫困人口生活的家庭中平均只有25%（见专栏2.2），而在非贫困人口生活的家庭中则有35.3%（见第一章第四节）。另外，在发达国家，贫困家庭中缺乏有偿工作的情况甚至更加明显。例如，在相对贫困线定为家庭收入中位数60%的情况下，贫困人口中从事有偿工作者的比例为28.4%，而非贫困人口中从事有偿工作者的比例则为46.9%[10]。而且，无论在发达国家还是发展中国家，其各地区的贫困都与缺乏授薪工作紧密相关，实际上，非贫困人口中授薪工作者的比例是贫困人口中的2.5倍。

> **专栏2.2**
>
> **概念定义**
>
> **人口抚养比**：受抚养人口包括15岁以下者（儿童抚养）和64岁以上者（老年抚养），生产性人口则由15到64岁的劳动适龄人口组成，人口抚养比表示为百分比。总人口抚养比 =（0到14岁人口数量＋65岁及以上人口数量）/15到64岁人口数量×100。人口抚养比高表示家庭和国家中的收入者负担重。
>
> **经济抚养比率**：基于家庭成员的实际活动状态，而不是年龄。最早版本的经济抚养比率是按非劳动力家庭成员（儿童、15到64岁的非经济活动人口和65岁及以上人口）数量与实际工作的家庭成员或15到64岁的失业家庭成员数量之比计算的，第二版本和第三版本则为非就业家庭成员或非有偿工作家庭成员数量与15到64岁的就业家庭成员或从事有偿工作家庭成员数量之比。因此，经济抚养比率衡量的是每个经济活动人口家庭成员负担的非经济活动人口家庭成员的数量，或者说，在第二版本和第三版本中，是无工作家庭成员或非劳动收入获得者家庭成员数量与就业的或从事有偿工作的（15到64岁）家庭成员数量之比。
>
> **就业人口**是指在较短统计期间内从事有偿或营利性产品生产或提供服务等活动的劳动适龄人口，包括授薪工作者和自营工作者，其中自营工作者又包括雇主、个体工作者和无酬家庭帮工。
>
> 本章中的**有偿工作**包括除无酬家庭帮工以外的所有就业类型。
>
> **有偿或营利性**工作是指交换应付报酬的工作，其中应付报酬形式为按工作时间和所完成工作支付的工资或薪酬，或者通过市场交易从所生产的产品或服务中获取的利润，具体参见与就业类收入有关的最新国际统计标准（国际劳工组织，2013a）。无酬家庭帮工是就业人口中的一部分，是指在市场主体中从事有偿或营利性工作的劳动者，但其报酬或利润向其家庭支付，而且该市场主体由生活在同一家庭或另一家庭中的成员经营。
>
> **长期合同**是指无固定期限合同，或者无限制期限合同（国际劳工组织，2015c）。通常来说，长期合同更安全，因为未来的工作与收入更具可见性。长期合同在全部有授薪工作者中占了一半以上，而在所有工作人口（包括授薪工作者及自营工作者）中只占四分之一（国际劳工组织，2015b）。

第二，贫困人口面临着严重的工作时间不足

与非贫困人口相比，贫困人口中从事短时间（每周少于35小时）或极短时间（每周少于20小时）[11]有偿或营利性工作劳动者的比例通常都比较高，无论是对于授薪工作者还是对于自营工作者，也无论是在新兴和发展中国家（见图2.3中A组和B组）还是在发达国家（见图2.3C组和D组），都是如此。

图 2.3

最近年份新兴国家、发展中国家和发达国家的短时间工作情况（每周工作小时）

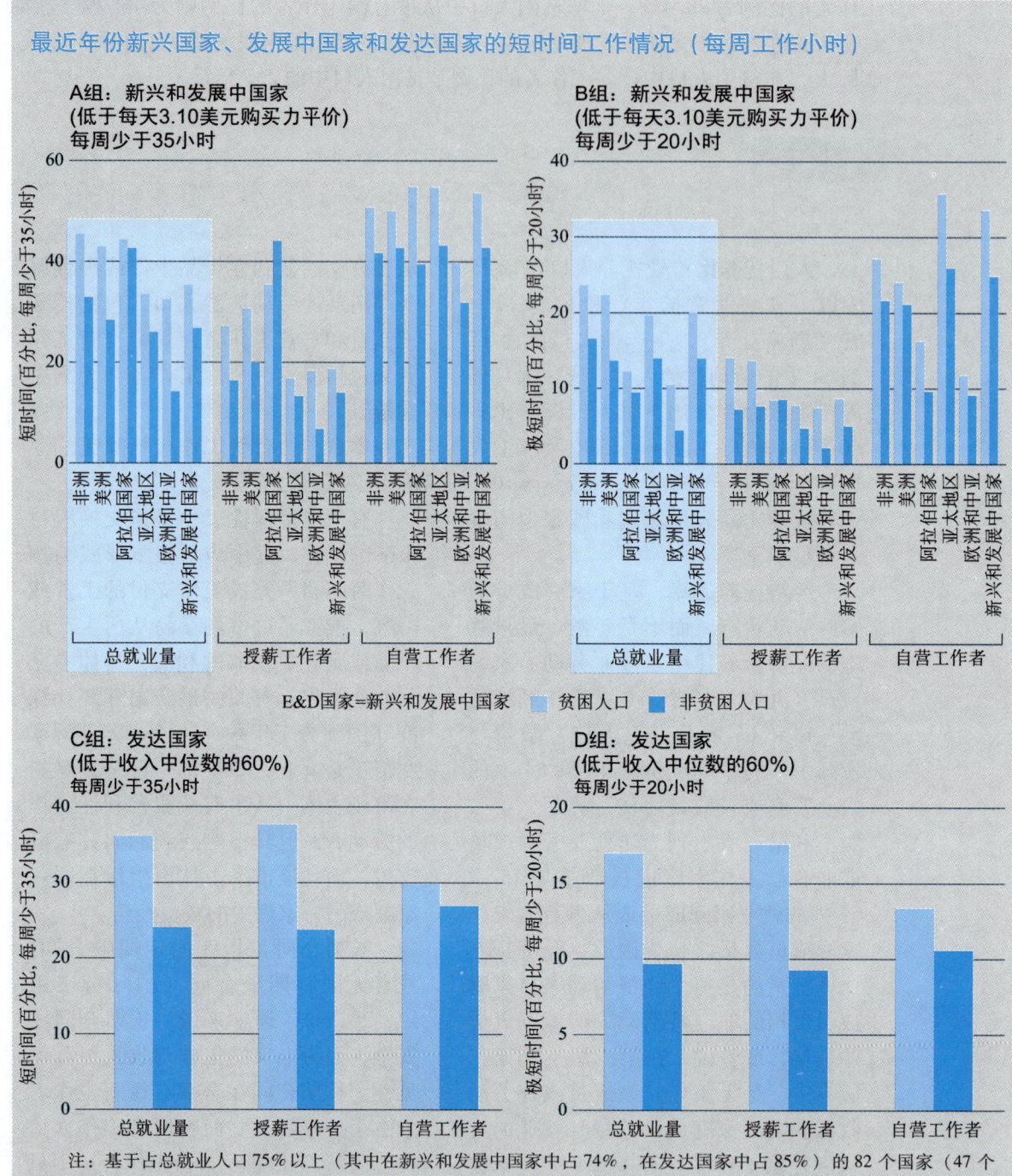

注：基于占总就业人口75%以上（其中在新兴和发展中国家中占74%，在发达国家中占85%）的82个国家（47个新兴和发展中国家和37个发达国家）数据进行的全球加权估计值。由于阿拉伯地区数据代表性低于50%，因此没有包括在图中。在能够取得数据的情况下，工作时数是指所有工作的常规工作时间，否则只表示主要工作和第二份工作的时间。A组和B组：贫困线同为每天人均3.10美元购买力平价；C组和D组：相对贫困线为家庭可支配收入或消费支出中位数的60%。参照人口涵盖了15到64岁的就业人口。数据是指所能取得的最近年份数据，范围从2005年到2013年，其中有四分之一国家的数据来自于2005年到2009年，而有将近60%国家的数据来自于2012年或2013年。

资料来源：国际劳工组织基于全国家庭调查数据的计算。

在新兴和发展中国家，大多数国家[12]中的低失业率和缺乏失业保障通常都与高度的非正规就业以及普遍的与时间相关的不完全就业有关（赫什马提、马苏米与万，2015年）。另外，缺乏自来水和以木柴为燃料对贫困人口的影响也比非贫困人口大（见第一章第四节）。时间匮乏突出了贫困人口能力及其花费时间从事有偿或营利性工作机会等问题（钱特，2010年），其中，有超过35%的工作性极度和中等贫困人口每周从事有偿或营利性工作的时间低于35小时，而非贫困人口中只有27%。自雇贫困人口受工作时长短的影响特别大：其中有一半以上（54%）通常每周工作时间少于35小时，相较而言只有19%的贫困线以下授薪工作者每周工作时间少于35小时[13]。

在发达国家，受工作时数不足影响最大的是授薪工作者，而不是自营工作者。而且，来自部分发达国家的证据显示，极短工作时数现象有所增加，在职贫困发生率[14]与无法获得就业相关社会保障福利[15]也都出现相应上升（国际劳工组织，2015b）。

在发达国家，从事短时间或极短时间的有偿或营利性工作（通常报酬也很低）的大多数是妇女，在新兴和发展中国家也是如此。如果同时将有偿与无偿工作一起计算，这些人每天的工作时间要更长。而且妇女比男人的时间匮乏程度更高（钱特，2010年）。实际上，在无酬家庭帮工和看护工作上的性别差距也意味着妇女的有偿或营利性工作时间可能更短（国际劳工组织，2016a）。在发达国家的在职贫困妇女中，有一半以上的人每周从事有偿或营利性工作的时间少于35小时，更有四分之一的人每周少于20小时。这些比例在授薪工作者[16]中较高，而且在任何情况下也都高于其在贫困人口中的比例。在新兴和发展中国家，受工作时间不足影响最大的是自营妇女[17]。

在亚洲，贫困人口工作时间过长

尽管超长时间工作可以增加潜在收入和改善职业发展前景，但也给劳动者带来安全和健康风险（国际劳工组织，2011a与2011b；李、麦卡恩与梅辛杰，2007年）。贫困人口的工作时间比非贫困人口更容易极化，因为非贫困人口的工作时间一般都是集中在符合国家规范要求的标准工作时间内。除了存在更多的不完全就业以外，新兴和发展中国家的贫困人口也比其非贫困人口面临着更多与超长工作时间有关的风险，也失去了从这些额外时间中获得收益的机会。

亚洲是超长工作时间现象最普遍的地区，尤其是对授薪工作者来说（见图2.4；国际劳工组织，2016a；清洁成衣运动组织，2014年）。在亚太地区的新兴和发展中国家授薪工作的极度和中等贫困人口中，有将近60%的人通常每周工作48小时以上，更有22%的人每周工作60小时以上（见图2.4中A组和B组）。而其他地区超长工作时间的在职贫困人口比例一般要比亚洲低，在除亚洲发展中国家以外的国家，每周工作48小时以上劳动者比例在极度和中等贫困人口中为27%，在非贫困人口中为36%。

在发达国家，工作时间过长劳动者的特点差异非常大（见图2.4中C组和D组），这些差异更多体现在就业状况之间，而不是在贫困人口与非贫困人口之间。其中，贫困线以下的自营工作者工作时间过长的最多，有三分之一从事自雇工作的在职贫困人口每周工作48小时以上，而只有11.7%的从事授薪工作的贫困人口工作这么长时间。国家规范主要涵盖签订了雇佣合同的就业人口，而自营工作者通常不包括在工作时间规范范围内，从而导致工作时间过长的自营工作者比例高于授薪工作者。虽然在发达国家也不是全部授薪工作者都能从工作时间规范保护中完全受益，但是对他们权利的保护仍然要比发展中国家更有效，因为在发展中国家的授薪工作者中，非正规就业更加普遍，在贫困人口中尤其如此（国际劳工组织，2013b与2015a；万尼奥克等，2014年）。

第二章 解决收入差距问题

图 2.4

最近年份新兴国家、发展中国家和发达国家的超长时间工作情况（每周工作小时）

A组：新兴和发展中国家
(低于每天3.10美元购买力平价)
每周超过48小时

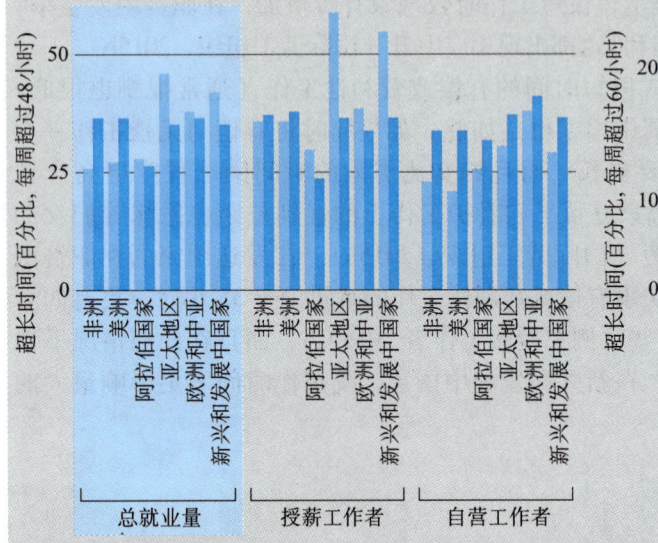

B组：新兴和发展中国家
(低于每天3.10美元购买力平价)
每周少于60小时

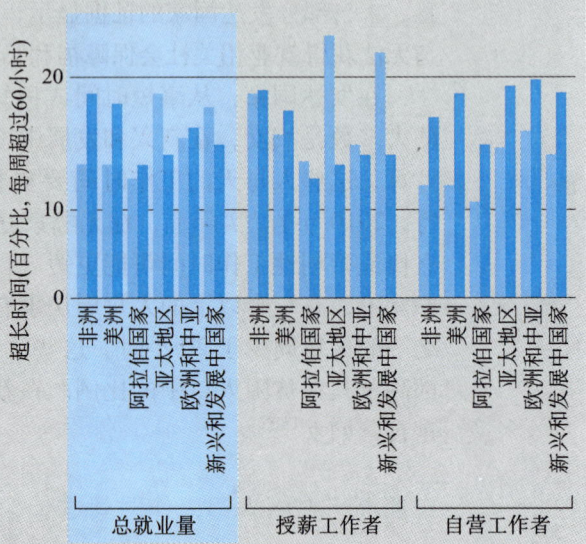

E&D国家=新兴和发展中国家　　贫困人口　　非贫困人口

C组：发达国家
(低于收入中位数的60%)
每周超过48小时

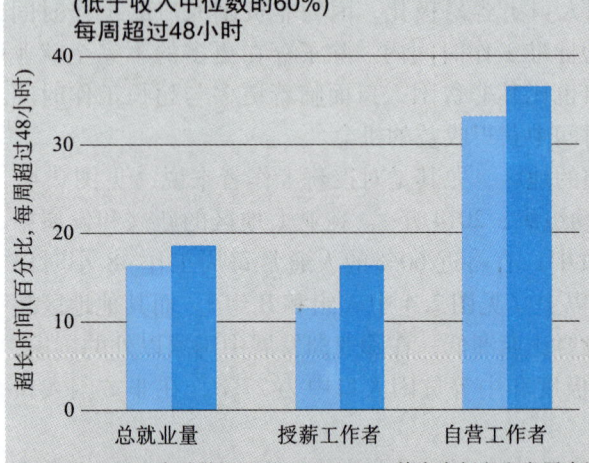

D组：发达国家
(低于收入中位数的60%)
每周超过60小时

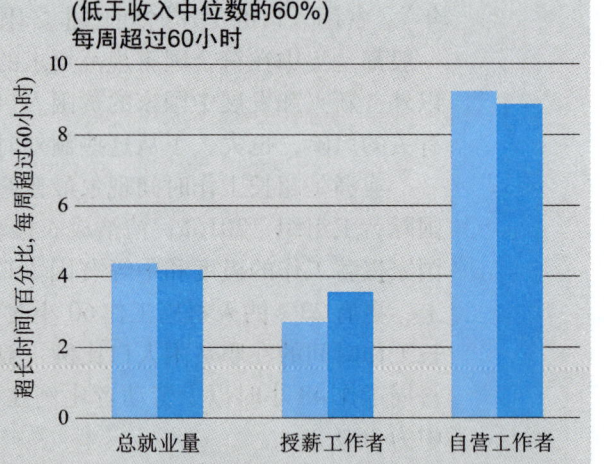

注：基于占总就业人口75%以上（其中在新兴和发展中国家中占74%，在发达国家中占85%）的82个国家（47个新兴和发展中国家和37个发达国家）数据进行的全球加权估计值。由于阿拉伯国家数据只代表了不到一半的该地区总就业人口，因此没有包括在图中。在能够取得数据的情况下，工作时数是指所有工作的常规工作时间，否则只表示主要工作和第二份工作的时间。A组和B组：贫困线相同为每天人均3.10美元购买力平价；C组和D组：相对贫困线为家庭可支配收入或消费支出中位数的60%。参照人口涵盖了15到64岁的就业人口。数据是指所能取得的最近年份数据，范围从2005年到2013年，其中有四分之一国家的数据来自于2005年到2009年，而有将近60%国家的数据来自于2012年或2013年。

资料来源：国际劳工组织基于全国家庭调查数据的计算。

第三，贫困人口的工作通常比非贫困人口受到的保护更少

没有签订长期雇佣合同的雇员通常比常规全职雇员的工作稳定性更差，报酬也更低[18]。此外，他们频繁遭遇失业，从而导致他们的收入剧烈波动，危及其经济上的自给自足。毫无例外，从事不受管理、无保障工作的劳动者，可能没有签订合同，更不可能签订长期合同，因此也最有可能成为在职贫困人口，原因在于这类就业安排只提供很低的报酬（国际劳工组织，2015c）。而且，如果没有签订正式雇佣合同，劳动者也更容易遭受因不遵守就业相关法律法规而带来的损害，而且还可能面临着艰苦的工作条件。

在能够取得相关数据的34个新兴和发展中国家中，贫困人口中的授薪工作者获得长期合同的可能性是非贫困人口中授薪工作者的三分之一。极度贫困人口中只有不到8%的签订了长期合同，而非极度贫困人口中则有30%以上。在极度和中等贫困人口中，只有10%是授薪工作者，而非极度或中等贫困人口中则有33%。而城镇地区的贫困人口和非贫困人口的待遇都比较好，受管理、有保障的就业比例也非常高。在新兴和发展中国家，如果以每天3.10美元购买力平价来定义贫困线，则在农村地区只有10%的授薪工作贫困人口签订了长期合同，而在城镇地区则有23%，而且，非贫困人口比例在农村地区为21%，在城镇地区则为39%。

在能够取得数据的33个发达国家中，在职贫困人口也同样是从事临时性工作，而有66%左右从事授薪工作的贫困人口签订了长期雇佣合同，该比例在非贫困人口中则为81%（见图2.5）。

图 2.5

按贫困人口与非贫困人口来分最近年份授薪工作者中签订长期合同的比例
（极度和中等贫困：低于每天3.10美元购买力平价）（百分比）

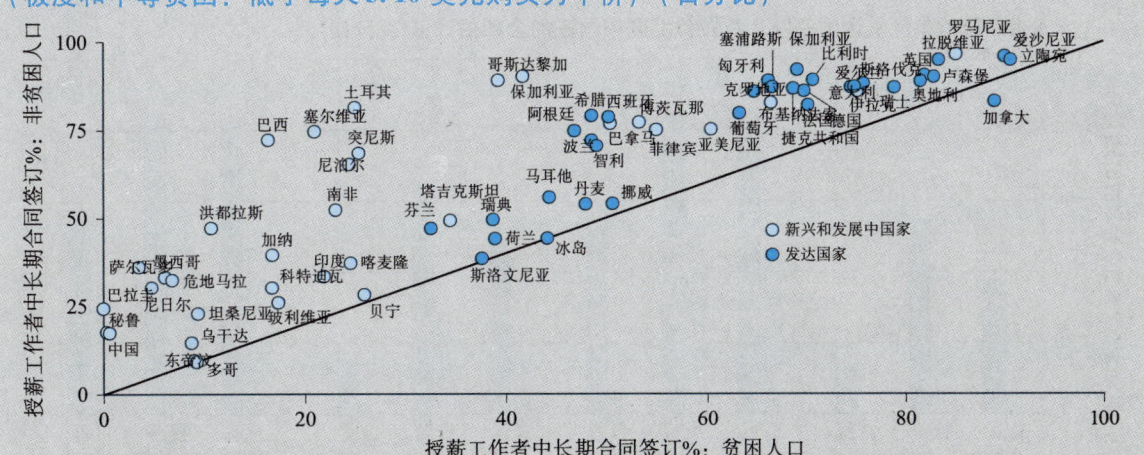

注：本图涵盖了15到64岁的授薪工作者。图中深色圆点是按人均家庭可支配收入或消费支出中位数60%的相对贫困线计算的各发达国家数值，而浅色圆点是按每天3.10美元购买力平价贫困线计算的各新兴和发展中国家数值。位于对角线上方的圆点表示非贫困人口中授薪工作者签订了长期合同的比例高于贫困人口中的相应比例。国家名称按ISO3代码，详细数据来源参见附录G。数据是指所能取得的最近年份数据，范围从2005年到2013年，其中有四分之一国家的数据来自于2005年到2009年，而有将近60%国家的数据来自于2012年或2013年。

资料来源：国际劳工组织基于全国家庭调查数据的计算。

第四，贫困人口获得就业相关的社会保障覆盖较少

通过就业加入社会保障体系通常要通过正规企业的明确合同或正式确立的雇主和从属劳动者之间的雇佣关系规定（国际劳工组织，2013c）。但如前所述，在新兴和发展中国家中，通过签订正式雇佣合同让自己具备获得社会保障资格的劳动者很少，在贫困人口中尤其少（见图2.6中A组）[19]，其主要原因在于贫困人口中非正规就业的比例很高，包括普遍的与时间有关的不完全就业（国际劳工组织，2015b）[20]。

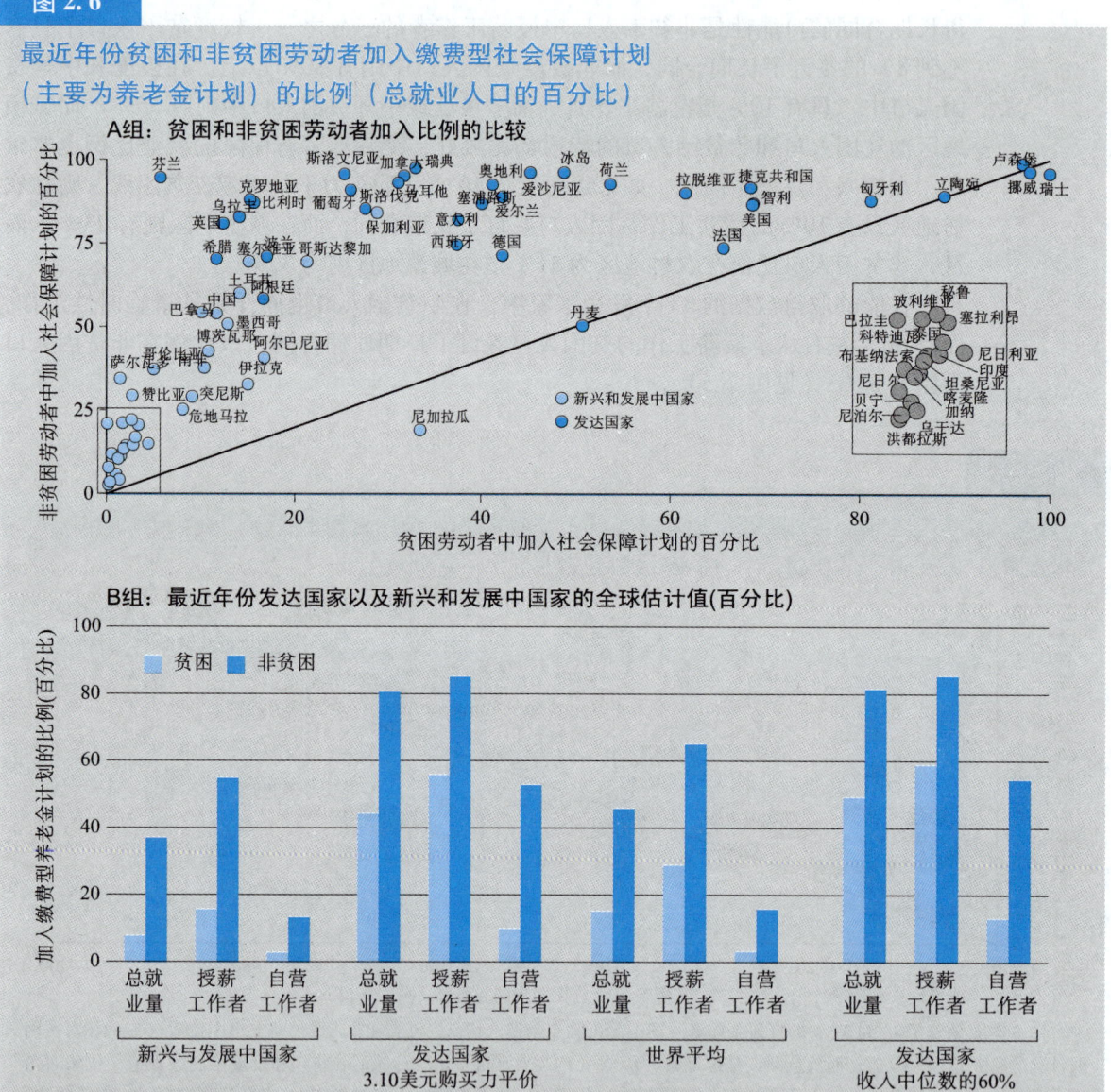

图 2.6

最近年份贫困和非贫困劳动者加入缴费型社会保障计划（主要为养老金计划）的比例（总就业人口的百分比）

注：加入社会保障计划（至少是养老金计划）的比例。A组：图中深色圆点是按人均家庭可支配收入或消费支出中位数60%的相对贫困线计算的各发达国家数值，而浅色圆点是按每天3.10美元购买力平价贫困线计算的各新兴和发展中国家数值。位于对角线上方的圆点表示非贫困人口中加入社会保障计划（至少是养老金计划）的比例高于贫困人口中的相应比例。国家名称按ISO3代码，详细数据来源参见附录G。B组：基于占总就业人口70%的66个国家数据的全球估计值。参照人口涵盖了15到64岁的就业人口。数据是指所能取得的最近年份数据，范围从2007年到2013年，其中有65%以上国家的数据来自于2012年或2013年。

资料来源：国际劳工组织基于全国家庭调查数据的计算。

在新兴和发展中国家，只有不到8%的工作性极度贫困和中等贫困人口加入了养老金计划，而非贫困人口[21]中则有37.2%的劳动者加入（见图2.6中B组），其中，在农村地区，只有7.0%的在职贫困人口和17.4%的非贫困人口加入了养老金计划，而在城镇地区，该比例要高三到四倍。无论在什么地区，授薪工作者加入养老金计划的比例都要高于其他种类就业状况的劳动者。除了少数国家（特别是拉丁美洲国家或发达国家），大多数自营工作者都没有加入养老金计划。其中，在新兴和发展中国家的极度和中等贫困人口中，平均有15.9%的授薪工作者加入了养老金计划，而自营工作者中的加入比例则不到3%[22]。

在发达国家，贫困人口通过就业获得的缴费型社会保障覆盖比例也严重不足。如果将相对贫困线定为收入中位数的60%，则在职贫困人口中只有不到一半的人加入了养老金计划，而非贫困人口的加入比例则为81.8%。受到影响最大的还是贫困人口中的自营工作者，因为在在职贫困人口中，授薪工作者加入养老金计划的比例是自营工作者的4.5倍（见图2.6中的B组），而且，非贫困人口中自营工作者的加入比例也要比贫困人口中的自营工作者高四倍以上。

极度和中等贫困人口加入养老金计划比例高于20%的国家有阿根廷、巴西、智利、哥斯达黎加和乌拉圭[23]，其中包括自营工作者，这是解决了养老金计划未覆盖主要决定因素的结果。除了在法律上将覆盖范围扩大到以前未覆盖的群组（国际劳工组织，2015b）和扩大在职贫困人口的特殊福利以外，还采取了其他措施，其中的一些措施重视降低加入社会保障体系的成本[24]，通过提供灵活的规则和程序，以及可管理的筹资机制，让社会保障的覆盖更有效；另一些措施旨在提高生产率[25]（国际劳工组织，2014d）。对于个体工作者和利润或营业额低于特定水平的小微企业来说，降低形式化成本通常可以简化注册程序，将社会保障缴款和财政义务整合为单一支付[26]（国际劳工组织，2015b）。例如，降低招聘未申报雇员（包括不稳定的流动人口）的社会保障缴款等激励措施，现已在几个欧洲国家和阿根廷[27]实施。因为贫困人口的缴费能力明显不足，所以将缴费型社会保障覆盖范围扩大到贫困人口存在着明显的限制，因此，要想在贫困人口中有效扩大该缴费型计划覆盖范围，通常需要对缴费进行补贴，正如扩大医疗保险覆盖范围一样。而且，这也需要同时建立非缴费型计划，并作为国家社会保障最低标准中的一部分（国际劳工组织，2014a与2014c）。

第五，就业相关社会保障匮乏可以通过建立非缴费型计划或与雇佣关系无关的其他机制加以补充

从所有种类社会保障福利（无论是货币形式还是实物形式，缴费型的还是非缴费型的）来看，贫困人口中依赖社会保障福利[28]的比例平均都低于非贫困人口中的比例，例如，基于30个新兴和发展中国家（占发展中国家人口的将近70%）数据的统计结果显示，贫困人口中收到社会保障福利者的比例为47.3%，而非贫困人口中的比例则为56.8%（见图2.7中的A组）。

但另一方面，这30个新兴和发展中国家中的21个国家，极度和中等贫困人口中收到社会保障福利者的比例高于非贫困人口比例，这与只考虑极度贫困人口的情况截然不同。因为在考虑极度贫困人口的情况下，这30个国家中只有14个国家的贫困人口收到社会保障福利的比例高于非贫困人口，这可能意味着公共机构和网络难以有效地覆盖到极度贫困人口。

图 2.7

最近年份贫困与非贫困人口中收到社会保障福利的百分比以及社会保障福利支出中分配给贫困人口的比例

新兴和发展中国家(极度和中等贫困：低于每天人均3.10美元购买力平价)

A组：贫困与非贫困人口中收到社会保障福利的百分比

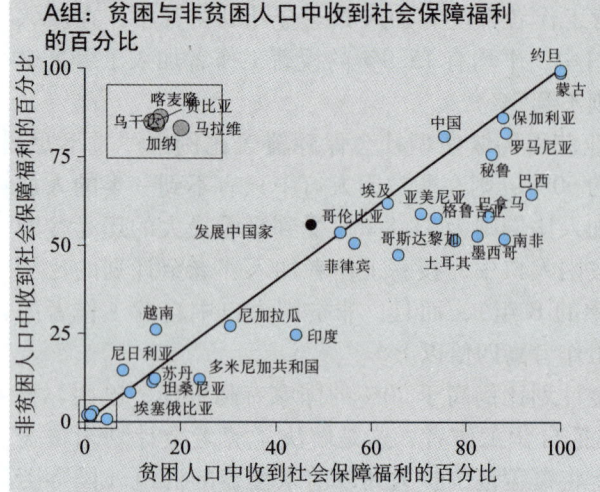

B组：贫困发生率以及社会保障福利支出中分配给贫困人口的比例

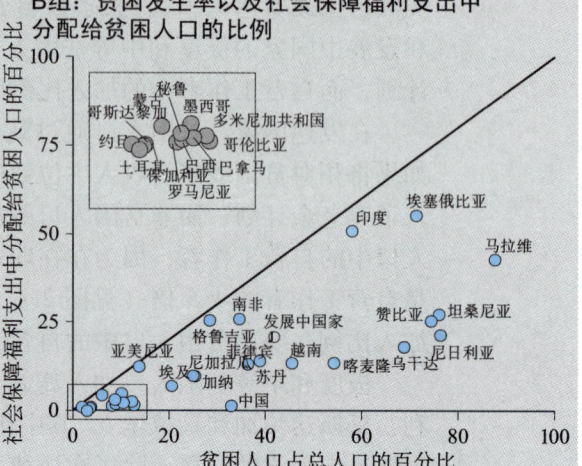

发达国家(相对贫困：低于收入或消费支出中位数的60%)

C组：贫困与非贫困人口中收到社会保障福利的百分比

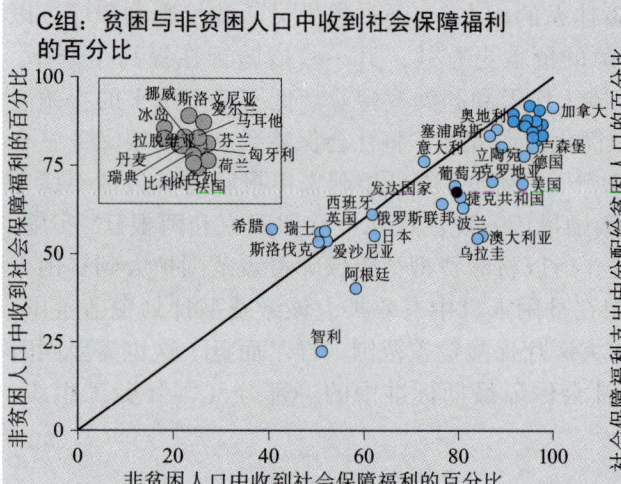

D组：贫困发生率以及社会保障福利支出中分配给贫困人口的比例

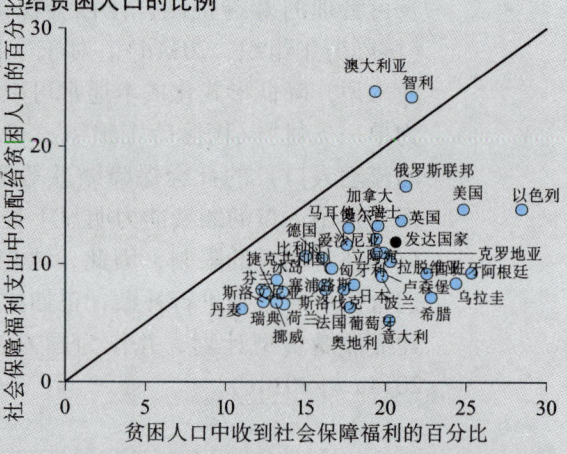

注：对公共社会保障福利支出中分配给贫困人口与非贫困人口比例的分析应该考虑到，很多人之所以能位于贫困线以上，是因为他们收到了社会保障福利。A组和C组比较了贫困人口（横轴）和非贫困人口（纵轴）中收到社会保障福利的比例。所有位于对角线下方的圆点都表示，该国的贫困人口中收到社会保障福利者的百分比（取决于收到福利的水平）超过了非贫困人口的。B组和D组则对贫困发生率（或贫困人口占总人口的比例，横轴）与社会保障福利总值中分配给贫困人口的比例（纵轴）进行了比较。所有位于对角线下方的圆点都表示，贫困人口收到社会保障福利的合计值占社会保障福利总支出的比例低于贫困人口占总人口的比例，也表明贫困人口人均收到的社会保障福利低于非贫困人口。国家名称按 ISO3 代码，详细数据来源参见附录 G。

资料来源：国际劳工组织基于全国家庭调查数据分析的计算。

而且，贫困人口收到的社会保障福利占社会保障总支出的比例非常小，明显低于贫困人口占总人口的比例[29]。平均来说，极度和中等贫困人口占总人口的比例为42.0%，却只收到社会保障福利总支出的21.1%（见图2.7中的B组）。在人均水平上，贫困人口收到的社会保障福利金额仅为非贫困人口的七分之一。

在一些国家，向贫困人口提供的社会保障及其相关资源非常有限，而且对非贫困人口也一样，在能够取得数据的大多数非洲国家便是如此。例如，在喀麦隆、埃塞俄比亚、加纳、马拉维、尼日利亚、苏丹、乌干达和赞比亚，贫困人口的社会保障覆盖率低于10%，非贫困人口的社会保障覆盖率也高不了多少。同时这些国家贫困发生率也最高（60%以上[30]）且社会保障投入有限（通常低于或接近国内生产总值的5%），提供给贫困人口的社会保障资源比例与其贫困人口占总人口比例相比也是最低的。例如，在埃塞俄比亚、马拉维、乌干达、坦桑尼亚和赞比亚，极度和中等贫困率高于70%，但贫困人口收到的社会保障福利占其社会保障福利总额的比例在有些情况下却低于25%。

但南非却是少数例外国家之一，其极度和中等贫困人口中有将近90%收到了社会保障福利，而非贫困人口中却只有50%—60%收到社会保障福利。而且，与拉丁美洲、东欧和中亚的其他中等收入国家一样，南非的贫困发生率比大多数中等收入国家和低收入国家都要低。更重要的是，贫困人口中收到社会保障福利者的比例高于60%，同时也高于非贫困人口。南非等国家中最具特色的是其国家社会保障体系覆盖广泛，以及在社会保障资源方面的大量投入，而且在最近十多年中，通过处理高非正式性或低活动率的机制扩大了社会保障覆盖范围（国际劳工组织，2015b）[31]。

在发达国家中，按家庭收入中位数60%的相对贫困线统计，有79.7%的贫困人口都收到了一些社会保障福利，而非贫困人口中该比例只有67.8%[32]。其中，在澳大利亚、智利、乌拉圭、美国和一些欧洲国家（克罗地亚、捷克共和国、波兰和俄罗斯联邦），贫困人口的社会保障覆盖率特别高，表明其政府采取了深思熟虑的策略，将社会保障覆盖到贫困人口以及重新设计社会保障体系，集中资源提供了一些有针对性的福利（见图2.7中C组）。但是，除澳大利亚和智利[33]以外，各国分配给贫困人口的社会保障福利都没有达到其贫困人口占总人口的比例，因为这些国家中有21%的人口生活在贫困线以下，而他们收到的社会保障福利还不到其社会保障总支出的12%。在发达国家，非贫困人口平均收到的社会保障福利是贫困人口的2.8倍。

第六，社会保障在防贫与脱贫方面的不同作用

社会保障福利在防贫和脱贫方面发挥了重要作用。较高的社会保障支出与较低的贫困率之间存在正相关关系。然而，在社会保障支出水平类似的各个国家之间，可以发现社会保障在防贫与脱贫方面的作用相差非常大（见图2.8），其中起主要作用的因素包括：社会保障的社会目标[34]（比如收入维持与脱贫）、贫困人口与非贫困人口收到的社会保障福利覆盖范围和水平差异以及人口覆盖范围与福利水平之间的取舍问题，尤其是在资源有限的情况下。

在所有发达国家，社会保障对贫困人口的作用都非常大（其中对总人口与65岁及以上人口的作用分别见图2.8中的A组与B组；各国的结果参见附录D）。其中，在阿根廷、智利、以色列和日本，收到社会保障转移之前和之后的贫困率相差了12—14个百分点，而在奥地利、芬兰、法国、德国、匈牙利、斯洛文尼亚和瑞典，该差异则达到了30个百分点以上。在发达国家，收到社会转移之前的贫困率平均比收到社会转移之后的贫困率高22.2个百分点（收到社会转移之前的贫困率为42.8%，之后则为20.6%）。

图 2.8

最近年份的公共社会保障支出（国内生产总值的百分比）与社会转移的作用（百分比）

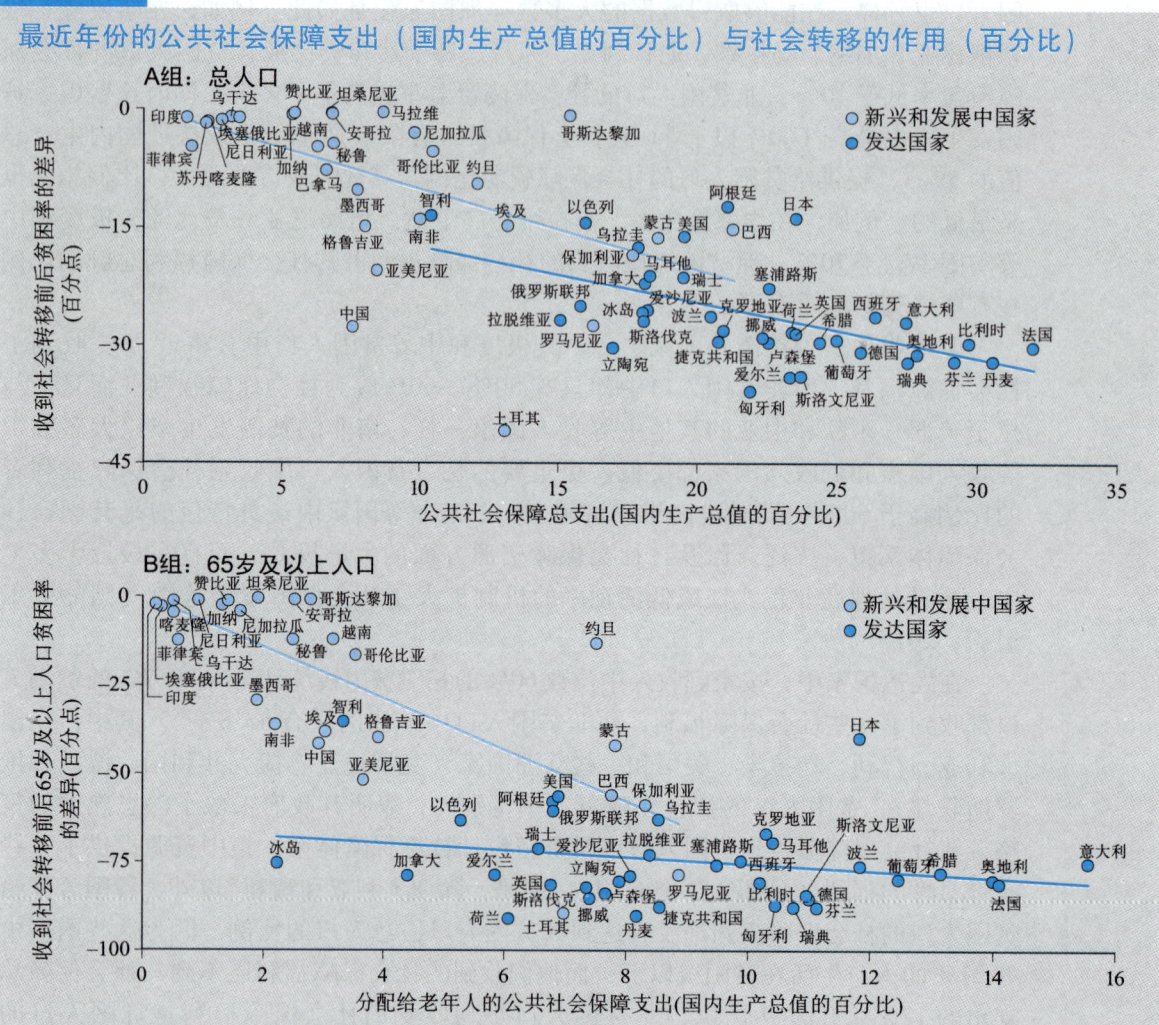

注：社会保障转移的作用是用收到社会保障转移前后贫困率的差异来衡量的。
本图中只考虑了通过向受益者转移购买力引起收入性贫困的直接减少。对新兴和发展中国家（每天人均 3.10 美元购买力平价）与发达国家（人均家庭收入或消费支出中位数的 60%）使用了不同的贫困线。在 A 组中，各图形是指表示为国内生产总值百分比的公共社会保障总支出与个人社会保障转移在脱贫方面作用（收到社会保障转移前后贫困率的差异）之间的关系。在 B 组中，横轴是表示为国内生产总值百分比的分配给老年人口的社会保障福利（无论是货币形式还是实物形式），纵轴是 65 岁及以上人口收到的社会保障福利（所有种类）导致其贫困率产生的差异（以百分点表示）。B 组中考虑了所有的社会保障转移，而不是只有养老金或遗嘱养老金或特别指定给老年人的实物福利。各国的详细结果参见附录 D。国家名称按 ISO3 代码，详细数据来源参见附录 G。
资料来源：国际劳工组织基于家庭调查数据分析的计算。

对于依赖社会保障作为主要收入来源的人来说，社会保障在防贫与脱贫方面的作用是非常关键和有效的，对老年人口（见图 2.8 中的 B 组和附录 D 中图 2D.1 中F 组）和无法获得长期性及临时性工作的人口（见附录 D 中图 2D.1 中的 C 组）来说尤其如此。如果考虑社会保障对不同人口群组的作用，就可以发现各人口群组收到社会保障转移前后贫困率的差异相差非常大，其中就业人口为 8.3%，有残疾且不能工作的劳动适龄人口为 42.1%，而 65 岁及以上老年人则高达 65.2%（见图2.9）。这些显著作用体现了社会保障福利对有需求的人口的有效覆盖范围，以及脱离贫困和远离贫困所需的福利水平。

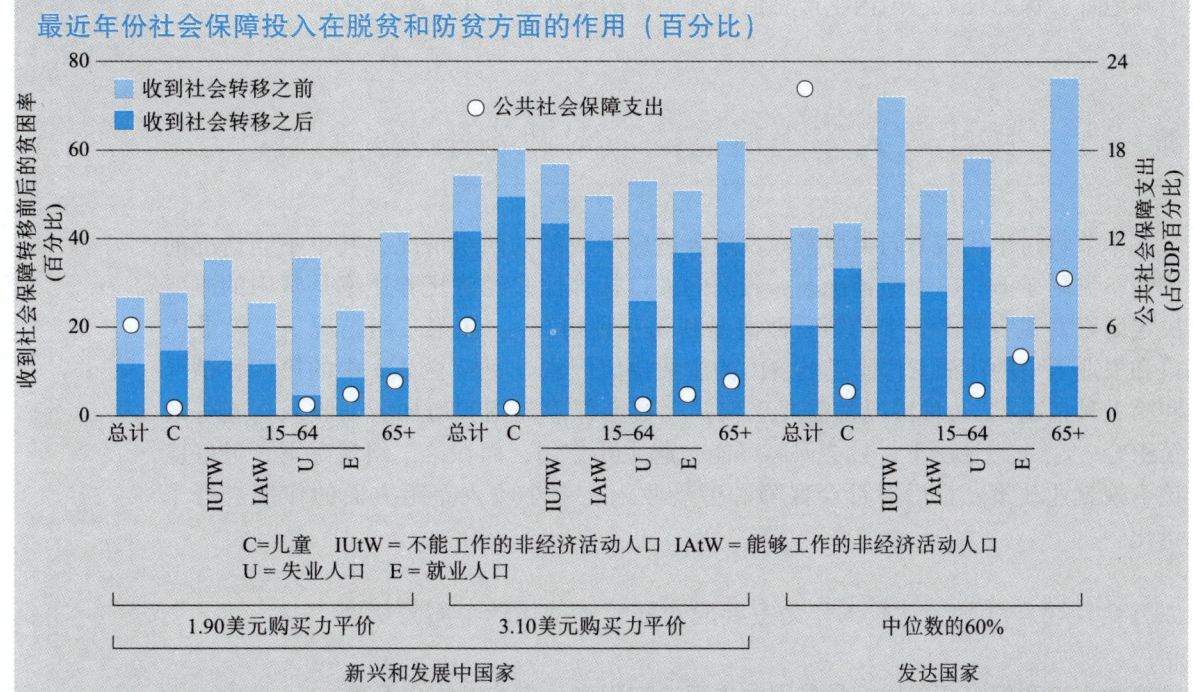

图 2.9 最近年份社会保障投入在脱贫和防贫方面的作用（百分比）

注：基于占全球总人口 72.1%（发达国家的 89% 和新兴和发展中国家的 69%）的 37 个发达国家和 31 个新兴和发展中国家数据的全球估计值。社会保障福利在不同人口子群组脱贫和防贫方面的作用，不仅来自于针对这些子群组的特定福利，还来自于家庭成员收到并平等分享的所有社会保障福利。总体或特定群组的公共社会保障支出（白色圆点）涵盖了为在下列情况下获得保障而提供福利的所有措施（无论是货币形式还是实物形式）：因家庭成员的疾病、残疾、怀孕、工伤、失业、年老或死亡而缺乏工作性收入（或收入不足）；缺乏（负担得起的）医疗保健服务；家庭支持不足（特别是对儿童和成年受抚养人的）；一般贫困；社会排斥（国际劳工组织，2014a）。数据是指所能取得的最近年份数据，范围从 2007 年到 2013 年，其中有将近 70% 国家的数据来自于 2012 年或 2013 年。

资料来源：国际劳工组织基于家庭调查数据分析的计算。

失业人口面临的情况更加严重，因为对他们来说，社会转移[35]使其贫困发生率降低了 20 个百分点。尽管如此，在所有劳动适龄人口群组中，失业人口在收到社会保障转移之后的贫困率仍然是最高的。在大多数发达国家，自 2009 年以来，失业人口中收到社会保障福利者的比例已经降低[36]，而且该福利水平也同时降低。越来越多的失业人口用尽了其失业保险权利，最多只能收到社会救助福利，而且通常都是较低水平的（国际劳工组织，2015b；国际劳工组织/欧盟委员会，2015 年）。

在新兴和发展中国家，过去十年中，越来越多的国家建立了针对低收入和受排斥群体的货币转移项目，这确实令人鼓舞（汉隆、巴里恩托斯与休姆，2010 年；国际劳工组织，2014a；费兹宾、坎布尔与叶姆佐夫，2013 年）。然而，新兴和发展中国家的社会保障支出通常要比发达国家低。而且，在很多国家，社会保障只覆盖了很小一部分人口，有些还不是主要针对贫困人口的。社会保障即使可以在缩小直接受益者收入差距（缩小到贫困线的距离）方面发挥作用，但也不一定会显著降低贫困发生率。如果没有社会保障，极度贫困率平均会上升 15.1 个百分点，极度和中等贫困率平均会上升 12.6 个百分点。

但是，这些合计值掩盖了各个国家和人口群组之间的巨大差异。在 31 个可以取得数据的国家中受益最大的 65 岁及以上人口，收到社会保障转移之后，极度贫困率降低了 30 个百分点，极度和中等贫困率降低了 23 个百分点。很多新兴和发展中国家已经在扩大或改革其社会保障项目，并将其作为总体发展战略中的一部分。例如，在巴西、蒙古、南非和土耳其，以及最近在中国，社会保障在脱贫方面的作用相较于其他社会保障投入占国内生产总值比例类似的国家要大（见附录D）。

第三节 缩小收入差距所需的应对政策组合

本节将讨论代表不同类型家庭及最合适应对政策的两组情况，其中不同情况的详情参见附录E。在A组情况下，较高的人口抚养比和经济抚养比率是贫困的主要决定因素（见专栏2.3中的第一种情况到第三种情况）。在第二组情况下，就业人口和失业人口的体面工作匮乏是贫困的主要决定因素（见专栏2.3中的第四种情况和第五种情况）。每种情况都需要采取扩大社会保障范围和增加劳动收入措施等政策组合。在A组情况下，社会保障可能会起主要作用，而在第二组情况下，最好应该重视就业政策。最后对社会保障和劳动收入在缩小收入差距方面的作用进行了量化。

以社会保障和增加劳动收入作为主要应对政策：简化的个案分析

较高的人口和经济抚养比率是贫困的主要决定因素，应该以社会保障作为主要应对政策（第一、二、三种情况）

在这些情况下，贫困人口要么没有劳动收入（第一种情况），要么依赖的劳动收入很有限（第二和第三种情况）。生活在这些情况下的人口占了极度和中等贫困人口中的大部分，也占了收入差距的大部分[37]。

这三种情况涵盖了收入差距比例高于人口比例程度最高的贫困人口（见附录E中图2E.1和图2E.2的比较），造成贫困的原因主要在于家庭中儿童、非经济活动劳动适龄人口（能工作或不能工作）、失业人口和老年人口的比例较高，而社会保障可能是目前最合适的应对政策。对于那些面临艰苦工作条件（第二和第三种情况）的贫困人口，以及有能力和意愿工作的失业或非经济活动贫困人口来说，必须要解决体面工作匮乏问题，但是鉴于这些人口占家庭人口的比例有限，因此应该将就业相关政策与社会保障转移相结合，以确保对劳动者、失业者及其家庭的脱贫方面发挥充分的作用[38]。

对于那些只有不到25%的劳动适龄家庭成员从事有偿工作（第二和第三种情况；见附录E中图2E.1中B组和C组）的家庭来说，一方面儿童人口和经济抚养比率较高，另一方面失业或就业家庭成员的体面工作也非常匮乏。虽然很明显有必要采取能够创造更多体面工作的措施，但是由于这些措施只能对家庭中有限数量的成员产生影响，因此仍然无法给劳动者、失业者及其受抚养者提供足够的收入保障，所以，要想产生显著的脱贫作用，社会保障转移就有必要了，至少在短期内，它可以直接缩小收入差距，提高个人技能和能力，而且还有望提高这些家庭中大量儿童的学校出勤率（艾泽尔等，2016年；奥尔德曼与叶姆佐夫，2012年）。补充措施可能也是理想的解决失业问题以及有能力和意愿工作的非经济活动人口的工作问题的办法，通过积极劳动力市场政策、培训和技能发展或资产积累来增加他们的就业机会，而这些都可以在社会保障项目目标设计中加以考虑（麦科德，2011年；国际劳工组织，2014b；博内、萨热与韦伯，2012年；阿列克辛斯卡等，2013年；奥尔德曼与叶姆佐夫，2012年）。

专栏 2.3

简化情况及其最合适的应对政策组合

下列五种情况是根据两个方面的情况来定义的：第一是指 15 到 64 岁家庭成员中从事有偿工作（见专栏 2.2 中的定义）的比例，第二是指就业状况差别，即生活在只依赖授薪工作者家庭中的人口与生活在只依赖雇主和个体工作者收益家庭中的人口。[1] 图 2.10 体现了五种不同情况下相关人口的比例、其收入差距比例高于人口比例[2]的程度，以及政策组合中能够发挥主要作用的应对政策（"■"表示社会保障，"□"表示增加劳动收入）。

图 2.10

简化情况及其最合适的应对政策组合

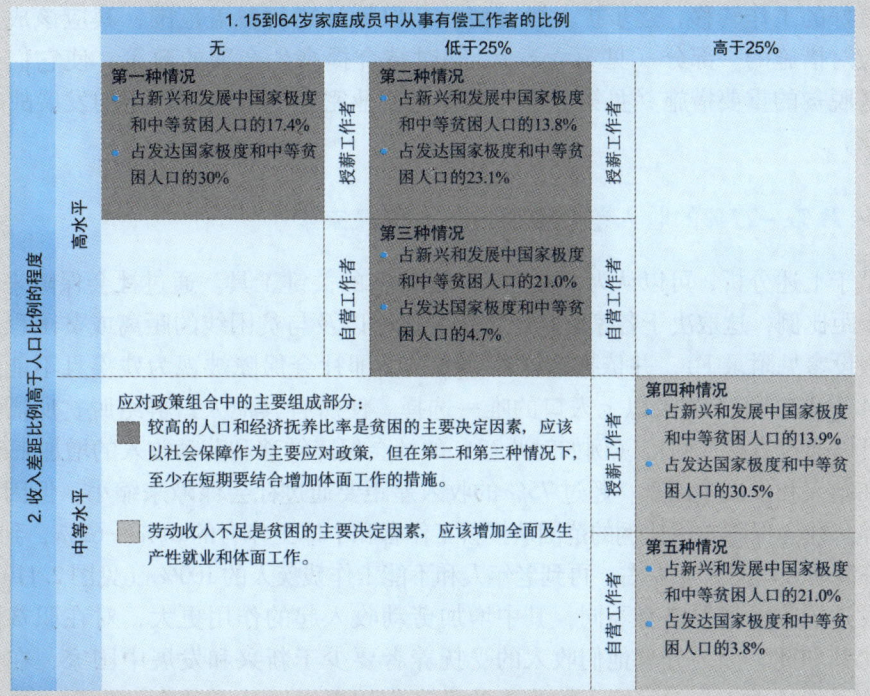

[1]在新兴和发展中国家以及发达国家分别另有 12.8% 和 7.9% 的贫困人口生活在依赖自营工作者以及授薪工作者劳动收入的家庭中，这些人口未包括在上述情况中。[2]如果某一人口群组的收入差距占总收入差距的比例高于其人口占贫困人口的比例，则认为其收入差距比例高于人口比例的程度处于高水平，否则就认为是处于中等水平。

体面工作匮乏是贫困的主要决定因素，应该采取以社会保障措施作为支持的增加全面及生产性就业和体面工作的应对政策（第四和第五种情况）

在第四和第五种情况下，大多数在职贫困人口都有工作，但这些工作基本上都是非正式的，因此个人的劳动收入负担不起两到三个受抚养者。与第一种情况相比，由于其家庭成员中从事有偿工作者比例较高，因而其受高收入差距影响的程度较低，而就业质量[39]就成了关键因素（见附录 E 的图 2E.2 中 A 组与 B 组的比较）。第一种情况（在职贫困人口是自营工作者）在发达国家贫困人口中属于少数情况，但在新兴和发展中国家贫困人口中却是最普遍的情况之一。相比之下，生活在主要依赖授薪工作者家庭中的人口在新兴和发展中国家贫困人口中属于少数（占贫困人口的

14%和非贫困人口的28%),但却是发达国家的主要人口群组(包括贫困人口)之一(占贫困人口的30.5%和非贫困人口的55%)。

在职贫困人口中劳动收入不足来自于普遍的不完全就业(见第二节),对新兴和发展中国家的自营工作者和发达国家的授薪工作者来说尤其如此,其中后者的贫困风险更多来自于工作时间不足,而不是小时工资过低[40]。因此,对于授薪工作者来说,最低工资政策虽然是必要的,但却不是减轻在职贫困的有效策略。而且,需要实施有效政策,提高通过合同建立的正式雇佣关系,减少缺乏保障和权利的不良雇佣关系(国际劳工组织,2015b)。

对于所有的在职贫困人口来说(无论是授薪工作者还是自营工作者),劳动收入不足都与其非正规就业比例较大相关,因此需要采取措施提高正式就业比例,并且增加非正式经济中的体面工作(国际劳工组织,2014c)。另外,非正规就业也意味着没有与就业相关的社会保障,从而给劳动者及其家庭带来灾难性的财务后果。因此,国家社会保障最低标准的有效实施,可以增加非正式经济中的体面工作,支持向更好的工作转移,逐步扩大缴费型社会保障计划的覆盖范围,其应该成为这一问题应对措施的一部分(见第六章),同时结合提高生产率的政策,使它们成为农村地区脱贫的重要措施(见第五章)和促进就业密集型结构性转型的发展战略(见第三章)。

估计有71%—77%的收入差距要通过社会保障来缩小

基于上述分析,可以认为,社会保障是脱贫的关键工具。通过社会保障来缩小总收入差距比例,这取决于各家庭的经济抚养比率以及与贫困线的距离或贫困程度(方法和假设参见附录F),并依据这样一个事实,即社会保障被视为残疾且不能工作的15—64岁人口和65岁及以上人口的唯一选择。使所有其他人口群组脱贫所需的资金数量可以通过直接或间接(例如对儿童)的社会保障转移和劳动收入的增加来确定。

在新兴和发展中国家,超过75%的收入差距要通过社会保障来缩小,但因人口群组而异,社会保障贡献比例的范围从授薪工作者和个体工作者的61%—63%,到儿童和非经济活动人口的80%左右,再到老年人和不能工作残疾人的100%(见图2.11)[41]。

发达国家的情况略有不同,其中增加劳动收入起的作用更大,对在职贫困人口来说尤其如此,因为分享他们收入的受抚养者要少于新兴和发展中国家,在这种情况下,增加体面工作对家庭人均收入的潜在作用更大。从全球合计来看,总收入差距中的71%要通过社会保障转移来缩小,但对在职贫困人口来说,该比例要显著降低(由社会保障缩小的收入差距不到一半)[42]。

要消除新兴和发展中国家的极度和中等贫困,估计
需要增加相当于国内生产总值1%的社会保障成本

2012年,消除极度贫困最低合计需要1 200亿美元,要消除极度和中等贫困合计将近需要6 000亿美元。尽管总收入差距中有一部分要通过增加劳动收入来缩小,但是,在假设社会保障能够非常完美地找准目标和理想发放的情况下,要消除极度贫困,估计全球最低需要增加社会保障成本850亿美元,要消除极度和中等贫困则需要增加到4 000美元(见附录A中的表2A.1和表2A.2),其中前者分别相当于全球以及新兴和发展中国家国内生产总值的0.1%和0.2%,后者分别相当于全球以及新兴和发展中国家国内生产总值的0.5%和1%。

在极度贫困主要发生地(见第一章)的低收入国家,消除极度贫困最低需要增

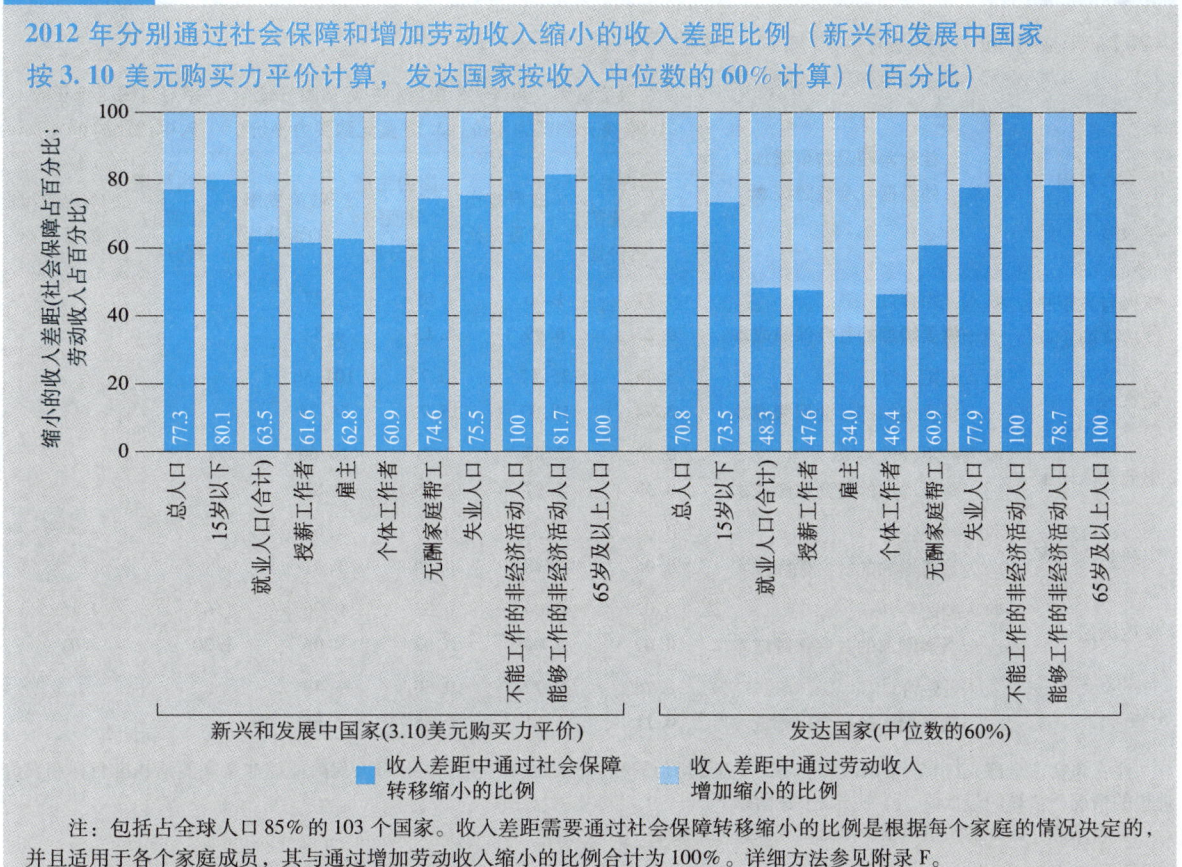

图 2.11

2012 年分别通过社会保障和增加劳动收入缩小的收入差距比例（新兴和发展中国家按 3.10 美元购买力平价计算，发达国家按收入中位数的 60% 计算）（百分比）

注：包括占全球人口 85% 的 103 个国家。收入差距需要通过社会保障转移缩小的比例是根据每个家庭的情况决定的，并且适用于各个家庭成员，其与通过增加劳动收入缩小的比例合计为 100%。详细方法参见附录 F。
资料来源：国际劳工组织基于家庭调查数据的计算。

加的社会保障成本估计相当于其国内生产总值的 4.0% 和政府支出的 18.4%（见表 2.3，各地区情况见附录 A 中的表 2A.1），而消除极度和中等贫困最低需要增加的成本相当于低收入国家目前政府支出的 75% 以上，也相当于整个非洲目前政府支出的四分之一（23.4%）。在发达国家，按收入中位数 60% 的相对贫困线计算，消除贫困需要增加的社会保障投入相当于其国内生产总值的 1.2% 和目前政府支出的 3%。

无论收入水平如何，各国都对其政府支出规模保持谨慎的态度（见图 2.12）（国际劳工组织，2010a 与 2010b），导致其国内生产总值水平和政府规模之间的相关性比较弱。规模非常小的政府可能意味着政府部门募集和征收税金及其他收入的能力比较弱，同时也存在着较高比例的非正规就业。然而，也可以认为其政府收支存在着较大的改善空间（相对于其他发展水平类似而政府支出水平较高的国家而言）。例如，通过将蒙古与印度的情况进行比较可以看出：两国的人均国内生产总值都处于类似的水平，而蒙古的政府支出，特别是社会保障支出占国内生产总值的比例却大大高于印度。为增加财政收入引入和执行税收改革（包括提高税金征收的有效性和效率）也是挑战的一部分。这就要求对支出项目进行修改，使其充分满足社会偏好，以提高纳税人的纳税意愿（同上）。由此可以看出，具有类似规模政府资源的国家可以在将政府资源分配到社会保障问题上作出不同的决策（见图 2.12 中的橙色圆点），图 2.12 中显示了一些政府规模相对较小（占国内生产总值的 20% 或更低）的国家选择将政府资源中相当大的一部分投入到社会保障项目，而且在某些情况下通过创新的方法进行（国际劳工组织，2014a 和 2015a；国际助老会，2011 年；奥尔蒂斯、卡明斯与卡鲁纳内西，2015 年）。

第二章　解决收入差距问题

表 2.3

2012 年缩小收入差距需要增加的社会保障投入（百分比）

收入分组	社会差距及需要增加的最低社会保障成本	极度贫困（低于 1.90 美元购买力平价）		极度和中等贫困（低于 3.10 美元购买力平价）		相对贫困（低于收入中位数的 60%）	
		国内生产总值的百分比	政府支出的百分比	国内生产总值的百分比	政府支出的百分比	国内生产总值的百分比	政府支出的百分比
新兴与发展中经济体的企业	收入差距合计	0.31	1.46	1.65	7.27		
	……需要增加的社会保障成本	**0.22**	**0.99**	**1.13**	**4.84**		
低收入	收入差距合计	5.48	25.57	20.75	101.36		
	……需要增加的社会保障成本	**3.94**	**18.37**	**15.72**	**76.78**		
中低收入国家	收入差距合计	0.56	2.83	3.21	14.66		
	……需要增加的社会保障成本	**0.39**	**1.97**	**2.15**	**9.82**		
中高收入国家	收入差距合计	0.08	0.27	0.47	1.60		
	……需要增加的社会保障成本	**0.06**	**0.18**	**0.30**	**1.02**		
发达国家	收入差距合计	0.02	0.04	0.03	0.06	1.67	4.15
	……需要增加的社会保障成本	**0.02**	**0.04**	**0.02**	**0.05**	**1.20**	**3.01**
全球	收入差距合计	0.16	0.72	0.80	3.49		
	……需要增加的社会保障成本	**0.11**	**0.51**	**0.55**	**2.55**		

注：包括占全球人口 85% 的 103 个国家。"需要增加的社会保障成本"是指假设社会保障能够非常完美地找准目标和发放理想的情况下估算的最低值，详细方法参见附录 F。

资料来源：国际劳工组织基于家庭调查数据的计算。

图 2.12

最近年份政府支出和公共社会保障支出规模（国内生产总值的百分比）以及人均国内生产总值（当前国际美元购买力平价）

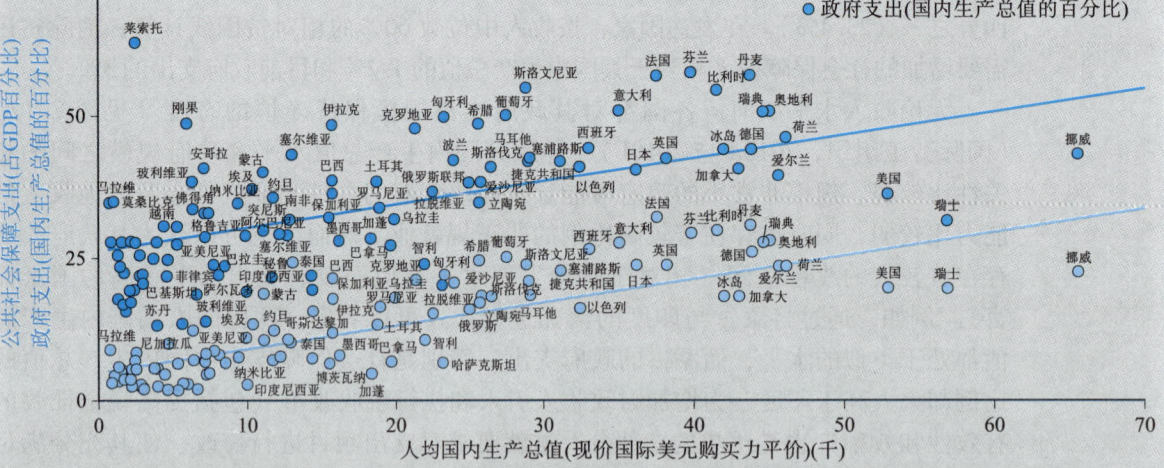

注：对于给定的人均国内生产总值，图 2.12 显示了政府支出的规模（深色圆点）以及公共社会保障支出的规模（浅色圆点），其中后者是前者的组成部分，二者都表示为国内生产总值的百分比。以巴西和墨西哥为例，虽然两国的人均国内生产总值都处在同一水平（每年人均 1.6 万美元购买力平价左右），但墨西哥的政府总支出和公共社会保障支出都大大低于巴西，巴西的政府总支出占其国内生产总值的 39%，而在墨西哥只占 28%，巴西的公共社会保障支出占其政府总支出的一半以上（55%），而在墨西哥只占 28%。国家名称按 ISO3 代码，详细数据来源参见附录 G。

资料来源：国际货币基金组织（2016 年）；国际劳工组织（2015a）；经合组织（2015a）；亚洲开发银行（2015 年）以及欧盟统计局（2015a）。

第四节　结束语

本章的分析发现，尽管世界人口中有30%生活在贫困状态，但他们只分配到了世界收入的2%。在这种背景下，本章说明了消除贫困需要增加的收入数量，即要消除全球范围内的极度贫困每年需要大约1200亿美元，要消除全球范围内的极度和中等贫困每年需要大约6000亿美元，也就是说，到2030年要消除极度和中等贫困需要将近10万亿美元。虽然从全球来看，6000亿美元还不到全球每年国内生产总值的1%，但是地区之间和国家之间的差异非常大，例如，发展中国家需要增加的支出要占到其每年国内生产总值的20%，从而使其目前的政府支出平均要增加一倍以上。

正如第一章中所指出的，在新兴和发展中国家，虽然将近三分之一的极度和中等贫困人口确实有工作，但其工作通常是不稳定的，其中个体工作者和无酬家庭帮工占了极度和中等在职贫困人口中的将近七成，而这两个群组的贫困率也是授薪工作者的三倍。第二章表明，贫困人口的劳动收入和社会保障水平都比较低。与非正规就业和不稳定就业有关的社会保障非常匮乏，在非缴费型社会保障计划中只得到了部分的补偿，贫困人口平均收到的社会保障福利数量是非贫困人口受益者的七分之一。在发达国家，贫困人口中从事兼职和临时工作的比例非常大，这些兼职和临时工作不但报酬低，而且由于不遵守就业和社会保障法律法规而让劳动者面临着较高的风险（见第四章）。

本章的结论是，仅仅通过收入转移无法解决全部的收入差距。显而易见，贫困率最高和收入差距最大的国家，通常都面临着严重的体面工作匮乏和很高的人口和经济抚养比率，因此，社会保障措施和提高工作数量及质量的措施，是使个人及其家庭可持续性脱贫的关键，具体内容将在第五章和第六章讨论。

附录 A 消除贫困的最低收入差距数量（总量及其构成）

表 2A.1

极度贫困（低于每天 1.90 美元购买力平价）

		总计	15 岁以下	15 到 64 岁就业人口 总计	工资	无偿	15 到 64 岁失业人口	15 到 64 岁非经济活动人口	65 岁及以上人口
1. 以国内生产总值百分比表示的总收入差距									
新兴和发展中国家									
总计	收入差距合计	**0.314**	**0.133**	**0.087**	**0.015**	**0.072**	**0.004**	**0.076**	**0.013**
	……由社会保障缩小的部分	0.221	0.096	0.056	0.008	0.049	0.003	0.052	0.013
	……由劳动收入缩小的部分	0.093	0.037	0.031	0.007	0.023	0.001	0.024	0.000
非洲	收入差距合计	**1.672**	**0.851**	**0.459**	**0.042**	**0.416**	**0.018**	**0.274**	**0.07**
	……由社会保障缩小的部分	1.24	0.597	0.325	0.024	0.3	0.012	0.236	0.07
	……由劳动收入缩小的部分	0.432	0.254	0.134	0.018	0.116	0.006	0.038	0.000
拉丁美洲和加勒比地区	收入差距合计	**0.105**	**0.043**	**0.021**	**0.004**	**0.017**	**0.008**	**0.028**	**0.005**
	……由社会保障缩小的部分	0.089	0.035	0.017	0.003	0.014	0.007	0.026	0.005
	……由劳动收入缩小的部分	0.016	0.008	0.005	0.001	0.003	0.001	0.002	0.000
阿拉伯国家	收入差距合计	**0.032**	**0.021**	**0.005**	**0.003**	**0.002**	**0.002**	**0.004**	**0.001**
	……由社会保障缩小的部分	0.013	0.006	0.002	0.001	0.001	0.000	0.003	0.001
	……由劳动收入缩小的部分	0.020	0.015	0.003	0.002	0.001	0.001	0.001	0.000
亚太地区	收入差距合计	**0.192**	**0.063**	**0.056**	**0.015**	**0.041**	**0.001**	**0.064**	**0.008**
	……由社会保障缩小的部分	0.121	0.045	0.031	0.007	0.024	0.001	0.036	0.008
	……由劳动收入缩小的部分	0.070	0.018	0.024	0.007	0.017	0.000	0.028	0.000
欧洲和中亚	收入差距合计	**0.011**	**0.004**	**0.002**	**0.001**	**0.001**	**0.001**	**0.004**	**0.001**
	……由社会保障缩小的部分	0.009	0.002	0.001	0.000	0.000	0.001	0.004	0.001
	……由劳动收入缩小的部分	0.002	0.001	0.001	0.000	0.001	0.000	0.000	0.000
发达国家									
总计	收入差距合计	**0.018**	**0.002**	**0.006**	**0.002**	**0.004**	**0.002**	**0.005**	**0.003**
	……由社会保障缩小的部分	0.016	0.002	0.004	0.001	0.003	0.002	0.005	0.003
	……由劳动收入缩小的部分	0.002	0.000	0.001	0.001	0.001	0.000	0.000	0.000
全球									
	收入差距合计	**0.159**	**0.065**	**0.044**	**0.008**	**0.036**	**0.003**	**0.039**	**0.008**
	……由社会保障缩小的部分	0.113	0.047	0.029	0.004	0.025	0.002	0.027	0.008
	……由劳动收入缩小的部分	0.045	0.018	0.015	0.004	0.011	0.000	0.012	0.000
2. 以政府支出百分比表示的总收入差距									
新兴和发展中国家									
总计	收入差距合计	**1.461**	**0.666**	**0.410**	**0.066**	**0.344**	**0.014**	**0.304**	**0.066**
	……由社会保障缩小的部分	0.985	0.457	0.253	0.032	0.221	0.010	0.198	0.066
	……由劳动收入缩小的部分	0.476	0.209	0.156	0.034	0.122	0.004	0.106	0.000
非洲	收入差距合计	**9.032**	**4.454**	**2.452**	**0.202**	**2.251**	**0.078**	**1.663**	**0.385**
	……由社会保障缩小的部分	6.877	3.195	1.778	0.118	1.660	0.052	1.468	0.385
	……由劳动收入缩小的部分	2.155	1.259	0.674	0.084	0.591	0.026	0.196	0.000
拉丁美洲和加勒比地区	收入差距合计	**0.352**	**0.144**	**0.077**	**0.017**	**0.060**	**0.021**	**0.093**	**0.017**
	……由社会保障缩小的部分	0.307	0.121	0.061	0.012	0.050	0.019	0.089	0.017
	……由劳动收入缩小的部分	0.045	0.023	0.015	0.006	0.010	0.002	0.004	0.000
阿拉伯国家	收入差距合计	**0.076**	**0.049**	**0.011**	**0.007**	**0.004**	**0.003**	**0.010**	**0.002**
	……由社会保障缩小的部分	0.030	0.015	0.004	0.002	0.002	0.001	0.008	0.002
	……由劳动收入缩小的部分	0.046	0.034	0.007	0.005	0.002	0.002	0.003	0.000
亚太地区	收入差距合计	**0.737**	**0.287**	**0.226**	**0.066**	**0.160**	**0.004**	**0.182**	**0.037**
	……由社会保障缩小的部分	0.412	0.176	0.109	0.028	0.080	0.002	0.088	0.037
	……由劳动收入缩小的部分	0.325	0.111	0.118	0.038	0.080	0.002	0.095	0.000
欧洲和中亚	收入差距合计	**0.038**	**0.012**	**0.005**	**0.003**	**0.002**	**0.002**	**0.018**	**0.002**
	……由社会保障缩小的部分	0.031	0.008	0.002	0.002	0.000	0.002	0.017	0.002
	……由劳动收入缩小的部分	0.007	0.003	0.003	0.001	0.002	0.000	0.001	0.000

表 2A.1 （续）

极度贫困（低于每天 1.90 美元购买力平价）

		总计	15 岁以下	15 到 64 岁就业人口			15 到 64 岁失业人口	15 到 64 岁非经济活动人口	65 岁及以上人口
				总计	工资	无偿			
发达国家									
总计	收入差距合计	**0.040**	**0.005**	**0.013**	**0.005**	**0.008**	**0.005**	**0.011**	**0.006**
	……由社会保障缩小的部分	0.036	0.005	0.010	0.003	0.007	0.004	0.011	0.006
	……由劳动收入缩小的部分	0.004	0.000	0.003	0.002	0.001	0.000	0.000	0.000
全球									
	收入差距合计	**0.716**	**0.319**	**0.202**	**0.034**	**0.168**	**0.009**	**0.151**	**0.035**
	……由社会保障缩小的部分	0.533	0.220	0.127	0.017	0.110	0.007	0.144	0.035
	……由劳动收入缩小的部分	0.182	0.099	0.075	0.017	0.058	0.002	0.007	0.000
3. 以现价（2012 年）百万美元为单位的总量									
	收入差距合计	**116 430**	**47 510**	**32 553**	**6 159**	**26 395**	**2 126**	**28 594**	**5 646**
	……由社会保障缩小的部分	83 167	34 356	21 289	3 230	18 059	1 762	20 115	5 646
	……由劳动收入缩小的部分	33 262	13 154	11 264	2 929	8 336	364	8 480	0
4. 以百万购买力平价（2012 年现价国际美元）为单位的总量									
	收入差距合计	**153 217**	**62 522**	**42 839**	**8 105**	**34 734**	**2 798**	**37 629**	**7 429**
	……由社会保障缩小的部分	109 445	45 212	28 016	4 251	23 765	2 319	26 470	7 429
	……由劳动收入缩小的部分	43 772	17 310	14 823	3 854	10 969	480	11 159	0

表 2A.2

极度和中等贫困（低于每天 3.10 美元购买力平价）

		总计	15 岁以下	15 到 64 岁就业人口			15 到 64 岁失业人口	15 到 64 岁非经济活动人口	65 岁及以上人口
				总计	工资	无偿			
1. 以国内生产总值百分比表示的总收入差距									
新兴和发展中国家									
总计	收入差距合计	**1.653**	**0.650**	**0.488**	**0.111**	**0.377**	**0.017**	**0.422**	**0.076**
	……由社会保障缩小的部分	1.134	0.452	0.307	0.055	0.252	0.011	0.288	0.076
	……由劳动收入缩小的部分	0.518	0.198	0.181	0.056	0.125	0.006	0.134	0.000
非洲	收入差距合计	**5.853**	**2.968**	**1.649**	**0.187**	**1.462**	**0.074**	**0.917**	**0.245**
	……由社会保障缩小的部分	4.396	2.096	1.207	0.104	1.103	0.048	0.800	0.245
	……由劳动收入缩小的部分	1.458	0.872	0.442	0.083	0.359	0.026	0.117	0.000
拉丁美洲和加勒比地区	收入差距合计	**0.358**	**0.155**	**0.088**	**0.025**	**0.063**	**0.018**	**0.082**	**0.016**
	……由社会保障缩小的部分	0.285	0.120	0.064	0.016	0.048	0.014	0.071	0.016
	……由劳动收入缩小的部分	0.073	0.034	0.024	0.009	0.015	0.004	0.011	0.000
阿拉伯国家	收入差距合计	**0.442**	**0.275**	**0.076**	**0.053**	**0.023**	**0.017**	**0.059**	**0.015**
	……由社会保障缩小的部分	0.170	0.081	0.028	0.014	0.014	0.005	0.041	0.015
	……由劳动收入缩小的部分	0.272	0.194	0.048	0.039	0.009	0.012	0.018	0.000
亚太地区	收入差距合计	**1.495**	**0.488**	**0.459**	**0.129**	**0.330**	**0.010**	**0.466**	**0.072**
	……由社会保障缩小的部分	0.961	0.330	0.262	0.062	0.200	0.006	0.292	0.072
	……由劳动收入缩小的部分	0.534	0.159	0.197	0.067	0.130	0.004	0.174	0.000
欧洲和中亚	收入差距合计	**0.090**	**0.034**	**0.016**	**0.009**	**0.007**	**0.006**	**0.029**	**0.005**
	……由社会保障缩小的部分	0.067	0.023	0.008	0.005	0.003	0.005	0.027	0.005
	……由劳动收入缩小的部分	0.023	0.011	0.008	0.004	0.004	0.001	0.002	0.000
发达国家									
总计	收入差距合计	**0.026**	**0.004**	**0.008**	**0.003**	**0.005**	**0.003**	**0.007**	**0.004**
	……由社会保障缩小的部分	0.023	0.004	0.006	0.002	0.004	0.003	0.007	0.004
	……由劳动收入缩小的部分	0.003	0.000	0.002	0.001	0.001	0.000	0.000	0.000

表 2A.2（续）

极度和中等贫困（低于每天 3.10 美元购买力平价）

		总计	15 岁以下	15 到 64 岁就业人口 总计	工资	无偿	15 到 64 岁失业人口	15 到 64 岁非经济活动人口	65 岁及以上人口
全球	收入差距合计	0.800	0.311	0.236	0.054	0.182	0.010	0.204	0.038
	……由社会保障缩小的部分	0.551	0.217	0.149	0.027	0.122	0.007	0.141	0.038
	……由劳动收入缩小的部分	0.249	0.094	0.088	0.028	0.060	0.003	0.064	0.000

2. 以政府支出百分比表示的总收入差距

新兴和发展中国家

		总计	15 岁以下	15 到 64 岁就业人口 总计	工资	无偿	15 到 64 岁失业人口	15 到 64 岁非经济活动人口	65 岁及以上人口
总计	收入差距合计	7.271	3.043	2.209	0.468	1.741	0.070	1.603	0.347
	……由社会保障缩小的部分	4.844	2.046	1.348	0.223	1.126	0.044	1.059	0.347
	……由劳动收入缩小的部分	2.427	0.996	0.861	0.246	0.615	0.026	0.544	0.000
非洲	收入差距合计	31.304	15.254	8.939	0.886	8.053	0.312	5.484	1.314
	……由社会保障缩小的部分	24.394	11.135	6.792	0.509	6.283	0.208	4.945	1.314
	……由劳动收入缩小的部分	6.910	4.119	2.147	0.377	1.770	0.104	0.539	0.000
拉丁美洲和加勒比地区	收入差距合计	1.267	0.543	0.328	0.097	0.232	0.051	0.286	0.058
	……由社会保障缩小的部分	1.032	0.434	0.243	0.062	0.181	0.041	0.255	0.058
	……由劳动收入缩小的部分	0.235	0.109	0.085	0.034	0.051	0.010	0.030	0.000
阿拉伯国家	收入差距合计	1.035	0.637	0.179	0.122	0.056	0.039	0.147	0.034
	……由社会保障缩小的部分	0.407	0.190	0.068	0.033	0.035	0.011	0.104	0.034
	……由劳动收入缩小的部分	0.628	0.447	0.111	0.090	0.021	0.027	0.043	0.000
亚太地区	收入差距合计	5.836	2.091	1.885	0.551	1.334	0.042	1.509	0.307
	……由社会保障缩小的部分	3.484	1.298	0.987	0.243	0.744	0.023	0.868	0.307
	……由劳动收入缩小的部分	2.352	0.794	0.899	0.308	0.590	0.019	0.641	0.000
欧洲和中亚	收入差距合计	0.304	0.108	0.053	0.029	0.023	0.017	0.110	0.017
	……由社会保障缩小的部分	0.240	0.078	0.026	0.016	0.010	0.014	0.105	0.017
	……由劳动收入缩小的部分	0.064	0.030	0.026	0.013	0.013	0.002	0.005	0.000

发达国家

		总计	15 岁以下	15 到 64 岁就业人口 总计	工资	无偿	15 到 64 岁失业人口	15 到 64 岁非经济活动人口	65 岁及以上人口
总计	收入差距合计	0.061	0.009	0.019	0.007	0.012	0.007	0.017	0.009
	……由社会保障缩小的部分	0.055	0.009	0.014	0.004	0.010	0.006	0.017	0.009
	……由劳动收入缩小的部分	0.006	0.001	0.005	0.003	0.002	0.001	0.000	0.000
全球	收入差距合计	3.489	1.451	1.060	0.227	0.834	0.037	0.771	0.170
	……由社会保障缩小的部分	2.548	0.977	0.649	0.108	0.541	0.025	0.727	0.170
	……由劳动收入缩小的部分	0.941	0.474	0.412	0.119	0.293	0.012	0.044	0.000

3. 以现价（2012 年）百万美元为单位的总量

	总计	15 岁以下	15 到 64 岁就业人口 总计	工资	无偿	15 到 64 岁失业人口	15 到 64 岁非经济活动人口	65 岁及以上人口
收入差距合计	586 993	228 384	173 509	39 971	133 538	7 151	150 023	27 927
……由社会保障缩小的部分	404 451	159 081	109 235	19 674	89 561	4 992	103 216	27 927
……由劳动收入缩小的部分	182 542	69 303	64 273	20 297	43 976	2 159	46 807	0

4. 以百万购买力平价（2012 年现价国际美元）为单位的总量

	总计	15 岁以下	15 到 64 岁就业人口 总计	工资	无偿	15 到 64 岁失业人口	15 到 64 岁非经济活动人口	65 岁及以上人口
收入差距合计	772 462	300 545	228 331	52 600	175 731	9 411	197 425	36 751
……由社会保障缩小的部分	532 243	209 345	143 750	25 890	117 859	6 569	135 828	36 751
……由劳动收入缩小的部分	240 219	91 200	84 581	26 710	57 871	2 841	61 596	0

表 2A.3

贫困（低于每天 5 美元购买力平价）

		总计	15 岁以下	15 到 64 岁就业人口			15 到 64 岁失业人口	15 到 64 岁非经济活动人口	65 岁及以上人口
				总计	工资	无偿			
1. 以国内生产总值百分比表示的总收入差距									
新兴和发展中国家									
总计	收入差距合计	**5.717**	**2.101**	**1.757**	**0.511**	**1.246**	**0.063**	**1.511**	**0.285**
	……由社会保障缩小的部分	3.968	1.446	1.124	0.250	0.874	0.040	1.073	0.285
	……由劳动收入缩小的部分	1.749	0.655	0.633	0.261	0.372	0.024	0.438	0.000
非洲	收入差距合计	**15.817**	**7.952**	**4.508**	**0.660**	**3.847**	**0.234**	**2.448**	**0.676**
	……由社会保障缩小的部分	12.003	5.618	3.397	0.354	3.043	0.150	2.163	0.676
	……由劳动收入缩小的部分	3.814	2.334	1.110	0.306	0.804	0.084	0.285	0.000
拉丁美洲和加勒比地区	收入差距合计	**1.276**	**0.541**	**0.357**	**0.142**	**0.215**	**0.050**	**0.269**	**0.059**
	……由社会保障缩小的部分	0.974	0.410	0.244	0.088	0.156	0.036	0.226	0.059
	……由劳动收入缩小的部分	0.302	0.131	0.114	0.054	0.059	0.014	0.043	0.000
阿拉伯国家	收入差距合计	**4.410**	**2.509**	**0.902**	**0.711**	**0.191**	**0.168**	**0.678**	**0.152**
	……由社会保障缩小的部分	1.740	0.753	0.311	0.188	0.123	0.049	0.475	0.152
	……由劳动收入缩小的部分	2.669	1.756	0.591	0.524	0.067	0.119	0.203	0.000
亚太地区	收入差距合计	**5.753**	**1.769**	**1.840**	**0.611**	**1.229**	**0.043**	**1.797**	**0.305**
	……由社会保障缩小的部分	3.841	1.196	1.105	0.294	0.810	0.025	1.209	0.305
	……由劳动收入缩小的部分	1.912	0.573	0.735	0.317	0.418	0.017	0.588	0.000
欧洲和中亚	收入差距合计	**0.529**	**0.198**	**0.113**	**0.060**	**0.052**	**0.028**	**0.157**	**0.033**
	……由社会保障缩小的部分	0.387	0.137	0.060	0.033	0.028	0.022	0.135	0.033
	……由劳动收入缩小的部分	0.142	0.061	0.052	0.028	0.025	0.007	0.022	0.000
发达国家									
总计	收入差距合计	**0.049**	**0.009**	**0.014**	**0.006**	**0.008**	**0.006**	**0.014**	**0.006**
	……由社会保障缩小的部分	0.042	0.008	0.009	0.003	0.007	0.005	0.013	0.006
	……由劳动收入缩小的部分	0.007	0.001	0.005	0.003	0.001	0.001	0.001	0.000
全球									
	收入差距合计	**2.742**	**1.003**	**0.842**	**0.246**	**0.596**	**0.033**	**0.725**	**0.139**
	……由社会保障缩小的部分	1.907	0.691	0.539	0.120	0.419	0.022	0.517	0.139
	……由劳动收入缩小的部分	0.835	0.311	0.303	0.126	0.177	0.012	0.209	0.000
2. 以政府支出百分比表示的总收入差距									
新兴和发展中国家									
总计	收入差距合计	**24.342**	**9.378**	**7.763**	**2.085**	**5.678**	**0.256**	**5.710**	**1.234**
	……由社会保障缩小的部分	16.640	6.344	4.919	1.003	3.916	0.158	3.985	1.234
	……由劳动收入缩小的部分	7.701	3.034	2.844	1.082	1.762	0.098	1.725	0.000
非洲	收入差距合计	**82.975**	**39.796**	**24.372**	**3.031**	**21.341**	**0.973**	**14.321**	**3.512**
	……由社会保障缩小的部分	62.969	29.318	19.298	1.695	17.602	0.650	13.194	3.512
	……由劳动收入缩小的部分	20.006	10.478	5.075	1.336	3.739	0.323	1.128	0.000
拉丁美洲和加勒比地区	收入差距合计	**4.576**	**1.916**	**1.328**	**0.519**	**0.808**	**0.152**	**0.961**	**0.220**
	……由社会保障缩小的部分	3.570	1.484	0.927	0.328	0.599	0.112	0.826	0.220
	……由劳动收入缩小的部分	1.006	0.431	0.401	0.191	0.209	0.039	0.135	0.000
阿拉伯国家	收入差距合计	**10.330**	**5.798**	**2.110**	**1.642**	**0.468**	**0.390**	**1.679**	**0.352**
	……由社会保障缩小的部分	4.171	1.764	0.747	0.440	0.307	0.116	1.192	0.352
	……由劳动收入缩小的部分	6.159	4.034	1.364	1.203	0.161	0.274	0.487	0.000
亚太地区	收入差距合计	**22.553**	**7.366**	**7.601**	**2.532**	**5.069**	**0.182**	**6.145**	**1.259**
	……由社会保障缩小的部分	14.365	4.735	4.338	1.160	3.178	0.103	3.931	1.259
	……由劳动收入缩小的部分	8.188	2.631	3.264	1.373	1.891	0.079	2.214	0.000
欧洲和中亚	收入差距合计	**1.761**	**0.629**	**0.376**	**0.207**	**0.170**	**0.089**	**0.556**	**0.111**
	……由社会保障缩小的部分	1.365	0.447	0.207	0.115	0.092	0.070	0.530	0.111
	……由劳动收入缩小的部分	0.396	0.182	0.169	0.092	0.078	0.019	0.025	0.000
发达国家									
总计	收入差距合计	**0.119**	**0.022**	**0.035**	**0.015**	**0.020**	**0.013**	**0.034**	**0.016**
	……由社会保障缩小的部分	0.105	0.020	0.024	0.007	0.017	0.012	0.034	0.016
	……由劳动收入缩小的部分	0.014	0.002	0.011	0.008	0.003	0.001	0.000	0.000

表 2A.3 （续）

贫困（低于每天 5 美元购买力平价）

		总计	15 岁以下	15 到 64 岁就业人口		15 到 64 岁失业人口	15 到 64 岁非经济活动人口	65 岁及以上人口
				总计	工资	无偿			
全球									
	收入差距合计	11.628	4.466	3.707	0.998	2.708	0.129	2.731	0.595
	……由社会保障缩小的部分	8.605	3.026	2.350	0.480	1.870	0.082	2.552	0.595
	……由劳动收入缩小的部分	3.023	1.440	1.357	0.519	0.838	0.047	0.179	0.000
3. 以现价（2012 年）百万美元为单位的总量									
	收入差距合计	2 012 926	735 960	618 139	180 593	437 546	24 475	532 359	101 994
	……由社会保障缩小的部分	1 400 045	507 343	395 685	88 313	307 371	15 857	379 167	101 994
	……由劳动收入缩小的部分	612 882	228 617	222 454	92 280	130 174	8 619	153 192	0
4. 以百万购买力平价（2012 年现价国际美元）为单位的总量									
	收入差距合计	2 648 937	968 496	813 448	237 653	575 794	32 209	700 565	134 220
	……由社会保障缩小的部分	1 842 408	667 644	520 706	116 217	404 489	20 867	498 970	134 220
	……由劳动收入缩小的部分	806 530	300 852	292 741	121 436	171 305	11 342	201 595	0

表 2A.4

相对贫困（低于家庭可支配收入/消费支出中位数的 60%）

		总计	15 岁以下	15 到 64 岁就业人口		15 到 64 岁失业人口	15 到 64 岁非经济活动人口	65 岁及以上人口
				总计	工资	无偿			
1. 以国内生产总值百分比表示的总收入差距									
发达国家	收入差距合计	1.666	0.488	0.462	0.369	0.094	0.123	0.450	0.142
	……由社会保障缩小的部分	1.205	0.363	0.219	0.170	0.049	0.100	0.382	0.142
	……由劳动收入缩小的部分	0.460	0.125	0.243	0.199	0.045	0.024	0.068	0.000
2. 以政府支出百分比表示的总收入差距									
发达国家	收入差距合计	4.154	1.211	1.153	0.930	0.227	0.287	1.146	0.358
	……由社会保障缩小的部分	3.007	0.900	0.546	0.428	0.119	0.231	0.971	0.358
	……由劳动收入缩小的部分	1.147	0.311	0.607	0.501	0.108	0.055	0.174	0.000
3. 以现价（2012 年）百万美元为单位的总量									
发达国家	收入差距合计	849 529	248 908	235 872	188 074	47 798	62 930	229 636	72 183
	……由社会保障缩小的部分	614 818	185 146	111 853	86 758	25 094	50 800	194 837	72 183
	……由劳动收入缩小的部分	234 710	63 762	124 020	101 316	22 704	12 130	34 799	0
4. 以百万购买力平价（2012 年现价国际美元）为单位的总量									
发达国家	收入差距合计	855 313	250 603	237 478	189 355	48 124	63 358	231 199	72 674
	……由社会保障缩小的部分	619 005	186 407	112 614	87 349	25 265	51 146	196 163	72 674
	……由劳动收入缩小的部分	236 309	64 196	124 864	102 006	22 859	12 212	35 036	0
5. 总量分配（基于现价美元%）									
发达国家	收入差距合计	100.0	100.0	100.0	100.0	100.0	100.0	100.0	100.0
	……由社会保障缩小的部分	72.4	74.4	47.4	46.1	52.5	80.7	84.8	100.0
	……由劳动收入缩小的部分	27.6	25.6	52.6	53.9	47.5	19.3	15.2	0.0

注：详细数据来源参见附录 G。外推到各地区及全球总人口的结果。
资料来源：国际劳工组织基于 103 个国家家庭调查数据的计算。

附录 B　2012 年按国家统计的总贫困差距水平及其构成（极度和中等贫困）

图 2B.1

2012 年收入差距（国内生产总值的百分比）及其分布（百分比）

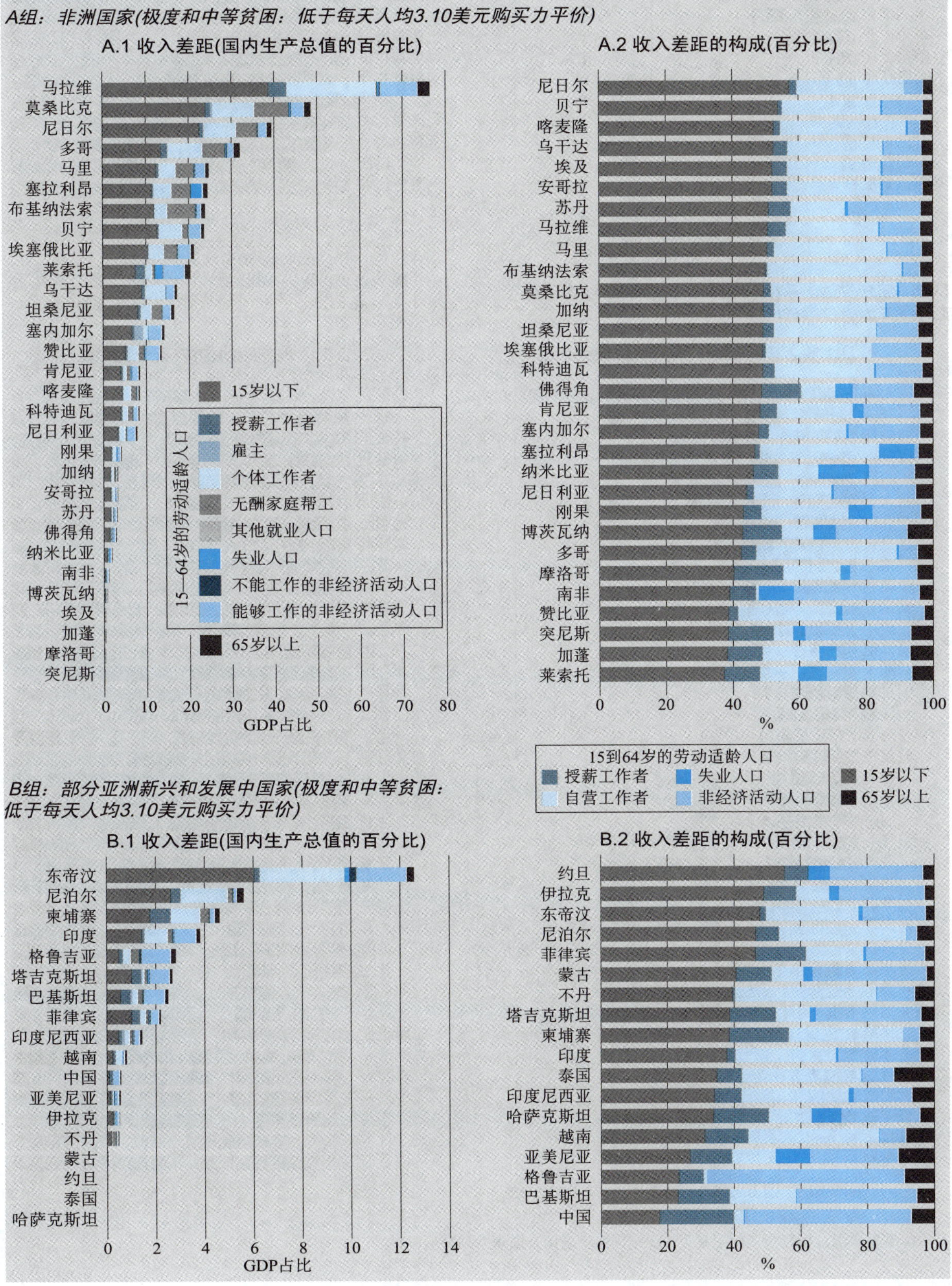

A组：非洲国家（极度和中等贫困：低于每天人均3.10美元购买力平价）

第二章　解决收入差距问题

图 2B.1 （续）

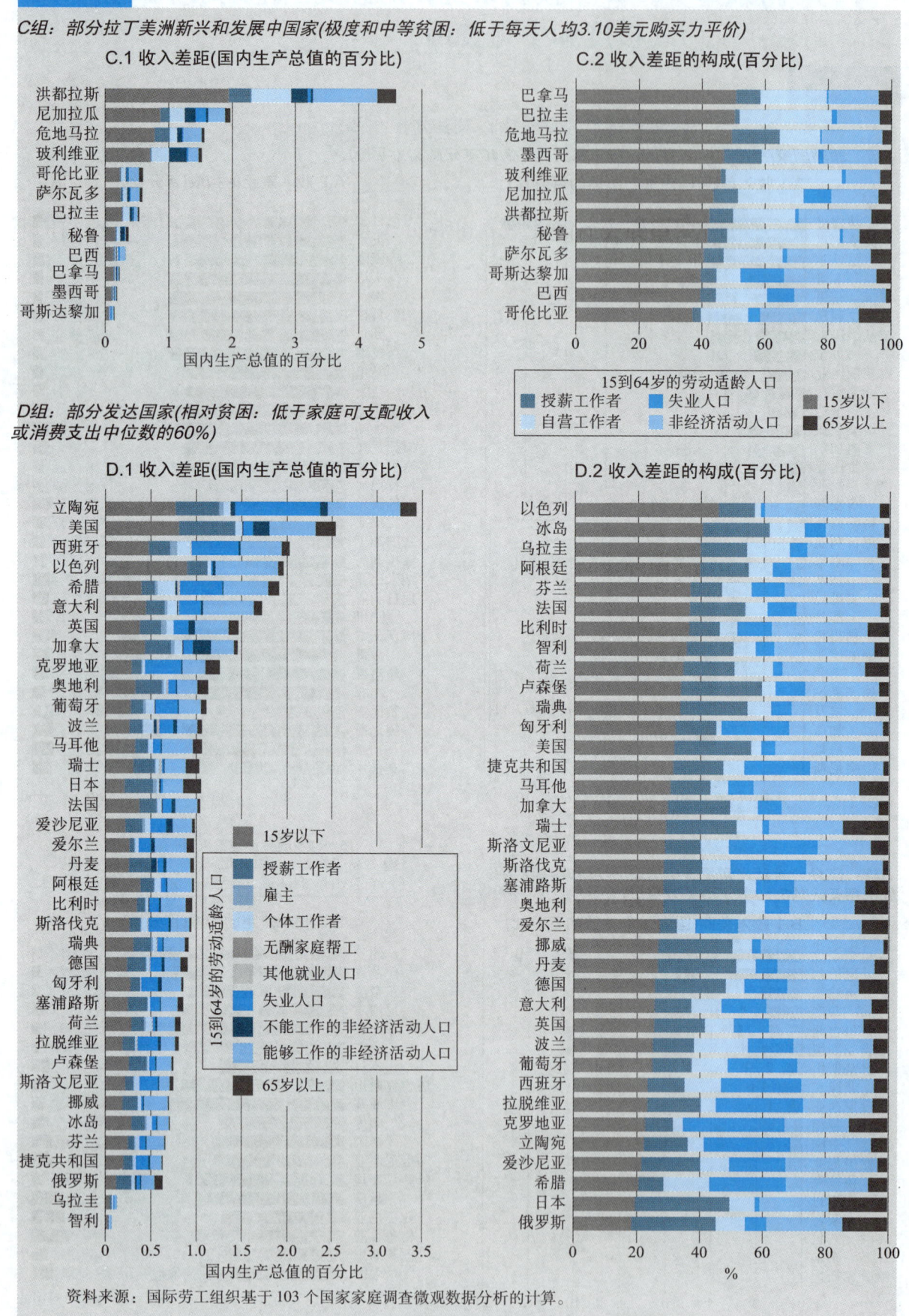

C组：部分拉丁美洲新兴和发展中国家(极度和中等贫困：低于每天人均3.10美元购买力平价)

D组：部分发达国家(相对贫困：低于家庭可支配收入或消费支出中位数的60%)

资料来源：国际劳工组织基于103个国家家庭调查微观数据分析的计算。

附录 C 2012 年表示为目前公共社会保障支出百分比的总收入差距（按不同贫困线）

图 2C.1

2012 年消除极度贫困的总收入差距：收入差距与实际社会保障支出之比（百分比）

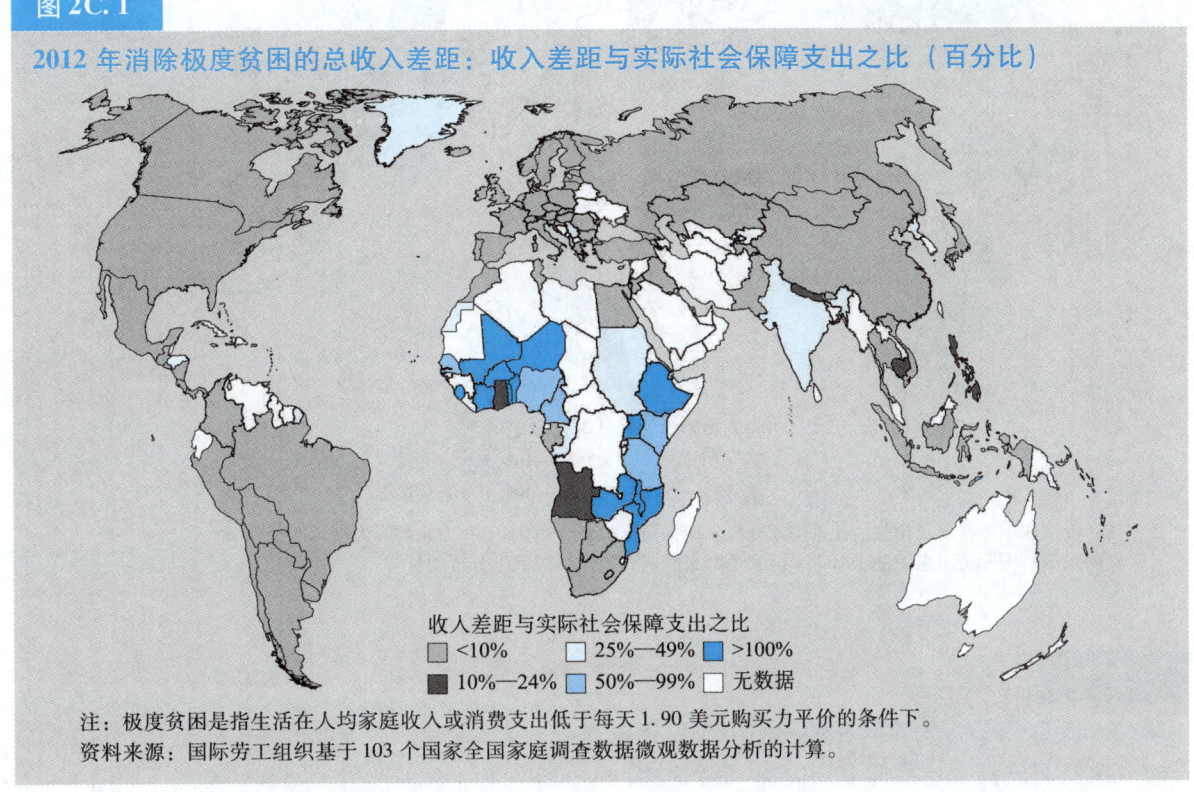

收入差距与实际社会保障支出之比
- <10%
- 10%—24%
- 25%—49%
- 50%—99%
- >100%
- 无数据

注：极度贫困是指生活在人均家庭收入或消费支出低于每天 1.90 美元购买力平价的条件下。
资料来源：国际劳工组织基于 103 个国家全国家庭调查数据微观数据分析的计算。

图 2C. 2

2012 年消除极度和中等贫困的总收入差距：收入差距与实际社会保障支出之比（百分比）

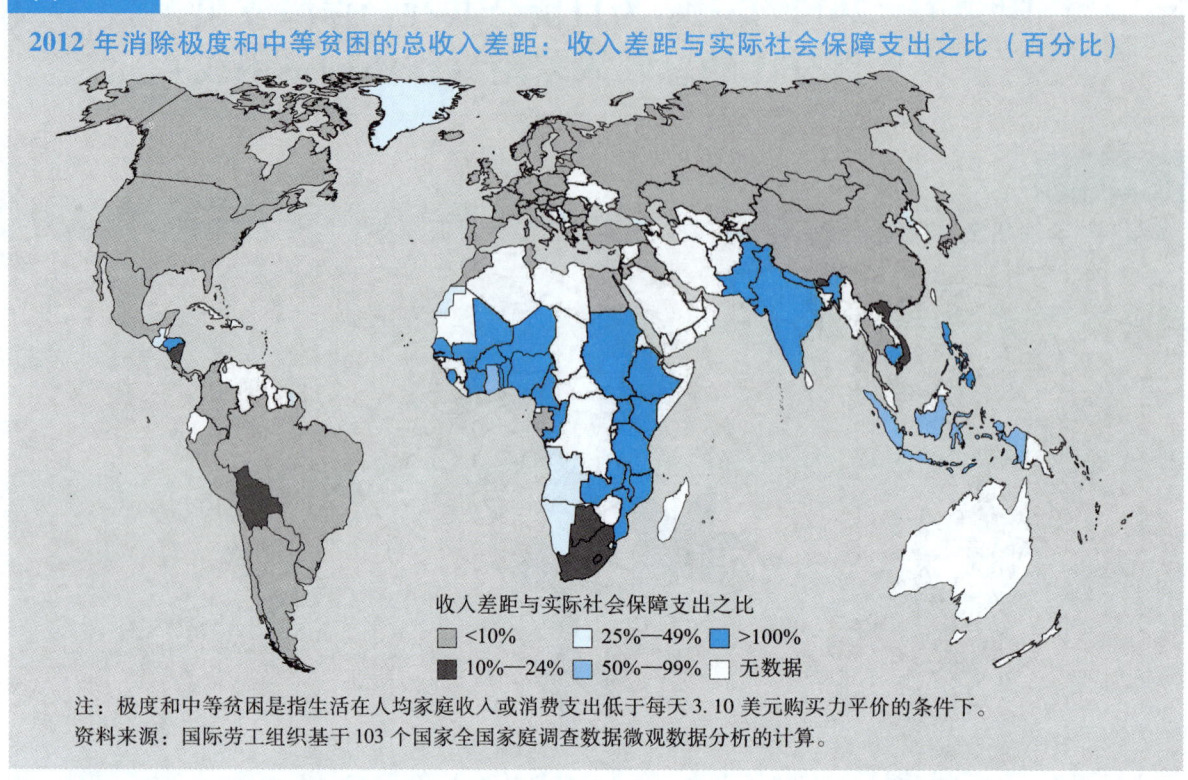

注：极度和中等贫困是指生活在人均家庭收入或消费支出低于每天 3.10 美元购买力平价的条件下。
资料来源：国际劳工组织基于 103 个国家全国家庭调查数据微观数据分析的计算。

图 2C. 3

2012 年消除每天人均 5 美元购买力平价贫困的总收入差距：收入差距与实际社会保障支出之比（百分比）

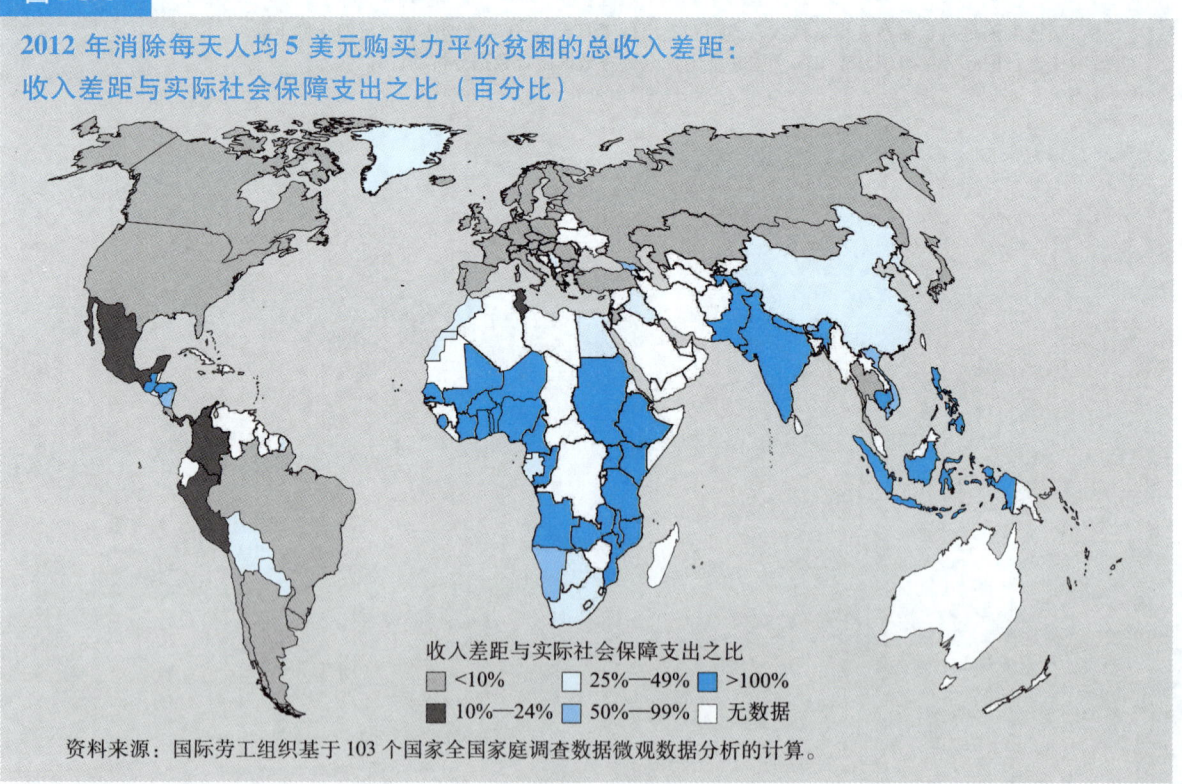

资料来源：国际劳工组织基于 103 个国家全国家庭调查数据微观数据分析的计算。

附录 D 各国社会保障在脱贫和防贫方面的作用

图 2D.1

最近年份按年龄群组和经济状况统计的各国社会保障在脱贫和防贫方面的作用（百分比）

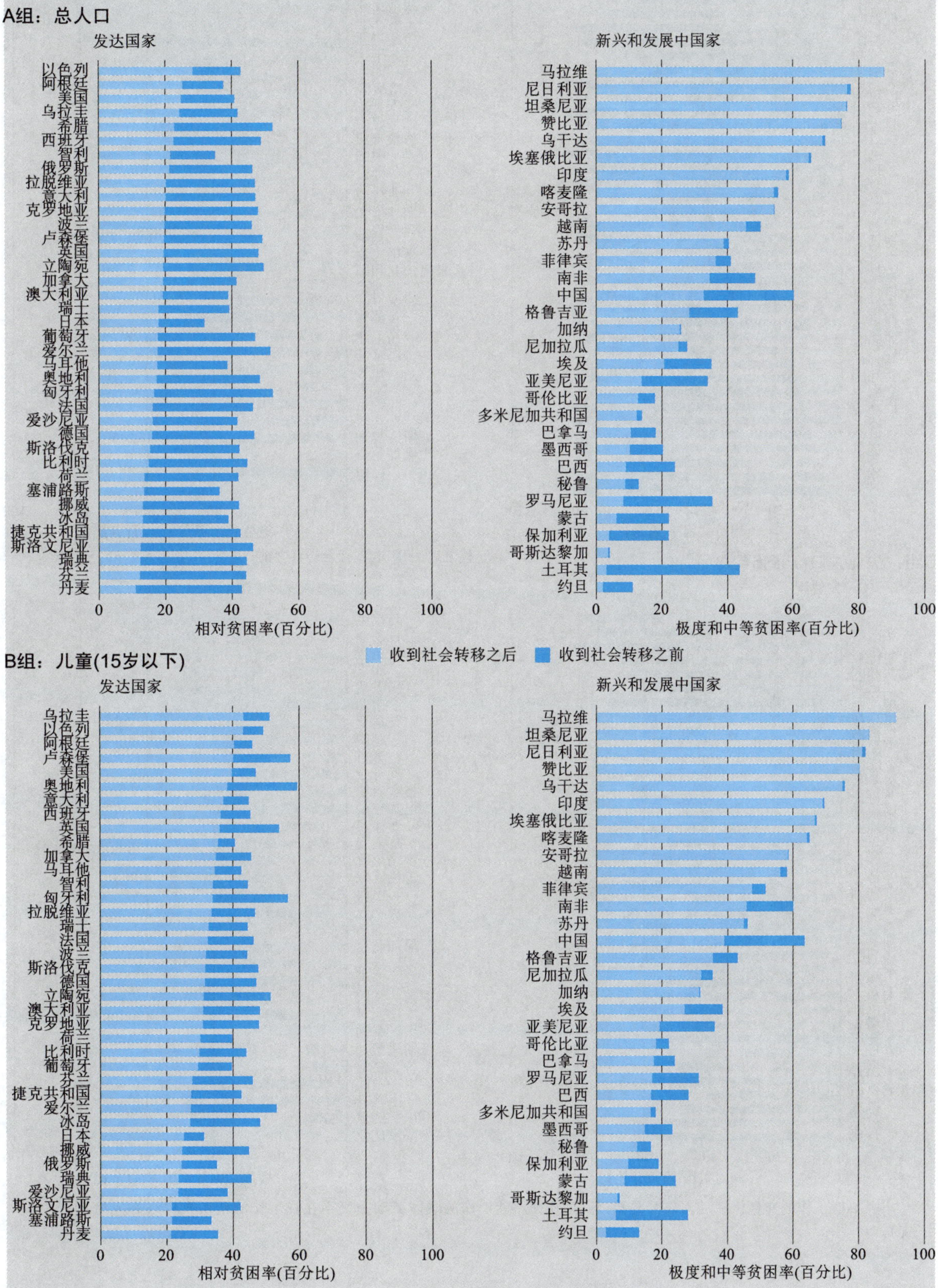

第二章 解决收入差距问题

图 2D.1 （续）

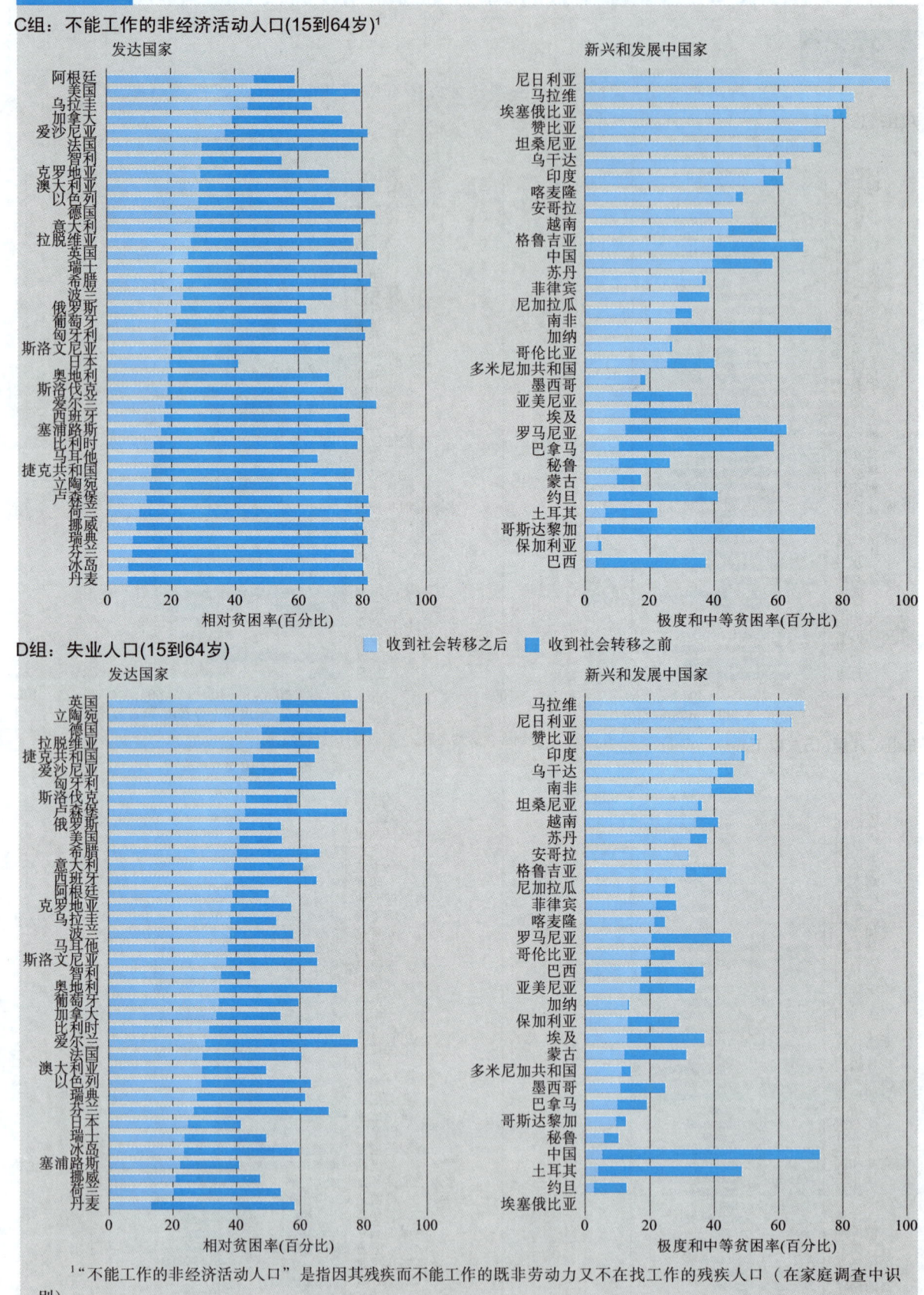

C组：不能工作的非经济活动人口(15到64岁)¹

D组：失业人口(15到64岁)

¹"不能工作的非经济活动人口"是指因其残疾而不能工作的既非劳动力又不在找工作的残疾人口（在家庭调查中识别）。

图 2D.1 （续）

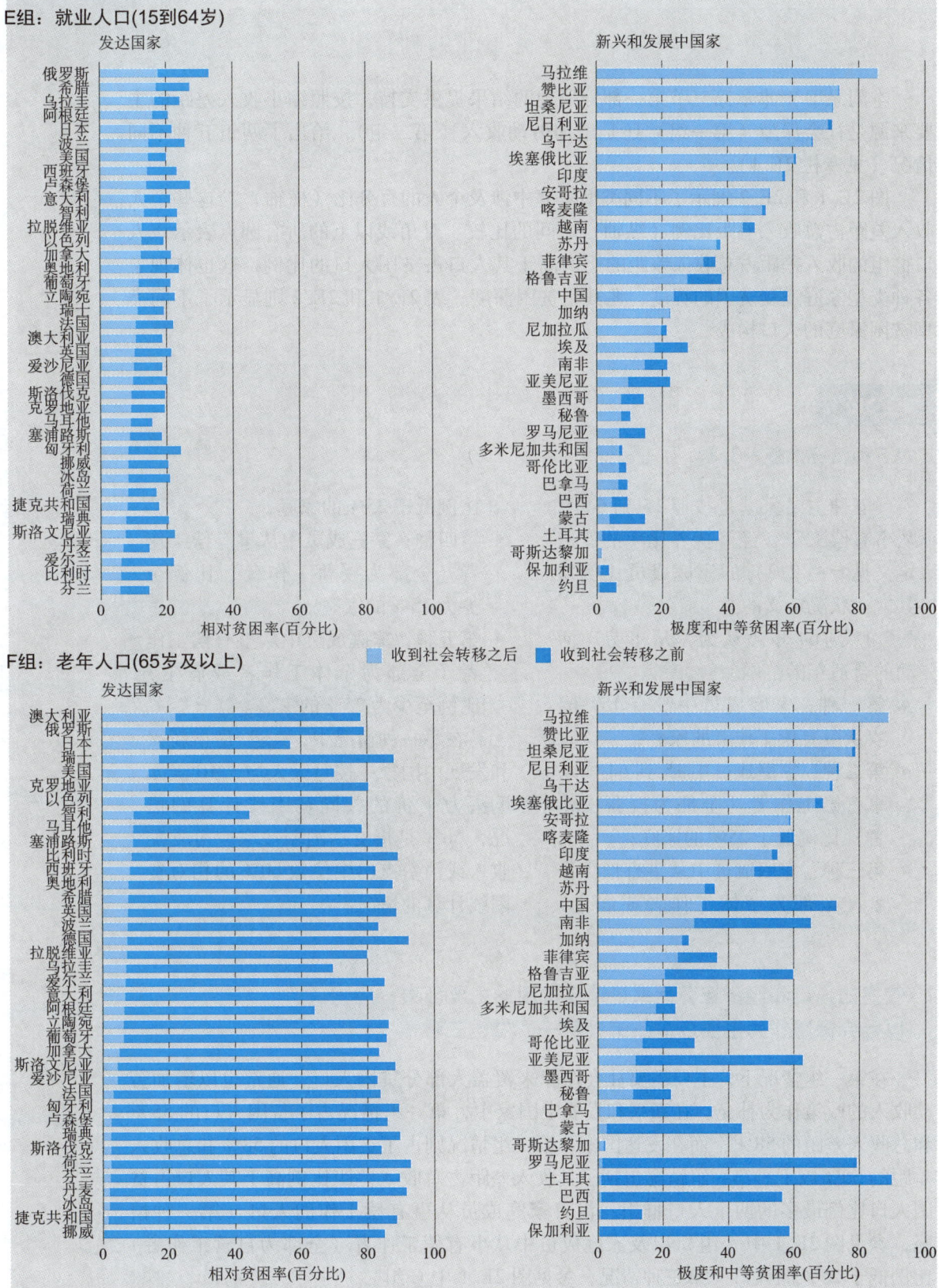

E组：就业人口(15到64岁)

F组：老年人口(65岁及以上)

注：发达国家按家庭可支配收入或消费支出中位数60%的相对贫困线计算，新兴和发展中国家按每天人均3.10美元购买力平价的共同贫困线计算。社会保障在脱贫和防贫方面的作用按人均水平计算，以与本报告中的其他结果保持一致。这一方法选择解释了造成这些结果与欧盟统计局或经合组织运用相同地区数据出版的其他结果之间存在差异的原因

资料来源：国际劳工组织基于全国家庭调查数据的计算

第二章　解决收入差距问题

附录 E 社会保障或增加劳动收入：简化的个案分析

本附录 E 对本章第三节第一部分呈现的结果提供支持，按照缩小收入差距的主要来源是社会保障（第一组）还是增加劳动收入（第二组），给出了两组五种不同情况（见专栏 2E.1）。

图 2E.1 和 2E.2 展示了不同类型家庭中涉及个人的百分比（横轴）与这些个人收入差距占总收入差距比例（纵轴）之间的比较。对角线以上的所有圆点表示该人口群组的收入差距占总收入差距的比例高于其人口占贫困人口的比例，这也体现了各种类型家庭遭受贫困的程度，尤其是贫困深度。表 2E.1 和 2E.2 则显示了不同类型贫困家庭的人口构成。

> **专栏 2E.1**
>
> **对五种情况的逐一分析**
>
> 五种主要家庭是按照 15 到 64 岁从事有偿工作（经济抚养比率的严格定义见专栏 2.2）的家庭成员比例及其就业状况定义的。
>
> 15 到 64 岁被认为是从事劳动活动的合适年龄范围。
>
> - **第一种**：家庭成员中没有 15—64 岁从事有偿工作者的家庭；
> - **第二种**：家庭成员中 15 到 64 岁从事有偿工作者（全部为授薪工作者）比例低于 25% 的家庭；
> - **第三种**：家庭成员中从事有偿工作者（全部为个体工作者或雇主）比例低于 25% 的家庭；
> - **第四种**：家庭成员中从事有偿工作者（全部为授薪工作者）比例至少为 25% 的家庭；
> - **第五种**：家庭成员中从事有偿工作者（全部为个体工作者或雇主）比例至少为 25% 的家庭。
>
> 在每一种情况中，"a" 是指新兴和发展中国家中按每天人均 3.10 美元购买力平价的共同贫困线计算的情况，"b" 是指发达国家按家庭可支配收入或消费支出中位数 60% 的相对贫困线计算的情况。

1. 较高的人口和经济抚养比率是造成贫困的主要因素，应该以社会保障作为主要应对政策（第一、二、三种情况）

在第一组情况下，主要需要社会保障来覆盖大部分贫困人口，通常也以增加劳动收入的政策作为补充。在新兴和发展中国家中，第一组情况占了贫困人口的 55% 和总收入差距的 58%；而在发达国家，第一组情况则占了贫困人口的 58% 和总收入差距的 60% 以上。第一组情况包括了其收入差距占总收入差距比例高于其人口占贫困人口比例最多的两个人口群组：没有家庭成员从事有偿工作的人口（第一种情况，参见图 2E.1 中 A 组）以及家庭成员中从事有偿工作者（全部为自营工作者）比例低于 25% 的人口（第三种情况，参见图 2E.1 中 C 组）。

表 2E.1

主要依靠社会保障来缩小收入差距：最近年份按家庭类型统计的贫困家庭构成（百分比）

		15岁以下	15—64岁						65岁及以上人口
			不能工作人口	能够工作的非经济活动人口	失业人口	授薪工作者（有偿）	自营工作者（有偿）	就业人口（无偿）	
发达国家	第一种情况，无人从事有偿工作	17.2	10.7	27.7	14.0	—	—	1.6	28.8
	第二种情况，从事有偿工作者低于25%：有工资者	43.1	2.0	23.8	5.6	21.3	—	0.8	3.0
	第三种情况，从事有偿工作者低于25%：自营工作者	42.8	1.0	26.5	5.0	—	21.5	1.1	1.8
新兴与发展中国家	第一种情况，无人从事有偿工作	43.9	3.4	25.4	3.7	—	—	9.7	14.0
	第二种情况，从事有偿工作者低于25%：有工资者	48.5	1.0	23.2	1.5	17.6	—	3.0	5.1
	第三种情况，从事有偿工作者低于25%：自营工作者	49.6	0.8	18.0	1.0	—	16.6	10.8	2.9

注：新兴和发展中国家的结果是基于每天人均3.10美元购买力平价的极度和中等贫困线计算的。发达国家的结果是基于家庭可支配收入或消费支出60%的相对贫困线计算的。

资料来源：国际劳工组织基于103个国家家庭调查微观数据分析的计算结果。

第一种情况，无人从事有偿工作的家庭是由哪些人构成的？

第一种情况（见图2E.1中A组）是指劳动适龄家庭成员中无人从事有偿工作的贫困人口，占新兴和发展中国家贫困人口的17.4%和发达国家贫困人口的30.0%。其中，在新兴和发展中国家，能够工作的非经济活动人口（25.4%）、老年人口（14.0%）（其中大多数人仍在工作或收到有限的养老金或补贴）以及儿童（43.9%）的比例很高，失业人口比例很低（4%），而相比之下，无酬家庭帮工占全部家庭成员的将近10%（见表2E.1）。

在发达国家，领养老金者和潜在的领养老金者（包括老年人、不能工作的残疾人和失业人口）占了生活在无人获得劳动收入家庭中贫困人口的将近55%，另外，能够工作的非经济活动人口占了其中的27.7%，儿童占了17.2%。无论是在发达国家还是在新兴和发展中国家，在第一种情况下，贫困的主要原因都在于没有社会保障福利，或者社会保障福利不足，不能补偿劳动收入的匮乏，在负担大量间接受益者的情况下尤其如此，而且，同时缺少有偿工作的（尤其是体面的有偿工作）机会，在新兴和发展中国家情况更加严重。

第二和第三种情况，劳动适龄家庭成员中从事有偿工作者比例低于25%的贫困人口：较高的人口和经济抚养比率以及严重的体面工作匮乏

第二和第三种情况（见图2E.1中B组和C组）占新兴和发展中国家贫困人口的34.8%和发达国家贫困人口的27.8%。

无论是在发达国家，还是在新兴和发展中国家，第二和第三种情况的共同特征都是较高的儿童抚养比（儿童占了新兴和发展中国家这些家庭人口的将近50%，也占了发达国家这些家庭人口的将近45%）和较高的能够工作非经济活动人口比例（18%到25%）。而第二和第三种情况在发达国家与新兴和发展中国家之间的主要区别在于，在新兴和发展中国家，在有偿工作的自营工作者是唯一劳动收入来源的家庭中，无酬家庭帮工的比例相对较高（占家庭成员的10.8%）。而且，这些家庭往往既有较高的儿童人口和经济抚养比率，又相当匮乏就业人口和失业人口需要的体面工作。

第二章　解决收入差距问题

图 2E.1

社会保障发挥主要作用的情况

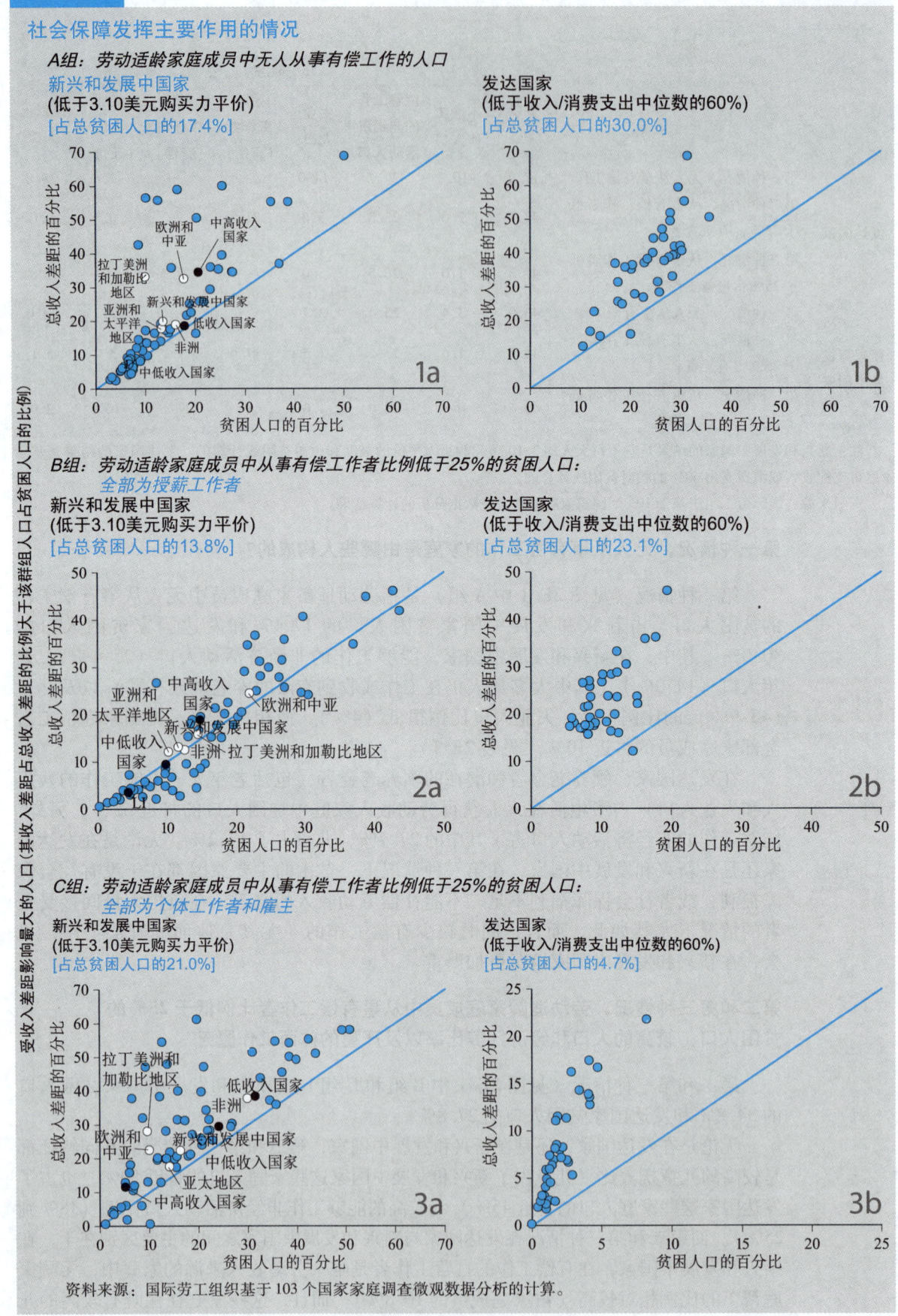

资料来源：国际劳工组织基于103个国家家庭调查微观数据分析的计算。

2. 体面工作匮乏是造成贫困的主要因素，应该采取提高全面及生产性就业和体面工作的政策（第四和第五种情况）

第四和第五种情况（见表2E.2和图2E.2）占了新兴和发展中国家贫困人口的34.9%和发达国家贫困人口的34.3%。在这两种情况下，大多数劳动适龄贫困人口都有工作，但主要是非正式工作，而且劳动收入都不足，不能够负担两或三个以上的受抚养者（儿童、老年人、15到64岁的失业者或非经济活动人口）。

表 2E.2

以增加体面工作和创造就业作为缩小收入差距的主要措施：最近年份按家庭类型统计的贫困家庭构成（百分比）

		15岁以下	15—64岁					65岁及以上人口
			不能工作人口	能够工作的非经济活动人口	失业人口	授薪工作者（有偿）	自营工作者（有偿）	就业人口（无偿）	
发达国家	第四种情况，从事有偿工作者至少25%：有工资者	24.3	2.1	14.9	4.2	50.5	0.0	0.3	3.5
	第五种情况，从事有偿工作者至少25%：自营工作者	23.5	2.9	15.4	4.0	0.0	47.8	2.1	3.8
新兴和发展中国家	第四种情况，从事有偿工作者至少25%：有工资者	30.3	1.3	22.7	1.1	39.9	0.0	1.5	3.2
	第五种情况，从事有偿工作者至少25%：自营工作者	39.0	0.9	13.9	1.3	0.0	37.9	4.2	2.7

注：新兴和发展中国家的结果是基于每天人均3.10美元购买力平价的极度和中等贫困线计算的。发达国家的结果是基于家庭可支配收入或消费支出60%的相对贫困线计算的。

资料来源：国际劳工组织基于103个国家家庭调查微观数据分析的计算。

第四和第五种情况，劳动适龄家庭成员中从事有偿工作者比例至少为25%的贫困人口

这两种情况中贫困率最高、收入差距最大的是在职贫困人口为自营工作者家庭中的人口（第五种情况）。虽然第五种情况只占发达国家贫困人口的少数（3.8%），但却是新兴和发展中国家贫困人口中最普遍的情况之一（21%）。另外，在新兴和发展中国家中，第五种情况家庭的劳动适龄家庭成员中平均有37.9%是自营工作者，4.2%是无偿就业者，但相比于其他情况，其非经济活动人口（13.9%）和失业人口（1.3%）比例却是最低的，而儿童占了39%，高于以授薪工作者为主要劳动收入来源家庭中的儿童比例。

第四种情况（生活在依靠授薪工作者家庭中的人口）只占了新兴和发展中国家贫困人口的少数（占贫困人口的13.9%和非贫困人口的28%），却是发达国家贫困人口的主要群组之一（占贫困人口的30.5%和非贫困人口的55%），与第五种情况的主要区别在于其有偿工作者比例较高，尤其是在发达国家（占家庭成员的一半以上），以及相关受抚养者比例较低，尤其是儿童（在发达国家占24.3%，在新兴和发展中国家占30.3%）。

图 2E. 2

增加劳动收入发挥主要作用的情况

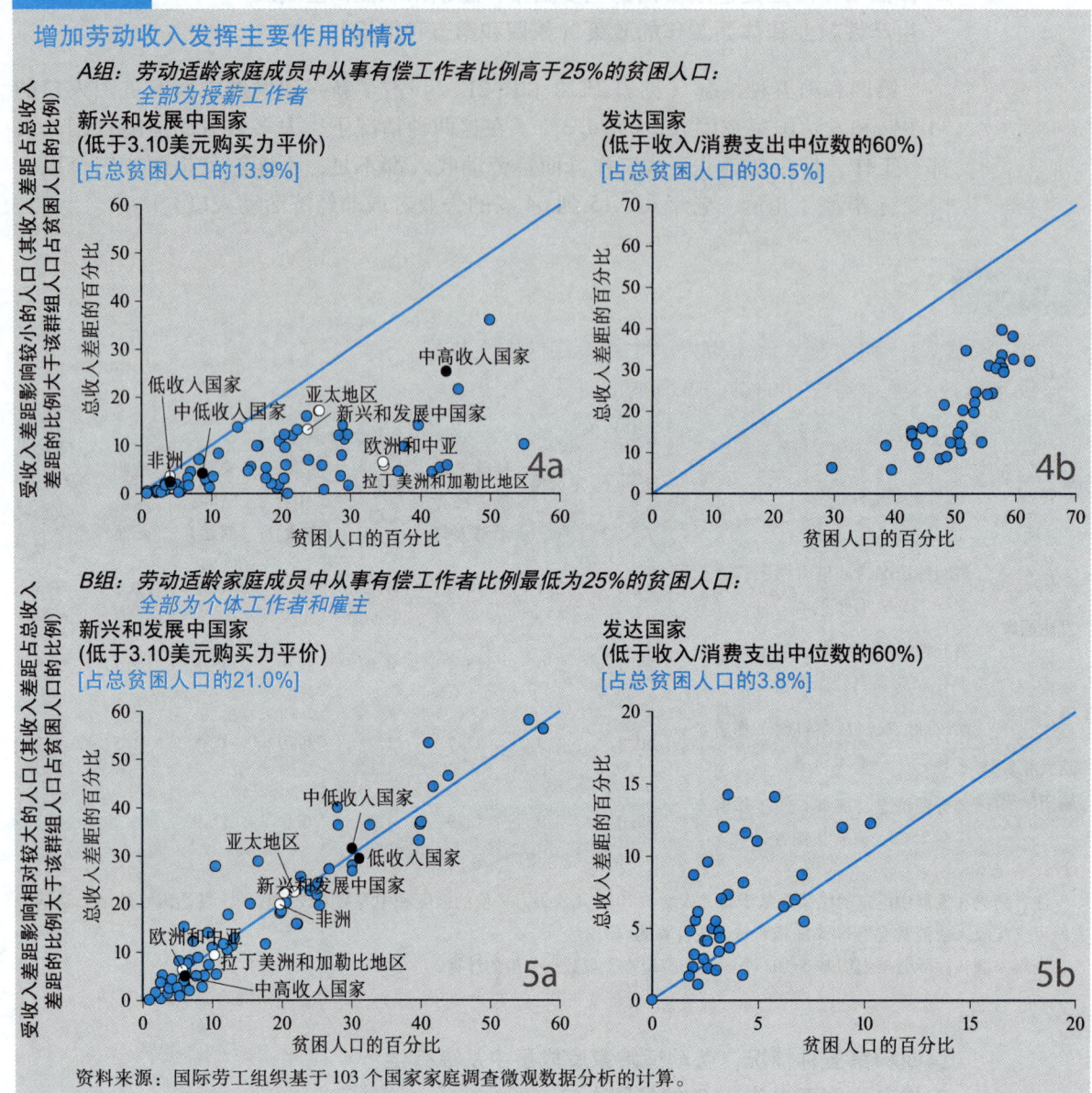

资料来源：国际劳工组织基于 103 个国家家庭调查微观数据分析的计算。

附录 F 收入差距中通过社会保障缩小部分比例的估计方法

总收入差距中通过社会保障缩小部分比例是两个主要因素的函数，并且遵循一组原则。

其中，两个主要因素是：

- 有能力和意愿工作人口的比例，重点是有偿工作者的比例；
- 距贫困线的距离（或者到国家最低人均消费水平的距离）。

一组原则是：

- 老年人和有残疾且不能工作的 15 到 64 岁人口的收入差距完全是通过社会保障转移来缩小；
- 其他人口群组可能通过社会保障转移和增加劳动收入（直接或间接）的组合来缩小，例如，儿童可以从其父母劳动收入的增加中受益。

收入差距中通过社会保障转移缩小部分的比例是基于调查数据计算的，而且对于给定家庭的每个成员都是相同的。

计算公式如下：

收入差距中通过社会保障转移缩小部分的比例 = [1 – ("扩大的"经济抚养比率 × (1 – 到贫困线的距离))] × 100

其中：

因素 1	**经济抚养比率因素：**
扩大的经济抚养比率 =	[从事有偿工作的家庭成员数量 + a × （无酬家庭帮工数量 + 失业人口数量）] / 修正的家庭规模
其中，修正的家庭规模 =	家庭规模 – 64 岁以上人口的数量 – 有残疾因而不能工作的 15 到 64 岁人口数量
a =	1 – （无酬家庭帮工数量 + 失业人口数量）÷ 修正的家庭规模
	无酬家庭帮工和失业人口的比例表明了创造就业和有偿工作机会的需要。
基本原理	较高的经济抚养比率意味着劳动收入获得者平均劳动收入处于低水平，其中的极端情况是，所有家庭成员都从事有偿工作，但他们的劳动收入仍然无法让自己脱贫。 • 100% 抚养比意味着，家庭成员的最高劳动收入都低于贫困线。 • 50% 的抚养比意味着，最高劳动收入刚好低于贫困线的两倍。
因素 2	**到贫困线的距离（对于所有贫困人口）**
到贫困线的距离 =	贫困差距 ÷（贫困线 – 国家最低人均消费支出（或收入））
其中，贫困差距 =	贫困线 – 人均消费支出（或收入）
贫困线 =	本报告中的 1.90 美元购买力平价、3.10 美元购买力平价、5 美元购买力平价以及家庭可支配收入中位数的 60%（后者针对发达国家）。

作为第一个近似值，收入差距中可通过社会保障予以缩小的部分专注于个人需求和家庭特征。本章中没有考虑到各国处理以下方面问题的能力：增加社会保障投入、将社会保障体系覆盖到贫困人口、创造更多更好的工作等。

收入差距中通过社会保障转移缩小的部分可以作为社会保障新增成本（可能主要由政府资源提供）的估计值，同时收入差距中有一部分要通过增加劳动收入来缩小。

附录 G　各国资料来源：家庭调查名单

国家（ISO3 代码）	调查名称	年份
阿尔巴尼亚（ALB）	生活水平评估调查	2012
安哥拉（AGO）	关于人口福利的综合调查（2008—2009 年）	2009
澳大利亚（AUS）	家庭支出调查以及收入和住房调查（来自于劳工检查系统 [LIS]，2016）	2010
奥地利（AUT）	欧盟居民收入和生活条件统计（欧盟统计局，2015b）	2012
阿根廷（ARG）	家庭长期调查（Encuesta Permanente de Hogares）	2012
亚美尼亚（ARM）	家庭综合生活条件调查	2012
比利时（BEL）	欧盟居民收入和生活条件统计（欧盟统计局，2015b）	2011
贝宁（BEN）	贝宁家庭生活条件综合调查（Enquête modulaire intégrée sur les conditions de vie des ménages au Bénin）	2011
博茨瓦纳（BWA）	博茨瓦纳核心福利指标调查（2009—2010 年）	2009
不丹（BTN）	不丹生活水平调查，2003 年	2003
玻利维亚（BOL）	家庭调查（Encuesta de Hogares）	2012
巴西（BRA）	全国家庭样本调查（Pesquisa Nacional Por Amostra de Domicilios）	2012
保加利亚（BGR）	欧盟居民收入和生活条件统计（欧盟统计局，2015b）	2012
布基纳法索（BFA）	关于社会福利基本指标的问卷调查（Questionnaire unifié des indicateurs de base du bien – être）	2003
佛得角（CPV）	家庭支出和收入调查（Inquérito às despesas e receitas familiares）	2001
柬埔寨（KHM）	社会经济调查	2009
喀麦隆（CMR）	喀麦隆第三次家庭调查（Troisième enquête camerounaise auprès des ménages）	2007
加拿大（CAN）	劳工及收入动态调查（来自于劳工检查系统，2016 年）	2010
智利（CHL）	全国社会经济调查（Encuesta de caracterización socioeconómica nacional）	2013
中国（CHN）	中国家庭收入调查	2008
克罗地亚（HRV）	欧盟居民收入和生活条件统计（欧盟统计局，2015b）	2012
捷克共和国（CZE）	欧盟居民收入和生活条件统计（欧盟统计局，2015b）	2012
哥伦比亚（COL）	全国生活质量调查（Encuesta nacional de calidad de vida）	2012
刚果（COG）	关于社会福利基本指标的问卷调查（Questionnaire des indicateurs de base du bien – être）	2005
哥斯达黎加（CRI）	全国住户调查	2012
科特迪瓦（CIV）	家庭生活水平调查（Enquête Niveau de Vie des ménages）	2002
塞浦路斯（CYP）	欧盟居民收入和生活条件统计（欧盟统计局，2015b）	2012
丹麦（DNK）	欧盟居民收入和生活条件统计（欧盟统计局，2015b）	2012
多米尼加共和国（DOM）	全国家庭收入与支出调查（来自于劳工检查系统，2016 年）	2007
埃及（EGY）	家庭收入、支出、消费调查	2008
萨尔瓦多（SLV）	多用途家庭调查	2012
爱沙尼亚（EST）	欧盟居民收入和生活条件统计（欧盟统计局，2015b）	2012

国家（ISO3 代码）	调查名称	年份
埃塞俄比亚（ETH）	埃塞俄比亚农村社会经济调查	2010
芬兰（FIN）	欧盟居民收入和生活条件统计（欧盟统计局，2015b）	2012
法国（FRA）	欧盟居民收入和生活条件统计（欧盟统计局，2015b）	2012
加蓬（GAB）	统计和经济研究总局关于生活福祉基本指标的问卷调查（Direction Générale de la Statistique et des Etudes Economiques, Questionnaire des indicateurs de base du bien – être）	2005
格鲁吉亚（GEO）	综合家庭调查（来自于劳工检查系统，2016）	2013
德国（DEU）	德国固定样本社会经济研究（来自于劳工检查系统，2016）	2010
加纳（GHA）	加纳生活水平调查	2013
希腊（GRC）	欧盟居民收入和生活条件统计（欧盟统计局，2015b）	2012
危地马拉（GTM）	全国生活条件调查	2011
洪都拉斯（HND）	家庭调查	2011
匈牙利（HUN）	欧盟居民收入和生活条件统计（欧盟统计局，2015b）	2012
冰岛（ISL）	欧盟居民收入和生活条件统计（欧盟统计局，2015b）	2012
印度（IND）	全国抽样调查（第66次，2009 – 2010）	2010
印度尼西亚（IDN）	全国社会经济家庭调查（SUSENAS）	2010
伊拉克（IRQ）	家庭社会经济调查	2007
爱尔兰（IRL）	欧盟居民收入和生活条件统计（欧盟统计局，2015b）	2011
以色列（ISR）	家庭支出调查	2010
意大利（ITA）	欧盟居民收入和生活条件统计（欧盟统计局，2015b）	2012
日本（JPN）	日本家庭固定样本调查数据（来自于劳工检查系统，2016）	2008
约旦（JOR）	家庭收入、支出、消费调查	2010
哈萨克斯坦（KAZ）	家庭抽样调查，2003	2003
肯尼亚（KEN）	肯尼亚综合家庭预算调查	2005
拉脱维亚（LVA）	欧盟居民收入和生活条件统计（欧盟统计局，2015b）	2012
莱索托（LSO）	莱索托家庭预算调查	2002
立陶宛（LTU）	欧盟居民收入和生活条件统计（欧盟统计局，2015b）	2012
卢森堡（LUX）	欧盟居民收入和生活条件统计（欧盟统计局，2015b）	2012
马拉维（MWI）	综合家庭调查	2010
马里（MLI）	综合家庭调查（Enquête légère intégrée auprès des ménages）	2006
马耳他（MLT）	欧盟居民收入和生活条件统计（欧盟统计局，2015b）	2012
墨西哥（MEX）	全国家庭收入与支出调查（Encuesta nacional de ingresos y gastos de los hogares）	2012
蒙古（MNG）	家庭社会经济调查	2011
摩洛哥（MAR）	全国家庭生活水平调查（Enquête nationale sur le niveau de vie des ménages）	2007
莫桑比克（MOZ）	家庭预算调查（Inquérito aos agregados familiales sobre orçamento familiar）	2002
纳米比亚（NAM）	全国家庭收入和支出调查	2009
尼泊尔（NPL）	尼泊尔生活水平调查	2010
荷兰（NLD）	欧盟居民收入和生活条件统计（欧盟统计局，2015b）	2012

国家（ISO3 代码）	调查名称	年份
尼加拉瓜（NIC）	全国家庭生活水平测量调查（Encuesta nacional de hogares sobre medición de nivel de vida）	2009
尼日尔（NER）	全国家庭生活条件及农业调查	2011
尼日利亚（NGA）	家庭普查 – 固定样本	2012
挪威（NOR）	欧盟居民收入和生活条件统计（欧盟统计局，2015b）	2012
巴基斯坦（PAK）	核心福利指标问卷调查	2005
巴勒斯坦（PSE）	支出与消费调查	2011
巴拿马（PAN）	生活水平调查（Encuesta de niveles de vida）	2008
巴拉圭（PRY）	家庭长期调查（Encuesta Permanente de Hogares）	2012
秘鲁（PER）	全国家庭调查（Encuesta nacional de hogares）	2013
菲律宾（PHL）	劳动力调查/家庭收入和支出调查	2009
波兰（POL）	欧盟居民收入和生活条件统计（欧盟统计局，2015b）	2012
葡萄牙（PRT）	欧盟居民收入和生活条件统计（欧盟统计局，2015b）	2012
罗马尼亚（ROU）	欧盟居民收入和生活条件统计（欧盟统计局，2015b）	2012
俄罗斯联邦（RUS）	俄罗斯联邦纵向监测调查 – 高等经济学院（来自于劳工检查系统，2016）	2013
塞内加尔（SEN）	塞内加尔贫困监测调查	2001
塞尔维亚（SRB）	生活水平评估调查	2007
塞拉利昂（SLE）	综合家庭调查	2003
南非（ZAF）	全国收入动态调查	2012
斯洛伐克（SVK）	欧盟居民收入和生活条件统计（欧盟统计局，2015b）	2012
斯洛文尼亚（SVN）	欧盟居民收入和生活条件统计（欧盟统计局，2015b）	2012
西班牙（ESP）	欧盟居民收入和生活条件统计（欧盟统计局，2015b）	2012
苏丹（SDN）	家庭收入、支出、消费调查	2009
瑞典（SWE）	欧盟居民收入和生活条件统计（欧盟统计局，2015b）	2012
瑞士（CHE）	欧盟居民收入和生活条件统计（欧盟统计局，2015b）	2012
塔吉克斯坦（TJK）	塔吉克斯坦生活水平评估调查	2009
坦桑尼亚（TZA）	坦桑尼亚全国固定样本调查（2012—2013 年）	2013
泰国（THA）	家庭社会经济调查	2010
东帝汶（TLS）	生活水平调查	2007
多哥（TGO）	福利基本指标问卷调查	2011
突尼斯（TUN）	家庭预算、消费和生活水平全国调查（Enquête nationale sur le budget, la consommation et le niveau de vie des ménages）	2010
土耳其（TUR）	欧盟居民收入和生活条件统计（欧盟统计局，2015b）	2012
乌干达（UGA）	乌干达全国家庭调查	2009
英国（GBR）	欧盟居民收入和生活条件统计（欧盟统计局，2015b）	2012
美国（USA）	消费者支出调查	2013
乌拉圭（URY）	家庭连续调查	2013
越南（VNM）	越南家庭生活水平调查	2008
赞比亚（ZMB）	生活条件监测调查报告	2010

注

1. 极度贫困是指收入或消费支出低于每天1.90美元购买力平价。
2. 消除极度贫困所需的政府支出比例，在新兴和发展中国家整体上低于2%，在非洲地区超过9%，在低收入国家超过25%。而消除极度和中等贫困所需的政府支出比例，在新兴和发展中国家整体上为7.3%，在非洲地区为31.3%，在低收入国家超过100%（见表2.1和表2.3，各地区情况参见附录A中的表2A.1和表2A.2）。从目前政府支出和社会保障公共支出（在新兴和发展中国家占国内生产总值的6.2%［国际劳工组织，2014b］，在全球平均水平上占国内生产总值的8.6%［国际劳工组织，2014a］）来看，收入差距相对于全球和地区国内生产总值可能是合理的，但收入差距仍然是一个问题。虽然如此，但是地区之间和国家之间在以下方面存在着巨大的差异：收入差距以及承受相关成本的能力、贫困人口获得社会保障福利的有限份额（亚洲开发银行，即将发表；世界银行，2016b）、只依靠社会保障方法的可持续性、劳动者对体面工作条件（包括体面劳动收入）的合理期望。
3. 消除相对贫困本质上是无法实现的：因为无论如何发展，总会有一些人落在相对贫困线以下。
4. 资料来源与图2.1相同。
5. 消除极度贫困的最低成本占国内生产总值的比例在马拉维（16.0%）、莫桑比克（9.1%）、尼日尔（12.4%）和多哥（5.0%）四国超过了5%。而且，在这四个国家，消除极度和中等贫困的最低成本占国内生产总值的比例范围为32.5%—77.6%。在其他地区，消除极度和中等贫困的最低成本占国内生产总值的比例超过3%的国家有东帝汶（12.4%）、尼泊尔（5.6%）、柬埔寨（4.6%）、印度（3.8%）和洪都拉斯（4.6%），而且都超过了公共社会保障投入总额。
6. 在非洲地区，消除极度贫困的收入差距平均相当于公共社会保障投入总额的46%，在低收入国家则超过公共社会保障投入总额的125%。
7. 然而，家庭规模与贫困之间的关系非常复杂。例如，当儿童长大，成为经济活动人口，就可以给家庭贡献价值。另外，也存在以大家庭作为生存策略组成部分的合理理由，比如期待儿童可以在未来照顾年迈的父母，在缺乏养老金的情况下尤其是如此。
8. 在新兴和发展中国家，贫困人口的平均家庭规模为7.2人，而非贫困人口的平均家庭规模为5.7人。
9. 基于103个国家数据、用总人口加权、按每天人均3.10美元购买力平价的贫困线计算的全球估计值。国际劳工组织使用全国家庭调查数据。
10. 尽管发达国家有着先进的社会保障体系，但在依靠劳动收入的家庭与依靠其他收入来源的家庭之间仍然存在重大的收入差距（见第一章）。
11. 注意，尽管没有官方定义，但国际劳工组织（2015c）以及梅森格与瓦洛特（2015年）将"极短工作时间"定义为每周少于15小时。
12. 尽管有很多新兴和发展中国家（例如，2013年和2014年的科威特、老挝和摩洛哥）最近几年推出了失业保障计划，但可以取得数据的发展中国家中仍有超过72%的国家（126个国家中的91个）没有任何失业保障计划向失业人口提供定期收入替代，只有将近25%的国家提供了一次性补贴，通常是遣散费（美国社会保障署/国际社会保障协会，2014a、2014b、2015a和2015b）；欧盟委员会，2016年；欧洲委员会，2016年；国际劳工组织，2016b；各国立法）。
13. 在非贫困人口中，较短的工作时间（每周少于35小时）对43%的自雇者和14%的授薪工作者产生不利影响。
14. 有将近五分之一（18%）的授薪在职贫困

人口每周从事有偿或营利性工作的时间少于 20 小时。在美国和加拿大，有超过 40% 的授薪在职贫困人口每周工作时间少于 35 小时，而非贫困人口中相应比例为 20%。授薪在职贫困人口中每周工作时间少于 20 小时者的比例在瑞典和英国超过三分之一，在爱尔兰为 60%（数据来源与图 2.3 相同）。在德国，在政府政策的作用下，微型工作大幅增加，从 2003 年 12 月的 598 万人上升到 2014 年的 750 万人（德国联邦劳工和社会事务部，2015 年）。在希腊，从事工作时间短和兼职工作的人数也出现大幅增长，在 2002 年到 2007 年之间，每周工作时间少于 10 小时工作者的比例上升了将近 96%（欧洲工作观察组织，2010 年）。

15. 例如，在美国，《患者保护与平价医疗法案》要求雇主在 2015 年向每周工作 30 小时或以上的雇员提供医疗保险，导致了一些企业减少了雇员的工作时间，以避免提供保险。有证据显示，该法案并没有导致全职工作向兼职工作转移，而是减少了已经从事兼职工作者的工作时间，实际上降低了一些最弱势美国工人的工资收入（奥巴马医改，2016 年）。

16. 授薪工作中贫困妇女每周从事有偿或盈利性工作时间低于 20 小时者比例在英国和瑞典超过 50%，在爱尔兰超过 75%。

17. 在新兴和发展中国家，自营（包括无酬家庭帮工）贫困妇女中每周工作时间低于 20 小时者比例超过 36%，而每周工作时间低于 35 小时者占大多数（将近 60%）。

18. 欧洲比较研究结果显示，贫困率与合同化工作状态之间存在显著的相关关系。逻辑回归结果显示，这一差异主要原因在于临时工与长期工之间的工资差异，而不是临时工的个人和家庭特点（雷等，2014 年）。新兴和发展中国家证据也表明，缺乏长期合同与较高贫困风险（包括较高的长期贫困风险）之间存在相关关系（长期贫困咨询网络，2013 年）。

19. 很多自营者没有被纳入社会保障法律法规规定的缴费型社会保障范围内，而且即使被纳入其中，也通常是通过自愿加入等弱性机制进行的，因此很少能转化为有效覆盖（国际劳工组织，2015b）。非正规就业的从属劳动者无论在法律还是实践中通常都被排除在社会保障覆盖范围之外，原因在于合同条款的直接规定、合同期限低于规定的最低界限、工作时间较短、雇主类型（包括家政工人所服务的家庭）、企业规模等，所有这些因素对贫困人口的影响都大于对非贫困人口的影响（同上）。对于被社会保障法律规定所覆盖的劳动者，也常常由于缴费能力不足、收入没有规律和不可预测性（不符合常规加入形式和长期缴费要求的因素）、优先考虑基本日常生活需要等主要原因而实际上没有加入社会保险，其他原因还包括缺乏权利意识、不合适的福利和缴费方式、对机构缺乏信任、国家机构发放福利和服务的效能和效率水平等（国际劳工组织，2013d、2015b 和 2015c）。

20. 关于贫困状况的独立性，国际劳工组织的一份早期报告（国际劳工组织，2015b）显示，自营者中加入社会保障体系的比例大大低于授薪工作者（在全球平均水平上，授薪工作者中的 52% 加入了养老金计划，而自营者中只有 16% 加入），而且非正式就业也对加入现有社会保障体系中的缴费型计划产生明显的负面影响。实际上，在授薪工作者的拥有正式长期合同与加入社会保障体系之间存在着非常强的相关关系，而且兼职工作者加入社会保障体系的比例也大大低于全职工作者（无论是从属就业还是独立就业）。

21. 在极度贫困方面，新兴和发展中国家的极度贫困人口中只有 6.5% 加入了养老金计划，而非贫困人口中则有 31.4% 加入。

22. 非贫困人口中的授薪工作者和自雇者的相应加入比例分别为 55.1% 和 13.5%。

23. 阿根廷、智利和乌拉圭是发达国家，其呈现在图 2.6（A 组和 B 组）中的结果是按照家庭收入中位数 60% 的相对贫困线计算的，但是，为了与巴西和哥斯达黎加进行比较，"超过 20%" 是按照每天 3.10 美元购买力平价的极度贫困和中等贫困绝对人均贫困线计算的。

24. 在哥伦比亚，第 1429 号法案鼓励中小微企业将其结构正式化（例如通过减税），并且为贫困人口创造就业机会。在巴西，中小企业通用法案在 2010 年创造了"个体微型创业者"的法律概念，以及与其相关的简化注册、获得社会保障、医疗保障和产假的单一缴费机制。因此，向正规个体微型创业者颁发的营业执照对他们获得市场准入和信贷提供了便利。到 2015 年 6 月，以前的非正规自雇者中已经有 500 万劳动者进行了正式化（巴西政府，2015 年；国际劳工组织，2014c）。

25. 哥伦比亚、多米尼加、尼加拉瓜和秘鲁等国也采取了中小企业制度框架现代化、帮助中小企业获得金融服务和技术发展等措施。

26. 乌拉圭 2000 年开始实施并在 2007 年和 2011 年进一步调整的单一税制，有效地将社会保障计划对自雇者的覆盖率从 2006 年的 17.6% 提高到 2013 年的 42.7%（国际劳工组织，2014b 和 2015b）。法国政府 2008 年推出的自营制度（杜兰·巴尔韦德等，2013 年；法国政府，2015 年；国际劳工组织/欧盟委员会，2015 年）和巴西"超级单一税"制度（国际劳工组织，2014c）也遵循了类似的原则和目标，极大地提高了独立劳动者加入社会保障体系的比例。

27. 阿根廷 2008 年的第 26.476 号法案，通过增加和保护注册就业，加快了正规化进程。工作正规化（尤其是在授薪工作者中）策略包括降低新雇员的社会保障缴费（第一年降低 50%，第二年降低 25%）以及改善检查程序（包括在不同机构和不同层级政府之间进行协调）（国际劳工组织，2014c）。

28. 社会保障福利包括个人福利（包括遣散费等失业福利、养老和退休福利、死亡补助金等遗嘱福利、疾病福利、残疾福利、生育福利、教育相关津贴，如适用）和家庭福利（包括家庭及儿童相关货币津贴和儿童相关实物津贴的价值、住房津贴、其他货币社会津贴和实物社会津贴的价值）。

29. 值得注意的是，很多人口是因为收到了社会保障福利才处于贫困线以上。

30. 考虑极度和中等贫困（低于每天人均 3.10 美元购买力平价）的情况。

31. 在南非，儿童抚养补贴（尽管是财产审查型的）覆盖了所有 18 岁以下儿童（2012 年为 1080 万）中的一半以上，儿童福利支出（占国内生产总值的 1.2%）高于全球平均水平（占国内生产总值的 0.4%），也比发达国家和欧洲国家的平均水平（占国内生产总值的 1.4%）低不了多少。而且，南非的养老福利也几乎覆盖了所有 65 岁及以上的老年人口（其中 90% 得益于非缴费型老年补贴的逐步扩大）。另外，巴西的家庭补助计划在绝对金额上是最大的儿童福利项目，覆盖了 1400 万家庭和巴西人口的四分之一（每年成本低于国内生产总值的 0.5%）（国际劳工组织，2014a），估计也使巴西的不平等水平比 20 世纪 90 年代降低了 10%（巴罗斯等，2010 年）。

32. 基于占发达国家 90% 以上贫困和非贫困人口的 37 个国家数据的加权平均值。

33. 在 21 世纪初，智利政府认为，尽管贫困人口比例在 20 世纪 90 年代有所下降，但极度贫困人口比例保持不变，因此将面向最贫困和最弱势群体的社会保障体系作为促进社会进步的措施。为此，在过去十年中，智利的创新社会保障政策和项目重新引人注目，其中包括消除极度贫困的《团结智利计划》（2002 年推出）、确保获得医疗服务的《普及医疗明确保证特别计划》（AUGE）（2004 年推出）、《团结基本养老保险》（PBS）（2008 年养老保险改革的基础）、《智利与你共成长》（Chile Crece Contigo）（2006 年推出）（罗夫莱斯，2011 年）。在 2008 年金融危机的背景下，智利也推出了新的项目防止某些人口陷入极度贫困之中，并且在 2011 年 4 月发展为定期向极度贫困家庭发放非缴费型货币社会转移的项目：社会津贴（Asignación Social）。社会津贴是作为智利政府 2014 年消除极度贫困和 2018 年消除贫困战略关键组成部分的《道德家庭收入计划》（IEF）的第一部分，其中《道德家庭收入计划》旨在扩大团结智利计划的覆盖范围和提高社会转移的价值（塞奇尼、罗夫莱斯与巴尔加斯，2012年），重视提高家庭的创收能力，以便他们能够用自己的方法脱贫并且远离贫困。该计划规定了向18岁以上未学习或其学习内容与加入该计划相容的青年提供新型就业支持（apoyo sociolaboral）。向受益者提供的新就业项目中还包括了妇女就业补贴，这在这个劳动力中妇女比例最低的国家具有特别意义（塞奇尼、罗夫莱斯与巴尔加斯，2012年；罗夫莱斯，2012年）。

34. 这些范围包括符合奥托·冯·俾斯麦路线的以基于社会保险的收入维持（由缴费记录决定收入相关福利的资格）为主要目标的社会政策，以及威廉·贝弗里奇主张的以防贫为目标、由税收提供资金、覆盖全民的统一福利政策（莫雷尔与帕姆，2012年）。

35. 考虑各种社会转移，而不是具体的失业福利。所提及的个人结果是作为其家庭中的一部分，其中每个成员都收到各种社会转移（性质不同）收入以及来自于其他收入来源且由家庭成员平等分享的收入。

36. 在发达国家，失业人口中收到失业福利（无论是社会保险还是特定的社会救助福利）者的比例从2009年的42.8%下降为2014年的33.8%，远低于危机之前的水平（60个发达国家的全球估计值）。

37. 在新兴和发展中国家中，第一、二、三种情况占了贫困人口的55%和总收入差距的58%；而在发达国家，第一、二、三种情况则占了贫困人口的58%和总收入差距的60%以上。这些比例包括了未呈现在专栏2.3中的依靠自营者和授薪工作者两个方面劳动收入的贫困人口。

38. 不幸的是，此基本原理不符合社会救助的当前趋势，也不符合非洲的情况，因为非洲的重点在于老年人或无劳动适龄成年人的家庭。在很多项目中，家庭中如果有一位劳动适龄成年人，则无论受抚养者数量有多少，都会被排除在这些项目之外。

39. 就业质量是通过就业的不同状况进行不完美评估，必须根据第二节中对体面工作匮乏的分析加以考虑。第二节的结果显示，自营者受体面工作匮乏的影响要大于授薪工作者（加入社会保障体系受到限制、工作时间过短和过长的风险都较高，在新兴和发展中国家尤其如此），但授薪工作者也会受到体面工作匮乏的影响。

40. 在发达国家，来自于欧洲和经合组织国家以前研究的证据确认了与时间有关的不完全就业对在职贫困的重要影响。正如经合组织指出的，"尽管认为在职贫困主要是对低工资劳动者而言是很自然的，但低工资就业与在职贫困之间的共同点实际上非常少"（经合组织，2009b，第3页）。来自于21个欧洲国家的证据显示，在职贫困人口的小时工资不一定位于工资阶梯的最底部（只有略多于一半的在职贫困人口生活在至少有一人从事低工资工作的家庭中）（经合组织，2009a和2009b；欧洲改善生活和工作条件基金会，2010年；加拿大人力资源与社会发展部，2006年）。

41. 也就是说，有将近40%的在职贫困人口应该通过增加劳动收入来解决，既能促进直接脱贫，又能提高贫困人口的能力，从而保证在中期能获得更好的工作条件，其中包括积极劳动力市场政策，尤其是培训和再培训。增加劳动收入意味着，不完全就业者和愿意做更多工作者的工作时间延长，工资和利润得到提高，以及有利于非正规就业的逐渐正规化的措施。

42. 在发达国家，有相对较高比例（30%）的贫困人口生活在无人从事有偿工作的家庭中，其中包括老年人、失业人口、单独生活的非经济活动人口、单亲人士（见附录E中图2E.1的1b）。

参考文献

Aizer, A.; Eli, S.; Ferrie, J.; Lleras-Muney, A. 2016. "The long-run impact of cash transfers to poor families", in *American Economic Review*, Vol. 106, No. 4, pp. 935–971.

Alderman, H.; Yemtsov, R. 2012. *Productive role of safety nets*, Social Protection and Labor Discussion Paper No. 1203, background paper for the World Bank 2012-2022 Social Protection and Labor Strategy (Washington, DC, World Bank).

Aleksynska, M.; Bonnet, F.; Da Silva Gama Nogueira, C.A.; Saget, C. 2013. *Addressing employment, labour market and social protection challenges in G20 countries: Key measures since 2010*, background report prepared by the ILO and the OECD for the G20 Task Force on Employment (Geneva, ILO).

Asian Development Bank (ADB). 2015. *Social Protection Index*. Available at: http://spi.adb.org/spidmz/index.jsp [Apr. 2016].

—. Forthcoming. *The Social Protection Indicator: Assessing results for Asia in 2012* (Manila).

Barros, R.; de Carvalho, M.; Franco, S.; Mendonça, R. 2010. "Markets, the state, and the dynamics of inequality in Brazil", in L.F. López-Calva and N. Lustig (eds): *Declining inequality in Latin America: A decade of progress?* (Washington, DC, Brookings Institution), pp. 134–174.

Bonnet, F.; Saget, C.; Weber, A. 2012. *Social protection and minimum wages responses to the 2008 financial and economic crisis: Findings from the ILO/World Bank Inventory*, Employment Working Paper No. 113 (Geneva, ILO).

Cecchini, S.; Robles, C.; Vargas, L.H. 2012. *The expansion of cash transfers in Chile and its challenges: Ethical family income*, Research Brief No. 26 (Brasilia, International Policy Centre for Inclusive Growth (IPC)). Available at: http://www.ipc-undp.org/pub/IPCPolicyResearchBrief26.pdf [Apr. 2016].

Chant, S. 2010. *The international handbook of gender and poverty: Concepts, research, policy* (Cheltenham, UK, Edward Elgar).

Chronic Poverty Advisory Network. 2013. *Working out of chronic poverty: A policy guide*. Available at: http://www.odi.org/sites/odi.org.uk/files/odi-assets/publications-opinion-files/8515.pdf [30 Mar. 2016].

Clean Clothes Campaign. 2014. *Living wage in Asia 2014* (Amsterdam). Available at: https://www.cleanclothes.org/resources/publications/asia-wage-report [Apr. 2016].

Council of Europe. 2016. *European Code of Social Security: Mutual Information System on Social Protection of the Council of Europe* (MISSCEO). Available at: http://www.coe.int/t/dg3/socialpolicies/socialsecurity/MISSCEO/missceo_en.asp [Apr. 2016].

Durán Valverde, F.; Flores Aguilar, J.; Ortiz Vindas, J.F.; Muñoz Corea, D.; de Lima Vieira, A.C.; Tessier, L. 2013. *Innovations in extending social insurance coverage to independent workers: Experiences from Brazil, Cape Verde, Colombia, Costa Rica, Ecuador, Philippines, France and Uruguay* (Geneva, ILO).

European Commission (EC). 2016. *Mutual Information System on Social Protection (MISSOC)*. Available at: http://ec.europa.eu/social/main.jsp?catId=815&langId=en [Apr. 2016].

European Foundation for the Improvement of Living and Working Conditions (Eurofound). 2008. *Revisions to the European working time directive: Recent Eurofound research*, background paper (Dublin).

—. 2010. *Working poor in Europe* (Dublin). Available at: http://ec.europa.eu/social/main.jsp?catId=815&langId=en [Feb. 2016].

European Observatory of Working Life (EurWork). 2010. *Flexible forms of work: 'Very atypical' contractual arrangements*. Available at: http://www.eurofound.europa.eu/observatories/eurwork/comparative-information/flexible-forms-of-work-very-atypical-contractual-arrangements [Apr. 2016].

Eurostat. 2015a. *European System of Integrated Social Protection Statistics* (ESSPROS). Available at: http://ec.europa.eu/eurostat/web/social-protection/overview [Feb. 2016].

—. 2015b. *European Union Statistics on Income and Living Conditions (EU-SILC)*. Available at: http://ec.europa.eu/eurostat/web/microdata/european-union-statistics-on-income-and-living-conditions [Apr. 2016].

Federal Ministry of Labour and Social Affairs, Germany. 2015. *450 Euro mini jobs/marginal employment* (Berlin). Available at: http://www.bmas.de/EN/Our-Topics/Social-Security/450-euro-mini-jobs-marginal-employment.html [Apr. 2016].

Fiszbein, A.; Kanbur, R.; Yemtsov, R. 2013. *Social protection, poverty and the post-2015 agenda*, Policy Research Working Paper No. 6469 (Washington, DC, World Bank).

Government of Brazil. 2015. *Portal do Empreendedor – MEI (Microempreendedor individual)*. Available at: http://www.portaldoempreendedor.gov.br/noticias/noticias-do-portal/brasil-comemora-marca-de-5-milhoes-de-meis [Apr. 2016].

Government of France. 2015. *Le portail officiel des auto-entrepreneurs*. Available at: http://www.lautoentrepreneur.fr/index.htm [Apr. 2016].

Hanlon, J.; Barrientos, A.; Hulme, D. 2010. *Just give money to the poor: The development revolution from the Global South* (Sterling, VA, Kumarian Press).

Haughton, J.; Khandker, S.R. 2009. "Measures of poverty", in J. Haughton and S.R. Khandker: *Handbook on poverty and inequality* (Washington, DC, World Bank), pp. 67–82.

HelpAge International. 2011. *Financing social pensions in low- and middle-income countries*, Pension watch briefings on social protection in older age, Briefing No. 4 (London).

Heshmati, A.; Maasoumi, E.; Wan, G. (eds). 2015. *Poverty reduction policies and practices in developing Asia* (Manila, Asian Development Bank (ADB)).

Human Resources and Social Development Canada. 2006. *When working is not enough to escape poverty: An analysis of Canada's working poor*. Available at: http://tamarackcommunity.ca/downloads/vc/When_Work_Not_Enough.pdf [30 Mar. 2016].

International Labour Office (ILO). 2001. *Reducing the decent work deficit: A global challenge*, Report of the Director-General, International Labour Conference, 89th Session, Geneva, 2001 (Geneva).

—. 2003. *Working out of poverty*, Report of the Director-General, International Labour Conference, 91st Session, Geneva, 2003 (Geneva). Available at: http://www.ilo.org/public/english/standards/relm/ilc/ilc91/pdf/rep-i-a.pdf [Apr. 2016].

—. 2010a. *World Social Security Report 2010/11: Providing coverage in times of crisis and beyond* (Geneva).

—. 2010b. *Extending social security for all: A guide through challenges and options* (Geneva).

—. 2011a. *Final report: Tripartite Meeting of Experts on Working-time Arrangements*, Geneva, 17–21 Oct.

—. 2011b. *Working time in the twenty-first century*, Report for discussion at the Tripartite Meeting of Experts on Working-time Arrangements, Geneva, 17–21 Oct.

—. 2013a. *Resolution I: Resolution concerning statistics of work, employment and labour underutilization,* adopted at the 19th International Conference of Labour Statisticians, Geneva, 11 Oct. Available at: http://www.ilo.org/wcmsp5/groups/public/---dgreports/---stat/documents/normativeinstrument/wcms_230304.pdf [Apr. 2016].

—. 2013b. *Women and men in the informal economy: A statistical picture*, Second edition (Geneva).

—. 2013c. *The informal economy and decent work: A policy resource guide supporting transitions to formality* (Geneva). Available at: http://www.ilo.org/wcmsp5/groups/public/---ed_emp/---emp_policy/documents/publication/wcms_212689.pdf [Apr. 2016].

—. 2013d. *Social protection assessment based national dialogue: A good practices guide: Approaches and tools developed in East and South-East Asia from 2011 to 2013* (Bangkok, ILO Regional Office).

—. 2014a. *World Social Protection Report 2014/15: Building economic recovery, inclusive development and social justice* (Geneva).

—. 2014b. *World of Work Report: Developing with jobs* (Geneva).

—. 2014c. *The transition from the informal to the formal economy*, Report V(1), International Labour Conference, 104th Session, Geneva, 2014 (Geneva).

—. 2014d. *Uruguay. Monotax: Promoting formalization and protection of independent workers* (Geneva).

—. 2015a. *ILO Social Security Inquiry* (SSI) database. Available at: http://www.ilo.org/dyn/ilossi/ssimain.home [Apr. 2016].

—. 2015b. *World Employment and Social Outlook 2015: The changing nature of jobs* (Geneva).

—. 2015c. *Non-standard forms of employment*. Report for discussion at the Meeting of Experts on Non-standard Forms of Employment, Geneva, 16–19 Feb. (Geneva).

—. 2016a. *Women at Work: Trends 2016* (Geneva).

—. 2016b. *NORMLEX: Information System on International Labour Standards*. Available at: http://www.ilo.org/dyn/normlex/en/ [Feb. 2016].

—; European Commission (EC). 2015. *Inventory of labour market policy measures in the EU 2008–13: The crisis and beyond* (Geneva).

International Monetary Fund (IMF). 2016. *World Economic Outlook Database*, Jan. 2016.

Lee, S.; McCann, D.; Messenger, J.C. 2007. *Working time around the world: Trends in working hours, laws and politics in a global comparative perspective* (Abingdon, UK, Routledge).

Luxembourg Income Study Database (LIS). 2016. *Luxembourg Income Study (LIS) Database*, multiple countries (Luxembourg). Available at: http://www.lisdatacenter.org [Apr. 2016].

McCord, A. 2011. *Skills development as part of social protection programmes*, background paper prepared for the United Nations Educational, Scientific and Cultural Organization (UNESCO): Education for All Global Monitoring Report 2012: Youth and skills: Putting education to work (Paris, UNESCO).

Messenger, J.C.; Wallot, P. 2015. *The diversity of "marginal" part-time employment,* INWORK Policy brief No. 7 (Geneva, ILO).

Morel, N.; Palme, J. 2012. "Financing the welfare state and the politics of taxation", in B. Greve (ed.): *The Routledge handbook of the welfare state* (Abingdon, UK, Routledge), pp. 401–409.

ObamaCare Facts. 2016. Available at: http://obamacarefacts.com/obamacare-facts/ [Feb. 2016].

Organisation for Economic Co-operation and Development (OECD). 2009a. "Is work the best antidote to poverty?", in *Employment Outlook 2009* (Paris), pp. 166–210. Available at: http://www.oecd.org/els/emp/45219514.pdf [Apr. 2016].

—. 2009b. *In-work poverty: What can governments do?*. Policy Brief, Sep.

—. 2015a. *Social Expenditure Database* (SOCX). Available at: http://www.oecd.org/social/expenditure.htm [Apr. 2016].

Ortiz, I.; Cummins, M.; Karunanethy, K. 2015. *Fiscal space for social protection options to expand social investments in 187 countries,* Extension of Social Security (ESS) Working Paper No. 48 (Geneva).

Ray, K.; Sissons, P.; Jones, K.; Vegeris, S. 2014. *Employment, pay and poverty: Evidence and policy review* (York, UK, Joseph Rowntree Foundation (JRF)).

Robles, C. 2011. *El sistema de protección social de Chile: Una mirada desde la igualdad*, Documento de proyecto, LC/W.428 (Santiago, Chile, ECLAC).

—. 2012. *Social protection systems in Latin America and the Caribbean: Chile* (Santiago, Economic Commission for Latin America and the Caribbean (ECLAC)). Available at: http://repositorio.cepal.org/bitstream/handle/11362/4031/S2012104_en.pdf?sequence=1 [30 Mar. 2016].

Social Security Administration of the United States (SSA); International Social Security Association (ISSA). 2014a. *Social security programs throughout the world: Europe, 2014* (Washington, DC, and Geneva).

—; —. 2014b. *Social security programs throughout the world: The Americas, 2013* (Washington, DC, and Geneva).

—; —. 2015a. *Social security programs throughout the world: Asia and the Pacific, 2014* (Washington, DC, and Geneva).

—; —. 2015b. *Social security programs throughout the world: Africa, 2015* (Washington, DC, and Geneva).

Vanek, J.; Chen, M.; Carre, F.; Heintz, J.; Hussmanns, R. 2014. *Statistics on the informal economy: Definitions, regional estimates and challenges*, WIEGO Working Paper (Statistics) No. 2 (Cambridge, MA, Women in Informal Employment: Globalizing and Organizing (WIEGO)). Available at: http://wiego.org/sites/wiego.org/files/publications/files/Vanek-Statistics-IE-WIEGO-WP2.pdf [Apr. 2016].

World Bank. 2016a. *PovcalNet* database. Available at: http://iresearch.worldbank.org/PovcalNet/ [Apr. 2016].

—. 2016b. *ASPIRE: The atlas of social protection indicators of resilience and equity*, database (Washington, DC). Available at: http://datatopics.worldbank.org/aspire/ [Apr. 2016].

第三章
实现增长和工作转型以脱贫

引言

第一章和第二章都强调了全球范围内的体面工作匮乏是消除贫困所面临挑战的核心,因为贫困人口通常从事不稳定的弱势工作,获得的社会保障非常有限。其中,在新兴和发展中国家,贫困人口通常是在农村地区的农业部门就业,而在发达国家,在职贫困人口通常从事不稳定的工作,处于不完全就业状态。因此,要想以可持续方式解决贫困问题,就需要进行工作转型,将其作为缩小贫困差距(详见上一章)努力的必要组成部分。

实际上,最近通过的 2030 年可持续发展议程目标 8(促进持久、包容和可持续的经济增长,促进充分的生产性就业和人人获得体面工作)中就包含了工作转型的概念[1]。然而,仅仅经济增长本身并不一定能产生脱贫作用,非洲就是一个很好的例子,在过去十多年中,非洲是全球经济增长最快的地区,但是其体面工作匮乏情况并没有得到改善,贫困率的降低也落后于其他地区(国际劳工组织,2015a 和 2015b)。另外,也存在其他例子表明经济增长不一定能转化为脱贫成果。

认识到这一点,本章首先要考察经济增长和脱贫之间的长期相关关系,包括对宏观经济关键驱动因素的研究(第一节);第二节详细分析经济增长的来源及其脱贫作用的大小,强调生产转型的重要性;第三节是结束语和对本报告第二部分的介绍。

第一节 经济增长和贫困综述

实证证据显示,经济增长是脱贫的必要而非充分条件

以前的研究显示了用绝对值和相对值衡量的经济增长脱贫潜力(见专栏 3.1),具体通过多种途径来实现。首先,经济增长可以通过创造就业机会和增加劳动收入来脱贫,因为劳动收入是贫困家庭的主要收入来源(见第一章)(伊斯兰,2004年)。其次,经济增长可以扩大税收基础(在假设新增就业机会是正式就业的情况下)和政府收入,让政府能够为医疗、饮用水、教育、就业和社会项目(见第六章)等基本服务提供资金。最后,强劲的经济增长还可以产生良性循环,因为经济繁荣和新增就业机会可以提高社会凝聚力,产生改善制度框架的上行压力,从而促进更有效的治理,最终进一步促进经济增长和提高生活水平。

另外，结构性因素也在经济增长的脱贫作用中发挥了核心作用。例如，在新兴和发展中国家，大部分人口通常都生活在农村地区（世界银行，2015年），这意味着经济增长的脱贫作用较小，因为经济发展的初级阶段通常都集中在城镇地区[2]。正如第一章中所述，在新兴和发展中国家，有88%的极度贫困人口生活在农村地区，农村地区的贫困率比城镇地区高四倍，同时贫困人口中的60%也在农业部门就业。

而且，对1992—2012年期间90多个不同经济发展阶段国家经济增长脱贫作用的最新分析也确认了以前的发现，尽管程度不同。

> **专栏3.1**
>
> **经济增长与脱贫：一些文献内容概述**
>
> 经济增长与脱贫之间关系是经济学的热门研究主题，因此，要想对这些研究进行概述，就要对复杂的证据进行简化，虽然如此，这些文献仍然指明了一些主要方向。首先，一些重要研究的结果显示，经济增长有助于脱贫（多拉尔与克雷，2000年；多拉尔、克莱内贝格与克雷，2013年；利普顿与拉瓦利翁，1995年；拉瓦利翁与陈，1997年；罗默与古格蒂，1997年）。其次，仅仅经济增长本身并不足以脱贫，在此类文献中最早提出的是阿卢瓦利亚、卡特与切纳里（1979年），表明了经济增长对最贫困人口的帮助不大，因为贫困人口的收入增长远低于平均水平。概括来说，对经济增长与脱贫之间关系的研究包括了以下一些方面：
>
> - **无就业经济增长不能起到脱贫作用**：一些研究认为，除非经济增长能够创造高质量的就业，否则并不能起到脱贫作用（阿耶蒂与巴阿—博阿滕，2007年；杰米欧与肖克，2006年；梅赫塔等，2011年）。
> - **经济增长成果必须平等分享才能起到脱贫作用**：收入不平等和财富不平等限制了贫困人口利用经济增长提供机会的能力（布吉尼翁，2004年；福苏，2011年；洛艾萨与拉达茨，2010年；萨阿德—费洛，2010年）。
> - **经济增长应该与改善社会基础设施相结合**：经济增长与旨在纠正收入分配不平等的社会保障相结合，通常可以发挥最佳的脱贫作用（奥尔德曼与叶姆佐夫，2014年；德雷兹与森，2013年）。
> - **生产转型是脱贫的关键**：一些研究者表示，经济增长必须通过教育和技能培训实现生产转型，才能起到更大的脱贫作用（罗德里克，2007年；萨拉萨尔—希里纳奇斯、尼布勒与科祖尔—赖特，2014年）。

分析结果显示，人均国内生产总值增长率每增加1个百分点，平均可以使低收入国家、中低收入国家和中高收入国家的极度贫困率[3]降低0.17个百分点（见图3.1中的A组），但其中经济增长对极度贫困的作用在低收入国家和中低收入国家要大于中高收入国家，因为人均国内生产总值增长率年平均值每增加1个百分点在前者可以使其极度贫困率降低0.25个百分点，在后者只能降低0.15个百分点。不过，由于低收入国家和中低收入国家存在大量的极度贫困人口，其贫困的经济增长弹性估计值要低于中高收入国家的估计值[4]，这一方面反映了前者的经济增长速度比后者更慢，起伏更大[5]，另一方面也表明，前者的制度和结构性弱点也是其经济增长的脱贫效率相对低的重要原因。

图 3.1

经济增长与贫困之间的关系

A组：1992年至2012年期间按贫困指标和发展阶段统计的人均国内生产总值增长率增加1个百分点的脱贫作用

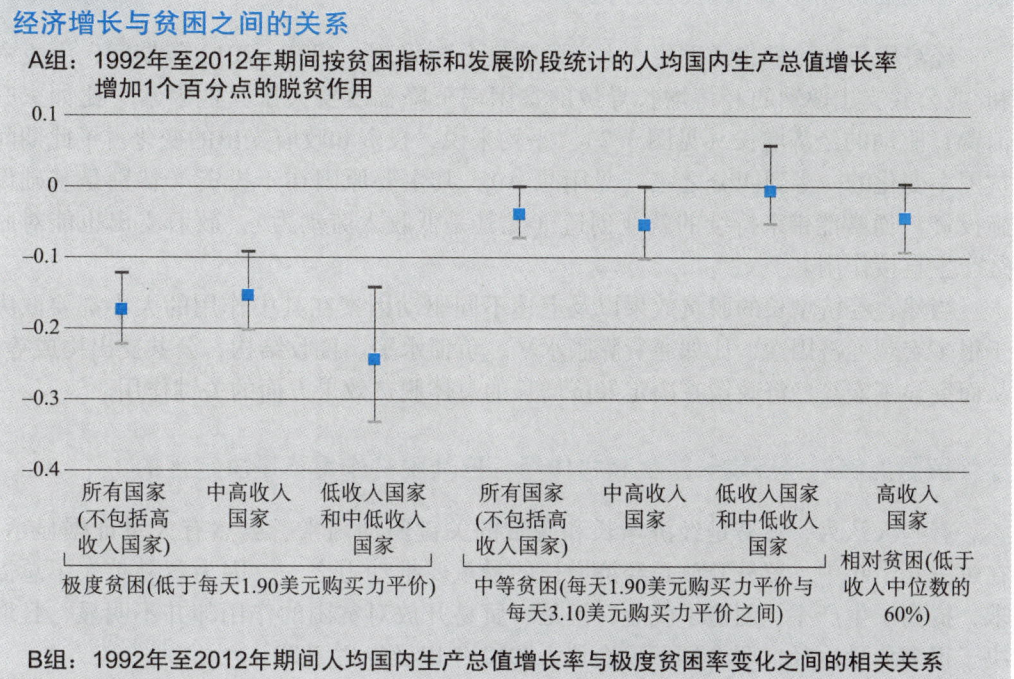

B组：1992年至2012年期间人均国内生产总值增长率与极度贫困率变化之间的相关关系

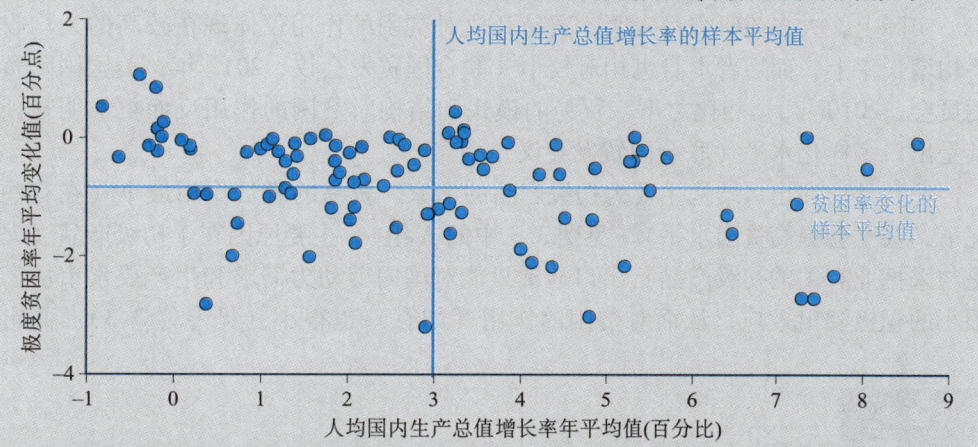

注：由于可获得数据有限，将低收入国家和中低收入国家结合为一个群组。A组中展示了人均国内生产总值增长率年平均值变化1%所引起的贫困率年平均变化百分点，其中，方形数据标签表示该变化百分点的估计值，垂直线图表示对93个低收入国家、中低收入国家和中高收入国家1992年至2004年和2005年至2012年两个时间段混合截面数据用普通最小二乘法（OLS）估计的95%置信区间，详细的回归结果参见表3A.1。

资料来源：国际劳工组织基于全国家庭调查、世界银行PovcalNet数据和世界发展指标数据的计算。

人均国内生产总值增长对高收入国家相对贫困（采用相对贫困指标[6]）的作用比较小。同样的，经济增长对新兴和发展中国家中等贫困的作用也很弱，对最不发达国家中等贫困的有利影响要么很小，要么在统计上不显著。

更普遍地看，人均国内生产总值增长对极度贫困的作用在不同国家差异非常大，并不是严格地取决于人均国内生产总值的增长速度（见图3.1中B组）[7]。例如，1992—2012年期间，很多人均国内生产总值增长速度相对较慢的国家极度贫困下降幅度超过了平均水平（与此相反，有些人均国内生产总值增长速度高于平均水平的国家脱贫效果却表现平平），这表明脱贫不是只取决于经济增长速度和国家发展水平，更取决于其包容性程度。

投资驱动型经济增长具有巨大的脱贫潜力

经济增长的质量非常重要。本章的实证分析发现，1991—2012 年期间，由投资和/或公共支出驱动的经济增长导致的贫困率下降幅度要大于其他因素（比如家庭消费）驱动的经济增长（见图 3.2）。平均来说，投资和政府支出的变化占了此期间贫困率变化的一半到四分之三（见附录 A），其主要原因在于投资（特别是基础设施投资）通常能带来持续的就业创造（尤其是低收入劳动力），政府支出也能对脱贫产生直接作用。

当然，经济增长的脱贫效果以及上述不同驱动因素在其中作用的大小都要取决于很多宏观经济因素，比如通货膨胀水平、负债水平、税收结构、公共支出构成等，从而突显了宏观经济政策在决定经济增长的总体脱贫效果方面的关键作用。

尽管贸易能够对经济增长产生积极作用，但其脱贫作用不是决定性的

有些人认为，贸易是经济增长和脱贫的关键驱动因素。虽然有大量证据显示，在过去几十年中，贸易开放是经济增长的最重要推动力之一，因为贸易扩大了总需求，提高了生产率，创造了就业，但是，贸易开放对贫困的作用却并不明显，且取决于很多传导途径（联合国贸发会议，2012 年以及专栏 3.2）。

实际上，大多数研究都表明，贸易开放对贫困的作用仅体现在较高的人均收入平均增长率上，而后者本身也相对较小（联合国贸发会议，2012 年；美国国际贸易委员会，2010 年）。相比之下，贸易的模式和结构对贫困的作用反而更加明显，尤其是出口多样化水平（联合国贸发会议）。

尤其是，在出口结构主要为初级产品的国家，贸易的脱贫作用最小（在有些情况下，甚至会提高贫困水平）（见图 3.3 中的 A 组），主要原因在于初级产品（尤其是与采掘业有关的初级产品）出口通常只能对国内劳动力需求和生产要素市场产生很小的积极溢出效应，从而对贫困的作用（如有）也很小（见专栏 3.3）。而出口

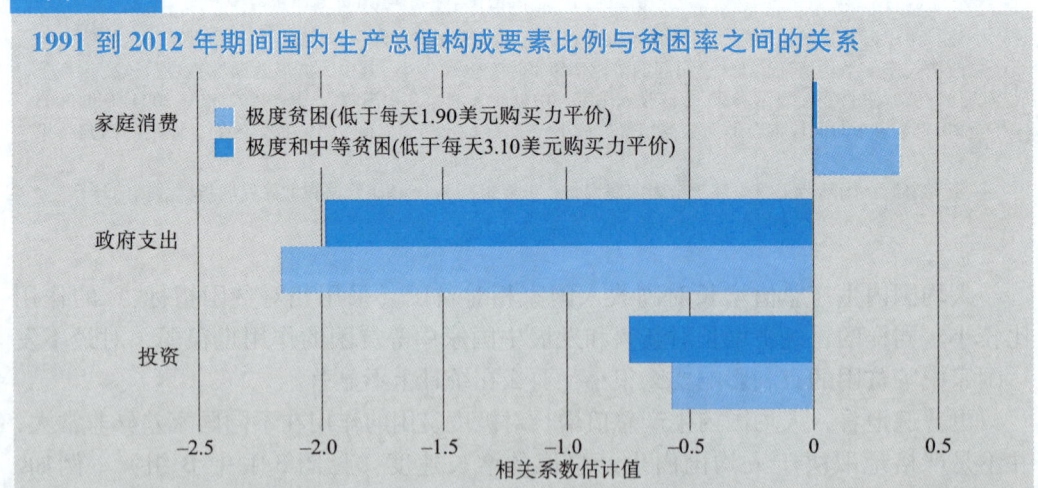

图 3.2

1991 到 2012 年期间国内生产总值构成要素比例与贫困率之间的关系

注：本图展示了贫困与国内生产总值构成要素之间通过回归分析计算的相关系数估计值，表示各构成要素占国内生产总值的比例每增加 1 个百分点，分别对极度贫困和中等贫困作用的大小，详细回归分析结果参见附录 B 中的表 3B.7。

资料来源：国际劳工组织基于国际货币基金组织《世界经济展望》、世界银行 PovcalNet 数据以及国际劳工组织研究部门 2015 年 11 月趋势计量经济学模型数据的计算。

专栏 3.2

理解贸易与贫困之间的相关关系

很多研究都表明,贸易可以从几个方面影响贫困,摘要如下:

价格途径:贸易引起的价格变化对贫困的作用取决于贫困家庭是该价格变化商品的净消费者还是净生产者。

企业途径:一方面,贸易开放可能会让企业扩大市场范围,也容易获得价格较低的进口商品,因此可以提高产量和/或获利能力,最终促进就业创造,增加劳动收入,从而降低了贫困率。另一方面,大量廉价进口商品的涌入也会危及国内企业生产的进口竞争型商品需求,从而可能会导致劳动力需求和/或工资的降低。

政府途径:一方面,贸易关税的降低对政府收入产生直接的不利影响,从而限制了有利于贫困人口的财政支出规模,另一方面,这也可能被贸易带来的经济增长导致的政府收入增长所抵消。一般来说,贸易导致的税收收入增减对贫困人口的影响程度,最终要取决于政府如何分配贸易开放所带来的税收收入损失或收益。

另外,在上述途径中,很多背景因素也会影响到贸易开放对包容性增长和脱贫的贡献大小。例如,很高的国内通货膨胀率或剧烈变动的汇率,都有可能打击投资者的信心,破坏宏观经济稳定性,从而阻碍了国家利用贸易开放的机会。同样的,妨碍国内需求的高水平收入不平等,也会限制贸易开放对国内市场的积极溢出效应(详见下文)。

资料来源:希金斯与普劳斯(2010 年)。

图 3.3

1990 到 2012 年期间脱贫与出口结构之间的关系

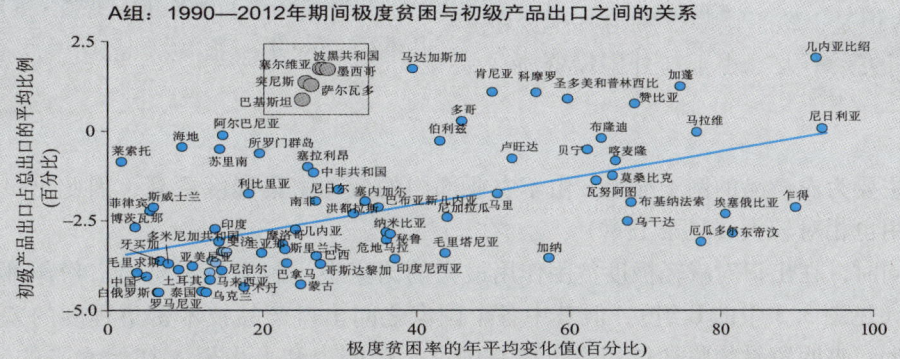

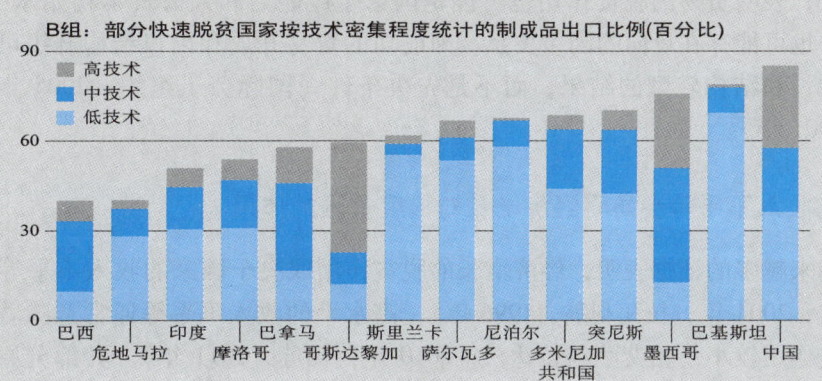

注:出口产品分类是基于拉尔(2000 年)的贸易产品技术分类体系。初级产品和制成品平均出口比例是根据 1995 到 2012 年期间数据计算的。极度贫困是指生活在收入或消费低于每天人均 1.90 美元购买力平价的条件下。"快速脱贫"国家是指在 1990 年到 2012 年期间极度贫困率每年至少降低了 3% 的国家。

资料来源:国际劳工组织基于世界银行 PovcalNet 数据和联合国贸易和发展会议统计数据库的计算。

第三章 实现增长和工作转型以脱贫

专栏 3.3

全球化与"自然资源诅咒"

在过去二十多年中，全球供应链的不断扩大已经成为创造就业的主要驱动因素（国际劳工组织，2015a），其中不断扩大的全球农业供应链一体化尤其具备脱贫的潜力，因为这（在一定的条件下）可以提高小农农业的生产率，不过，有时这也是有代价的，尤其是对"全球性土地争夺"的影响（详见第五章）。

同样的，全球工业（尤其是采矿业和采石业）一体化也可能带来意想不到的后果。实际上，矿藏储量和自然资源丰富的国家一般仍处在持续贫困当中，即存在所谓的"自然资源诅咒"现象。[1]例如，一些石油、钻石和矿藏等自然资源丰富的国家，其贫困率是世界上最高的，虽然其中很多国家的矿藏和油田吸引到了大量的外国投资，具备很大的经济和就业增长潜力，但是，鉴于这些投资与其他经济部门关系不大（由于与外国投资所在部门无关的非正式经济盛行），因此对就业增长和脱贫的作用通常都低于期望值。

最后，大宗商品的价格动荡，以及自然资源部门挤出制造业的潜力，也降低了外国投资对经济发展的有利作用。此外，有些地方存在的腐败现象和不完善的治理安排，也导致了发展成果的不公平分配和矿藏所在地社区的流离失所，从而加剧了当地的贫困现象（弗兰克尔，2010 年）。对于那些想要有效利用资源的国家来说，加入全球市场要与改善劳工标准和劳动者权利同步进行，确保以体面工作创造为终极目标（这一问题将在以后章节中进行详细讨论）。

[1] 已经探讨这一问题的研究包括：米克塞尔（1997 年）；史蒂文斯（2003 年）；莱德曼与马洛尼（2008 年）；赖特与切鲁斯塔（2003 年，2004 年和 2006 年）；琼斯·梁与魏因塔尔（2010 年）；范德普勒格（2011 年）。

结构主要为农产品的例子显示，由于农业部门的劳动密集程度更高，因此出口的脱贫作用也相对较大（见第五章）。

同时，在出口对减轻极度贫困作用最大的国家中，制成品占总出口份额都相对较大（见图 3.3 中的 B 组），但其中各个国家之间出口产品技术密集程度的差异也非常大，表明贸易的脱贫作用也可能是国家生产能力和人力资本初始水平的函数。不过，也可能存在反向的因果关系，即成功的贸易开放和出口结构升级可能会是包容性增长和结构转型的结果，而不是先决条件（国际劳工组织，2005 年；罗德里克，2001 年）。

严重的收入不平等会妨碍经济增长对极度贫困的作用

越来越多的证据表明，经济增长的脱贫作用取决于国家的收入不平等水平（布吉尼翁，2004 年；拉瓦利翁，1996 年），高水平的收入不平等通常意味着经济增长的脱贫作用较小（洛艾萨与拉达茨，2010 年；福苏，2011 年）。其部分原因是体制性的，因为收入分配越不公平，贫困人口能够分配到的新增收入比例就越低，经济增长的脱贫作用也就越小。更重要的是，高水平的收入分配不平等通常反映了极化的经济，即经济增长的基础很狭窄，与其他经济部门的联系很微弱。

实际上，收入不平等水平的高低，其经济增长的脱贫效果差异是非常大的。例

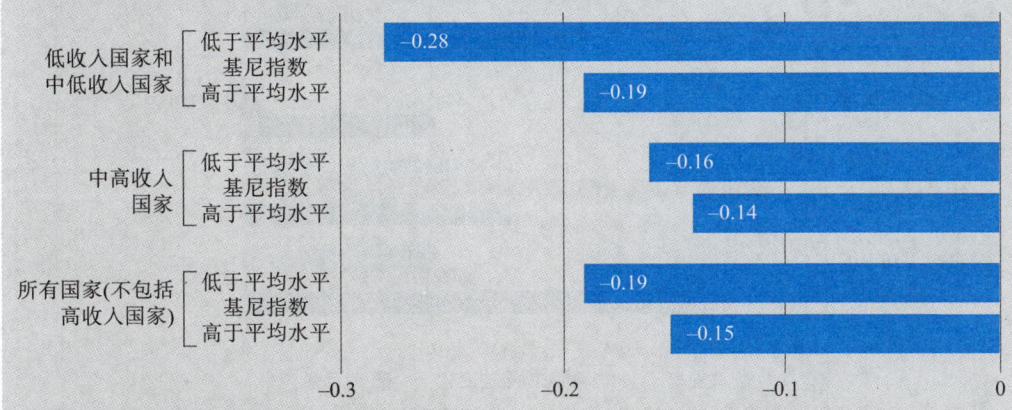

图 3.4

1992 到 2012 年按收入不平等水平和国家群组统计的人均国内生产总值增长率增加 1 个百分点对极度贫困率的作用

注：本图展示了人均国内生产总值增长率年平均值增加 1 个百分点引起的极度贫困率年平均变化百分点，用基尼系数将这些国家分为抽样平均水平以上和以下的国家，来分别计算这一作用。极度贫困是指人均收入或消费低于每天 1.90 美元购买力平价。所有估计系数的显著性水平为 1%。更详细的回归分析参见附录 A 中的表 3A.2。

资料来源：国际劳工组织基于世界银行 PovcalNet 数据和世界发展指标数据的计算。

如，在收入不平等低于所在收入国家群组平均水平的国家，人均国内生产总值增长率每增加 1 个百分点，会使其中的低收入国家和中低收入国家极度贫困发生率降低 0.28 个百分点，中高收入国家极度贫困发生率降低 0.16 个百分点。相比之下，在收入不平等高于平均水平的国家，人均国内生产总值增长率每增加 1 个百分点，只能使其中的低收入国家和中低收入国家极度贫困发生率降低 0.19 个百分点，中高收入国家极度贫困发生率降低 0.14 个百分点（见图 3.4）。这些结果与一些以前的研究证据大体上一致，这些证据强调，高水平收入不平等是贫困的经济增长弹性的关键衰减因子（拉瓦利翁，2007 年），而且收入不平等对经济增长的脱贫作用也有着相对重要的影响（海外发展研究院，2002 年）。

第二节　旨在脱贫的工作转型

本章第一节表明，经济增长的脱贫作用在各个国家并不一致，要取决于很多因素，包括经济增长速度、收入不平等水平以及其他结构性特征。本节将更详细地考察经济增长的模式和构成对贫困的影响。

生产率与促进就业的经济增长相结合可以产生脱贫作用

对人均国内生产总值增长脱贫作用的分解显示，对于 1992—2012 年期间的 93 个样本低收入国家、中低收入国家和中高收入国家，经济增长不同构成要素的脱贫作用在不同国家群组之间差异非常大[8]。例如，在所有样本国家（不包括高收入国家）中，劳动生产率对人均国内生产总值增长率的贡献每增加 1 个百分点，就会使贫困率降低 0.18 个百分点（见图 3.5），但这一作用在低收入国家和中低收入国家（0.24 个百分点）要大于在中高收入国家（0.15 个百分点），表明提高生产率是增

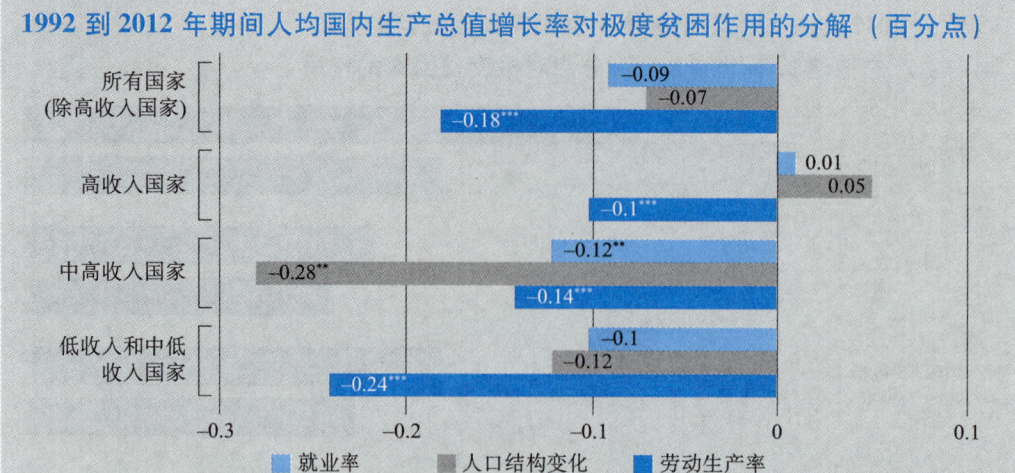

图 3.5

1992 到 2012 年期间人均国内生产总值增长率对极度贫困作用的分解（百分点）

注：本图展示了人均国内生产总值增长率的各构成要素年平均贡献变化 1 个百分点引起的极度贫困率年平均变化百分点。高收入国家的贫困率是指收入低于中位数 60% 人口的比例，其他所有国家的贫困率是指人均收入或消费低于每天 1.90 美元购买力平价（即极度贫困）人口的比例。** 与 *** 分别是指显著性差异水平为 5% 和 1%。更详细的回归结果参见附录 A 中的表 3A.3。

资料来源：国际劳工组织基于全国家庭调查、国际劳工组织 2015 年 11 月趋势计量经济学模型和世界银行 PovcalNet 数据的计算。

加低收入国家和中低收入国家的收入分布带底部人口收入的有效方法。相比之下，在中高收入国家，如果人均国内生产总值增长率是由人口结构变化驱动的，则其脱贫作用最大，这一发现也符合最近几十年出现"人口红利"国家的事实（见第二章）。

从所有样本国家整体上看，较高的就业率或较高的劳动力/总人口比率的脱贫作用在统计上都不显著，但这一结果却掩盖了处于不同发展阶段国家群组之间更重要的异质性。例如，在中高收入国家，劳动生产率和就业率的变化会产生类似的脱贫作用（见图 3.5），而在低收入国家和中低收入国家却并非如此，部分原因在于创造的就业中劣质工作比例过大，从而削弱了就业的脱贫作用。

同时，与经济增长有关的工作类型也对脱贫有着重要的影响。例如，不同就业状况群组的贫困发生率显示，提高授薪工作者比例具有最大的脱贫作用（见图 3.6）。与弱势就业不同，授薪工作要比其他类型就业获得更多的社会保障，有助于保护劳动者不受宏观经济波动以及突然和意外收入冲击的伤害（也可以参见贝卡里亚等，2011 年）。另外，弱势就业与贫困之间关系的主要驱动因素是无酬家庭帮工的比例（见附录 B 中表 3B.4）。

部门内部生产率增长和部门之间生产率增长对经济增长和脱贫都很重要

生产转型是通过提高生产率（流程创新）和活动及产品多元化（产品创新）相结合来实现的，而流程创新和产品创新不仅能提高部门的生产率，也会让创新活动向其他部门扩散，因此，理解这些过程的动力机制对政策制定者来说非常重要。

实际上，在 1990 年到最近可取得数据的年份（2010 年到 2012 年，取决于所在国家）期间，部门内部生产率增长对高收入国家和中高收入国家的生产率增长贡献最大，其次是生产资源的跨部门移动（见图 3.7）。相比之下，在中低收入国家和低收入国家，部门之间的生产率增长与部门内部生产率增长是同等重要的。

图 3.6

1991 到 2013 年期间就业类型与贫困率之间的关系

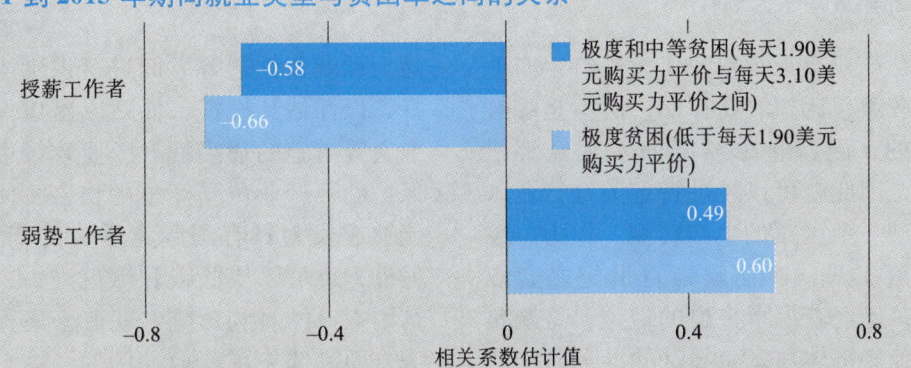

注：弱势就业包括个体工作者和无酬家庭帮工。本图展示了贫困与就业类型之间通过回归分析计算的相关系数估计值，表明按劳动力市场类型统计的就业每增加 1 个百分点，分别对极度贫困和中等贫困影响的大小，更详细的回归结果参见附录 B 中的表 3B.3 至 3B.5。

资料来源：国际劳工组织研究部门基于国际劳工组织 2015 年 11 月趋势计量经济学模型数据的计算。

图 3.7

2012 年生产率增长分解为两个组成部分（百分点）

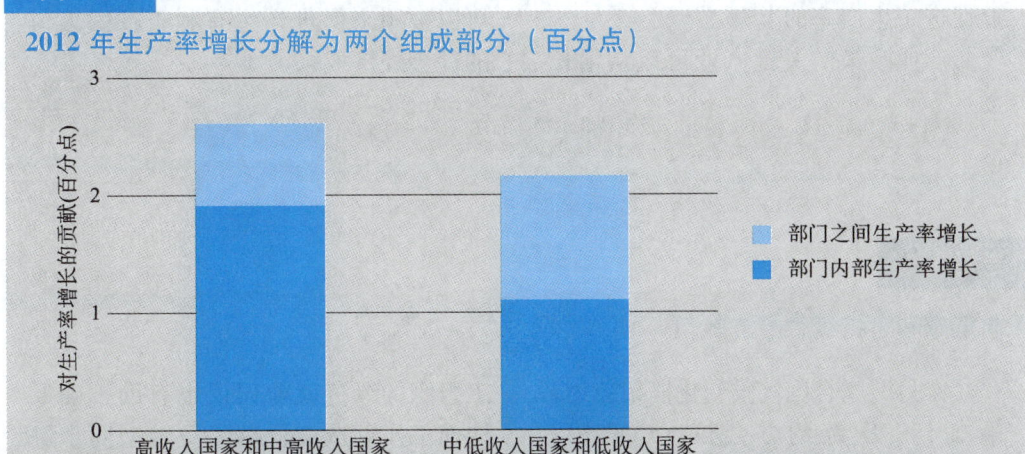

注：本图展示了生产率增长的夏普利分解，即分解为部门内部生产率增长和部门之间生产率增长，其中后者来自于劳动力重新分配到生产率不同的部门（见注 8）。高收入国家和中高收入国家包括阿根廷、博茨瓦纳、巴西、智利、中国、哥伦比亚、哥斯达黎加、马来西亚、毛里求斯、墨西哥、秘鲁、南非、泰国、委内瑞拉。中低收入国家和低收入国家包括玻利维亚、埃塞俄比亚、加纳、印度尼西亚、肯尼亚、马拉维、摩洛哥、尼日利亚、菲律宾、塞内加尔、坦桑尼亚、赞比亚。最近年份在 2010 年到 2012 年之间，详见格罗宁根增长与发展中心 10 部门数据库。

资料来源：国际劳工组织基于格罗宁根增长与发展中心 10 部门数据库的计算。

这些发现表明，较低收入国家的生产转型需要在部门之间重新分配资源的程度高于较高收入国家，因此，产业政策就是较低收入国家生产转型的重要工具（见专栏 3.4），而且在实施变革的过程中也可以同时促进向低碳和可持续性经济转型（见专栏 3.5）[9]。

专栏 3.4

产业政策对生产转型的作用

产业政策是专注于发展特定产业的政策，比如农业补贴，而不是综合性的、涵盖整个经济的宏观经济措施，因此就可以通过特定关键行业来推动一个国家的生产转型。作为一项政策工具，产业政策自世纪之交以来，已经获得了突出的地位，这既是东亚经济体在20世纪八九十年代出口导向型工业化成功的延续，也与标准增长范式的失败不无关系。其中东亚的例子主要是指一些东亚国家通过实施外向型工业化战略（即采取政策促进劳动密集型制成品的出口），推动了经济的快速发展。另外，技术能力的提高和向高附加值产品的转移也明显促进了生产率的上升。

产业政策的关键产业可以从增长潜力和就业创造等方面进行识别或选择，以评估其投资、补贴或出口保护主义等措施的适当性。产业政策可以保护幼稚产业免受竞争的伤害，使其能够成长为具有国际竞争力的产业。另外，也可以从低碳和绿色潜力、对贫困人口的有利影响、就业密集程度等方面挑选关键产业。例如，莫桑比克国家资助的糖业发展计划内容就包括了进行技术升级，以及集中农业生产，创造了大量的就业机会。不过，选择特定关键产业的过程也可能会体现国家的偏袒，或者被视为是对市场的不正常干预。即便如此，产业政策仍然是生产转型的重要组成部分，也可以被用来促进产生有利于贫困人口的社会经济成果。

资料来源：尼布勒（2011年）以及惠特菲尔德与布尔（2014年）。

专栏 3.5

向低碳和可持续性经济转型

作为《联合国气候变化框架公约》第二十一次缔约方会议（COP21），2015年巴黎气候会议是环境可持续性发展的一个里程碑，因为195个国家在此次会议上达成了一项全球协议，即巴黎协定，以寻求缓解气候变化，减少温室气体排放，所以向低碳和可持续性经济转型就非常重要。由于这一转型会导致部门内部和部门之间的变化，从而对工作领域产生重大影响，因此也应该是公平的，以体面工作为基础的，正如巴黎气候协议所明确指出的，各缔约方必须考虑到"务必根据国家制定的发展优先事项，实现劳动力公正转型以及创造体面工作和高质量就业岗位"。另外，国际劳工组织的绿色就业倡议也有助于确保体面工作创造与低碳经济转型同步进行，以下内容就是实现这两个目标的关键因素：

1. 促进社会对话和建立社会伙伴关系：政府必须在制定政策的各个阶段与雇主组织及劳动者组织进行合作，这对解决低碳经济转型引发的争议非常重要。

2. 重新分配：要特别关注最有可能受到低碳经济转型影响的产业，采取补偿（例如税收改革）和投资（例如培训和创新）等措施。

3. 技能投资：要培养满足未来低碳经济需求的必要技能，尤其要对青年的教育和技能发展进行调整，也需

> 专栏 3.5 （续）
>
> 要对在低碳经济转型过程中可能面临裁员的人员进行再培训和技能升级，以促进转型的顺利进行（见第六章）。
>
> **4. 提高劳动者和雇主的适应能力**：社会保障是提高人口应对环境冲击的适应能力和促进绿色经济转型顺利进行的必要工具（见第二章和第六章），因为就业保障计划和公共事务既能提供就业机会，又能培养与绿色经济相关的新技能，还可以同时开发新的生产性资产和可持续性经济资产。另外，中小企业也需要技术支持和财政激励来提供额外的资源和知识。
>
> **5. 预见变化**：要采取的政策必须能够预见将影响到很多部门的变化，向雇主和劳动者提供能够减轻变化所带来负面影响的措施和最优推进策略，包括提高公共就业服务的能力、让劳动者与合适的产业相匹配、培养必要的技能、提供促进转型的针对性补贴（见第六章）等。
>
> 资料来源：联合国气候变化框架公约（2015）以及范德雷（2015年）。

第三节　结束语以及与本报告第二部分的联系

上述发现表明，经济增长本身不足以产生可持续性脱贫作用，因此，本章已说明，要想促进脱贫，首先，经济增长需要与促进发展成果公平分配的政策相结合，在这方面，国际劳工标准和权利非常重要（将在第四章中详细讨论）[10]。

其次，需要改变经济增长的性质，包括扩大生产基础，提高贸易的多元化和复杂度。本章还强调了提高部门内部生产率是创造体面工作和脱贫的关键政策杠杆，尤其是在农业部门，包括将农业部门与非农活动相结合的农村发展政策（将在第五章探讨）。

最后，精心设计的就业和收入政策是上述政策杠杆的必要补充，通过提高技能水平和劳动力市场参与度，以及促进向正式就业转移，来扩大生产基础。为此，第六章将探讨有助于个人找工作、改善现有工作（及收入）条件、向新工作转移的劳动力市场政策和制度，还将评估社会保障在减轻贫困方面的作用。

附录 A 经济增长、不平等与贫困

本附录呈现了为本章中的图 3.1、图 3.4、图 3.5 提供支持的详细回归分析结果。下文表 3A.1 和 3A.2 中的估算运用了世界银行 PovcalNet 的数据来计算极度和中等贫困率（更详细内容参见第一章），运用了全国家庭调查和世界发展指标的数据来计算人均国内生产总值增长率和表示收入不平等水平的基尼系数。而劳动者人均产出的变化、劳动适龄人口占总人口比例的变化和就业率的变化对人均国内生产总值增长率的贡献是运用夏普利分解方法来计算的。

表 3A.1

按国家群组统计的人均国内生产总值增长率对极度、中等和相对贫困作用的估计

	极度贫困			中等贫困			相对贫困
	所有国家（不包括高收入国家）	低收入国家和中低收入国家	中高收入国家	所有国家（不包括高收入国家）	低收入国家和中低收入国家	中高收入国家	高收入国家
增长率	-0.1703 *** (0.025)	-0.2355 *** (0.047)	-0.1502 *** (0.027)	-0.0359 * (0.019)	0.0023 (0.029)	-0.0533 * (0.028)	-0.0395 * (0.023)
恒定值	-0.2755 ** (0.108)	-0.4154 *** (0.141)	0.0632 (0.112)	0.1296 ** (0.064)	0.1792 ** (0.075)	0.0066 (0.099)	0.0262 (0.062)
观测值	183	115	68	183	115	68	37
R^2	0.21	0.25	0.42	0.06	0.03	0.23	0.05

注：本表展示了对 93 个低收入国家、中低收入国家和中高收入国家 1992—2004 年和 2005—2012 年两个时间段混合截面数据用普通最小二乘法估计的回归系数，而高收入国家的系数是对 37 个国家 2005—2012 年期间贫困截面数据的估计值。回归模型定义为 $\Delta P_{it} = \alpha_i + \beta_1 Growth_{it} + v_t + \varepsilon_{it}$，其中 ΔP 是指贫困率年平均变化百分点，$Growth_{it}$ 是指人均国内生产总值增长率年平均值，v_t 是虚拟变量（2005 年以后取值为 1，其余年份取值为 0），ε_{it} 是误差项。高收入国家的贫困率是指收入低于中位数 60% 人口的比例，其他所有国家的贫困率是指人均收入或消费低于每天 1.90 美元购买力平价（极度贫困）或在每天 1.90 美元购买力平价与每天 3.10 美元购买力平价之间（中等贫困）人口的比例。另外，本表也报告了异方差 – 稳健标准误，其中 *** = $p < 0.01$，** = $p < 0.05$，* = $p < 0.10$。

表 3A.2

按收入不平等水平统计的人均国内生产总值增长率对极度贫困作用的估计

	所有国家（不包括高收入国家）		低收入国家和中低收入国家		中高收入国家	
	基尼系数高于平均水平	基尼系数低于平均水平	基尼系数高于平均水平	基尼系数低于平均水平	基尼系数高于平均水平	基尼系数低于平均水平
增长率	-0.1552 *** (0.036)	-0.1857 *** (0.038)	-0.1926 *** (0.064)	-0.2856 *** (0.080)	-0.1433 *** (0.041)	-0.1689 *** (0.036)
恒定值	-0.3152 ** (0.132)	-0.2203 (0.206)	-0.5167 *** (0.186)	-0.2426 (0.260)	-0.0370 (0.154)	0.3111 * (0.169)
观测值	118	63	71	42	42	26
R^2	0.19	0.24	0.17	0.35	0.34	0.68

注：本表展示了对 93 个低收入国家、中低收入国家和中高收入国家 1992—2004 年和 2005—2012 年两个时间段混合截面数据用普通最小二乘法估计的回归系数。回归模型定义为 $\Delta P_{it} = \alpha_i + \beta_1 Growth_{it} + v_t + \varepsilon_{it}$，其中 ΔP 是指极度贫困率（人均收入或消费低于每天人均 1.90 美元购买力平价）年平均变化百分点，$Growth_{it}$ 是指人均国内生产总值增长率年平均值，v_t 是虚拟变量（2005 年以后取值为 1，其余年份取值为 0），ε_{it} 是误差项。本模型用基尼系数将样本国家分为抽样平均水平以上或以下两个群组。另外，本表也报告了异方差 – 稳健标准误，其中 *** = $p < 0.01$，** = $p < 0.05$，* = $p < 0.10$。

表 3A.3

人均国内生产总值增长率各构成要素对极度贫困（低于每天人均 1.90 美元购买力平价）作用的估计

	所有国家（不包括高收入国家）	低收入国家和中低收入国家	中高收入国家	高收入国家
生产率	−0.1794***	−0.2403***	−0.1467***	−0.0940***
	(0.028)	(0.052)	(0.028)	(0.028)
人口	−0.0692	−0.1286	−0.2899**	0.0567
	(0.106)	(0.145)	(0.139)	(0.158)
就业	−0.0878	−0.0955	−0.1272*	0.0136
	(0.072)	(0.106)	(0.068)	(0.046)
恒定值	−0.3226***	−0.4464***	0.1726	0.0693
	(0.121)	(0.148)	(0.166)	(0.071)
观测值	183	115	68	37
R^2	0.21	0.25	0.43	0.15

注：本表展示了对 93 个低收入国家、中低收入国家和中高收入国家 1992—2004 年和 2005—2012 年两个时间段混合截面数据用普通最小二乘法估计的回归系数，而高收入国家的系数是对 37 个国家 2005—2012 年期间贫困截面数据的估计值。回归模型定义为 $\Delta P_{it} = \alpha_i + \beta_1 Productivity_{it} + \beta_2 Demographics_{it} + \beta_3 Employment_{it} + \nu_t + \varepsilon_{it}$，其中 ΔP 是指极度贫困率年平均变化百分点，生产率、人口和就业分别是指劳动者人均产出的变化、劳动适龄人口占总人口比例的变化和就业率的变化对人均国内生产总值增长率年平均贡献的百分点，ν_t 是虚拟变量（2005 年以后取值为 1，其余年份取值为 0），ε_{it} 是误差项。将人均国内生产总值增长率分解为主要构成要素采用了夏普利分解方法，详细内容参见世界银行的《就业创造和增长分解工具：参考手册与用户指南 1.0 版》。另外，本表也报告了异方差–稳健标准误，其中 *** = $p<0.01$，** = $p<0.05$，* = $p<0.10$。

附录 B　就业类型与贫困发生率

本附录呈现了为本章中的图 3.2 和图 3.6 提供支持的详细回归分析结果，其中表 3B.3 – 3B.5 提供了图 3.6 的回归结果，表 3B.7 提供了图 3.2 中使用的估计值，本附录的其他表格提供了一些同类回归模型的结果。回归分析将进行两种实证检验（a 检验与 b 检验），虽然运用了同样一组变量，但 a 检验基于截面数据，而 b 检验基于面板数据集。第一，截面数据衡量了 1991 到 2013 年期间可取得数据国家的长期变化情况，用该期间最早和最晚可用数据点的差异表示。第二，面板数据集采用了相同期间的所有实际观察值，适用于较大的国家样本。显著性水平考虑为 5% 和 1%。为了控制未观察到的异质性，b 检验是在国家固定的条件下进行的，为了观察到对贫困作用的时间，自变量是滞后的。而且，也分别对 1.90 美元购买力平价和 3.10 美元购买力平价的在职贫困进行了这两种检验。所有的贫困数据来自于世界银行和国家微观数据集，所有的在职贫困数据来自于国际劳工组织趋势计量经济学模型，自变量数据来自于国际货币基金组织《世界经济展望》数据库和世界银行的世界发展指标。

表 3B.1

弱势就业对贫困和在职贫困作用的分析（截面回归）

	极度贫困率的差异	极度和中等贫困率的差异	极度在职贫困率的差异	极度和中等在职贫困率的差异
弱势就业的差异	0.598 (0.435)	0.492 (0.580)	0.536 (0.399)	0.469 (0.578)
恒定值	-4.835** (2.156)	-8.809*** (2.875)	-4.208** (1.978)	-8.331*** (2.863)
R^2	0.08	0.03	0.08	0.03
N	24	24	24	24

注：极度贫困率是指人均收入或消费低于每天人均 1.90 美元购买力平价人口的比例，中等贫困人口是指生活在每天 1.90 美元购买力平价与每天 3.10 美元购买力平价之间的人口。*** = $p < 0.01$，** = $p < 0.05$，* = $p < 0.10$。

表 3B.2

弱势就业对贫困和在职贫困作用的分析（面板回归）

	极度贫困	极度和中等贫困	极度在职贫困	极度和中等在职贫困
弱势就业的滞后	1.004*** (0.174)	1.491*** (0.224)	0.864*** (0.156)	1.384*** (0.211)
恒定值	-36.030*** (9.793)	-40.317*** (12.669)	-30.440*** (8.785)	-37.658*** (11.906)
R^2	0.32	0.35	0.29	0.32
N	105	105	105	105

注：极度贫困率是指人均收入或消费低于每天人均 1.90 美元购买力平价人口的比例，中等贫困人口是指生活在每天 1.90 美元购买力平价与每天 3.10 美元购买力平价之间的人口。*** = $p < 0.01$，** = $p < 0.05$，* = $p < 0.10$。

表 3B.3

个体工作者对贫困和在职贫困作用的分析（截面回归）

	极度贫困率的差异	极度和中等贫困率的差异	极度在职贫困率的差异	极度和中等在职贫困率的差异
个体工作者的差异	−0.531**	−0.816***	−0.491**	−0.812***
	(0.229)	(0.284)	(0.210)	(0.282)
恒定值	−6.381***	−9.942***	−5.587***	−9.398***
	(1.632)	(2.018)	(1.491)	(2.007)
R^2	0.20	0.27	0.20	0.27
N	24	24	24	24

注：贫困率是指人均收入或消费低于每天人均 1.90 美元购买力平价（极度贫困）或在每天 1.90 美元购买力平价与每天 3.10 美元购买力平价之间（中等贫困）人口的比例。*** = $p<0.01$，** = $p<0.05$，* = $p<0.10$。

表 3B.4

无酬家庭帮工对贫困和在职贫困作用的分析（截面回归）

	极度贫困率的差异	极度和中等贫困率的差异	极度在职贫困率的差异	极度和中等在职贫困率的差异
个体工作者的差异	0.621***	0.837***	0.569***	0.827***
	(0.197)	(0.252)	(0.180)	(0.251)
恒定值	−4.541**	−7.500***	−3.903**	−6.986***
	(1.641)	(2.098)	(1.502)	(2.094)
R^2	0.31	0.33	0.31	0.33
N	24	24	24	24

注：极度贫困率是指人均收入或消费低于每天人均 1.90 美元购买力平价人口的比例，中等贫困人口是指生活在每天 1.90 美元购买力平价与每天 3.10 美元购买力平价之间的人口。*** = $p<0.01$，** = $p<0.05$，* = $p<0.10$。

表 3B.5

授薪工作对贫困和在职贫困作用的分析（截面回归）

	极度贫困率的差异	极度和中等贫困率的差异	极度在职贫困率的差异	极度和中等在职贫困率的差异
授薪工作者的差异	−0.658	−0.583	−0.590	−0.560
	(0.458)	(0.610)	(0.420)	(0.607)
恒定值	−4.812**	−8.678***	−4.186**	−8.194***
	(2.127)	(2.835)	(1.952)	(2.824)
R^2	0.09	0.04	0.08	0.04
N	24	24	24	24

注：极度贫困率是指人均收入或消费低于每天人均 1.90 美元购买力平价人口的比例，中等贫困人口是指生活在每天 1.90 美元购买力平价与每天 3.10 美元购买力平价之间的人口。*** = $p<0.01$，** = $p<0.05$，* = $p<0.10$。

表 3B. 6

授薪工作对贫困和在职贫困作用的分析（面板回归）

	极度贫困	极度和中等贫困	极度在职贫困	极度和中等在职贫困
授薪工作者的滞后	-1.077***	-1.628***	-0.928***	-1.517***
	(0.240)	(0.278)	(0.216)	(0.266)
恒定值	64.497***	110.174***	56.143***	102.255***
	(9.782)	(11.318)	(8.796)	(10.842)
R^2	0.31	0.35	0.28	0.33
N	105	105	105	105

注：极度贫困率是指人均收入或消费低于每天人均 1.90 美元购买力平价人口的比例，中等贫困人口是指生活在每天 1.90 美元购买力平价与每天 3.10 美元购买力平价之间的人口。*** = $p<0.01$, ** = $p<0.05$, * = $p<0.10$。

表 3B. 7

国内生产总值构成要素比例对贫困和在职贫困作用的分析（截面回归）

	极度贫困率的差异	极度和中等贫困率的差异	极度在职贫困率的差异	极度和中等在职贫困率的差异
投资比例的差异	-0.573*	-0.739*	-0.578**	-0.900**
	(0.287)	(0.402)	(0.259)	(0.377)
政府支出比例的差异	-2.163***	-1.976**	-1.922***	-1.793**
	(0.515)	(0.722)	(0.465)	(0.676)
家庭消费比例的差异	0.348	0.019	0.261	-0.088
	(0.203)	(0.285)	(0.183)	(0.267)
恒定值	-0.410	-4.800*	-0.147	-4.339*
	(1.810)	(2.535)	(1.633)	(2.375)
R^2	0.65	0.53	0.67	0.58
N	21	21	21	21

注：极度贫困率是指人均收入或消费低于每天人均 1.90 美元购买力平价人口的比例，中等贫困人口是指生活在每天 1.90 美元购买力平价与每天 3.10 美元购买力平价之间的人口。*** = $p<0.01$, ** = $p<0.05$, * = $p<0.10$。

表 3B. 8

国内生产总值构成要素比例对贫困和在职贫困作用的分析（面板回归）

	极度贫困	极度和中等贫困	极度在职贫困	极度和中等在职贫困
投资比例的滞后	-0.553**	-1.185***	-0.499	-1.162***
	(0.273)	(0.327)	(0.250)	(0.309)
家庭消费比例的滞后	-0.087	-0.311	-0.100	-0.333
	(0.221)	(0.349)	(0.200)	(0.323)
出口比例的滞后	0.097	0.138	0.086	0.137
	(0.082)	(0.106)	(0.074)	(0.099)
政府消费支出比例的滞后	-0.147	-1.207	-0.249	-1.310
	(0.878)	(1.722)	(0.734)	(1.504)
恒定值	39.451	105.166**	38.371	104.210**
	(25.763)	(43.760)	(22.546)	(39.757)
R^2	0.22	0.38	0.22	0.41
N	98	98	98	98

注：极度贫困率是指人均收入或消费低于每天人均 1.90 美元购买力平价人口的比例，中等贫困人口是指生活在每天 1.90 美元购买力平价与每天 3.10 美元购买力平价之间的人口。*** = $p<0.01$, ** = $p<0.05$, * = $p<0.10$。

注

1. 这是可持续发展目标8"促进持久、包容和可持续的经济增长，促进充分的生产性就业和人人获得体面工作"的解释。
2. 在经济增长由贸易和市场导向型改革驱动的情况下尤其如此，因为这虽然会让城镇地区的贫困人口获得很大受益，但其余人口的受益都很有限。
3. 正如第一章中所解释的，极度贫困是指人均家庭收入低于每天1.90美元购买力平价，中等贫困是指人均家庭收入在每天人均1.90美元购买力平价和3.10美元购买力平价之间。
4. 可以通过将图3.1中展示的估计系数除以各国家群组的平均贫困率来计算贫困的经济增长弹性，以衡量人均国内生产总值增长率每增长1个百分点导致的生活在贫困线下人口比例的变化百分点。结果显示，对不同国家群组计算的弹性差异非常大，其中中高收入国家为1.95，而低收入国家和中低收入国家为0.66。
5. 与其他人口相比，贫困人口通常是首当其冲地承受突发性不利冲击带来的经济成本，在汇率和大宗商品价格动荡引发的不利冲击情况下尤其如此。
6. 对于发达国家和高收入国家，贫困线定为各个国家可支配收入中位数的60%。
7. 如果将极度贫困率和中等贫困率综合考虑，就会发现在人均国内生产总值增长率和贫困变化之间存在类似程度的相关关系。
8. 本节采用夏普利分解方法来分解人均国内生产总值增长率，《全球就业趋势》（国际劳工组织，2013年）第四章中也运用了同样的方法，这是一种附加框架，可以将特定构成要素变化的贡献从总人均国内生产总值变化中分离出来。第一步，将人均国内生产总值的变化分解为劳动生产率的变化、就业率的变化和劳动力/总人口比率的变化。第二步，将生产率和就业的变化进一步分解为来自于部门内部劳动生产率提高（例如与技术进步、增强的人力资本和/或组织资本有关）的部分，以及来自于资源重新分配过程（就业从低生产率部门向高生产率部门转移）的部分。第三步，将国家的就业人口/总人口比率的增加按就业创造的部门模式进一步分解。
9. 实际上，产业政策是生产转型的核心，可以用来改变极度贫困人口的工作状况，促进创造体面工作（尼布勒，2011年）。
10. 也可以参见奥尔德曼与叶姆佐夫（2014年）。

参考文献

Ahluwalia, M.; Carter, N.; Chenery, H. 1979. "Growth and poverty in developing countries", in *Journal of Development Economics*, Vol. 6, No. 3, pp. 299–341.

Alderman, H.; Yemtsov, R. 2014. "How can safety nets contribute to economic growth?" in *World Bank Economic Review*, Vol. 28, No. 1, pp. 1–20.

Aryeetey, E.; Baah-Boateng, W. 2007. *Growth, investment and employment in Ghana* (Geneva, ILO).

Beccaria, L.; Maurizio, R.; Fernández, A.L.; Monsalvo, P.; Álvarez, M. 2011. *Dynamics of poverty, labor market and public policies in Latin America* (Partnership for Economic Policy (PEP)).

Bourguignon, F. 2004. *The poverty-growth-inequality triangle* (Washington, DC, World Bank).

Dollar, D.; Kraay, A. 2000. *Growth is good for the poor* (Washington, DC, World Bank).

—; Kleineberg, T.; Kraay, A. 2013. *Growth still is good for the poor*, Policy Research Working Paper No. 6568 (Washington, DC, World Bank).

Drèze, J.; Sen, A. 2013. *An uncertain glory: India and its contradictions* (Princeton, NJ, Princeton University Press).

Fosu, A.K. 2011. *Growth, inequality, and poverty reduction in developing countries: Recent global evidence*, WIDER Working Paper No. 1 (Helsinki, United Nations University, World Institute for Development Economics Research (UNU-WIDER)).

Frankel, F. 2010. *The natural resource curse: A survey*, Working Paper No. 15836 (Cambridge, MA, National Bureau of Economic Research (NBER)).

Higgins, K.; Prowse, S. 2010. *Trade, growth and poverty: Making Aid for Trade work for inclusive growth and poverty reduction*, Working Paper No. 313 (London, Overseas Development Institute (ODI)).

International Labour Office (ILO). 2005. *World Employment Report 2004–2005: Employment, productivity and poverty reduction* (Geneva).

—. 2013. *Global Employment Trends: Recovering from a second jobs dip* (Geneva).

—. 2015a. *Towards inclusive and sustainable development in Africa through decent work*, Report of the Director-General, presented at the 13th African Regional Meeting, Addis Ababa, 30 Nov.–3 Dec (Geneva).

—. 2015b. *World Employment and Social Outlook 2015: The changing nature of jobs* (Geneva).

International Trade Centre (ITC). 2010. *Market access, transparency, and fairness in global trade: Export impact for good* (Geneva).

Islam, R. 2004. *The nexus of economic growth, employment and poverty reduction: An empirical analysis*, Issues in Employment and Poverty Discussion Paper No. 14 (Geneva, ILO).

Jemio, L.C.; Choque, M. del C. 2006. *Towards a more employment-intensive and pro-poor economic growth in Bolivia*, Development Research Working Paper No. 18 (La Paz, Institute for Advanced Development Studies (INESAD)).

Jones Luong, P.; Weinthal, E. 2010. *Oil is not a curse: Ownership structure and institutions in Soviet successor states* (Cambridge, Cambridge University Press).

Lall, S. 2000. "The technological structure and performance of developing country manufactured exports, 1985–98", in *Oxford Development Studies*, Vol. 28, No. 3, pp. 337–369.

Lederman, D.; Maloney, W.F. 2008. "In search of the missing resource curse", in *Economia*, Vol. 9, No. 1, pp. 1–57.

Lipton, M.; Ravallion, M. 1995. "Poverty and policy", in J. Behrman and T.N. Srinivasan (eds): *Handbook of development economics*, Vol. 3 (Amsterdam, Elsevier), pp. 2251–2657.

Loayza, N.V.; Raddatz, C. 2010. "The composition of growth matters for poverty alleviation", in *Journal of Development Economics*, Vol. 93, No. 1, pp. 137–151.

Mehta, A.K.; Shepherd, A.; Bhide, S.; Shah, A.; Kumar, A. 2011. *India Chronic Poverty Report: Towards solutions and new compacts in a dynamic context* (New Delhi, Indian Institute of Public Administration and Chronic Poverty Research Centre (CPRC)).

Mikesell, R.F. 1997. "Explaining the resource curse, with special reference to mineral-exporting countries", in *Resources Policy*, Vol. 23, Issue 4, pp. 191–199.

Nübler, I. 2011. *Industrial policies and capabilities for catching up: Frameworks and paradigms*, Employment Working Paper No. 77 (Geneva, ILO).

Overseas Development Institute (ODI). 2002. *Why inequality matters for poverty*, ODI Inequality Briefing Paper No. 2 (London).

Ravallion, M. 1996. *Issues in measuring and modeling poverty*, Policy Research Working Paper No. 1615 (Washington, DC, World Bank).

—. 2007. *Economic growth and poverty reduction: Do poor countries need to worry about inequality?* 2020 vision briefs BB08 Special Edition, International Food Policy Research Institute (IFPRI).

—. 2014. *Are the world's poorest being left behind?* NBER Working Paper No. 20791 (Cambridge, MA, National Bureau of Economic Research).

—; Chen, S. 1997. "What can new survey data tell us about recent changes in distribution and poverty?", in *World Bank Economic Review*, Vol. 11, No. 2, pp. 357–382.

—; —. 2007. "China's (uneven) progress against poverty", in *Journal of Development Economics*, Vol. 82, No. 1, pp. 1–42.

Rodrik, D. 2001. *The global governance of trade: As if development really mattered* (New York, UNDP).

—. 2007. *One economics, many recipes: Globalization, institutions, and economic growth* (Princeton, NJ, Princeton University Press), Chapter 4: "Industrial policy for the twenty-first century".

Roemer, M.; Gugerty, M.K. 1997. *Does economic growth reduce poverty*, Consulting Assistance on Economic Reform (CAER) Discussion Paper No. 4 (Cambridge, MA, Harvard Institute for International Development (HIID)).

Saad-Filho, A. 2010. *Growth, poverty and inequality: From Washington consensus to inclusive growth*, DESA Working Paper No. 10 (New York, United Nations Department of Economic and Social Affairs (UN/DESA)).

Salazar-Xirinachs, J.M.; Nübler, I.; Kozul-Wright, R. 2014. *Transforming economies: Making industrial policy work for growth, jobs and development* (Geneva, ILO and UNCTAD).

Stevens, P. 2003. "Resource impact: Curse or blessing? – A literature survey", in *Journal of Energy Literature*, Vol. 9, No. 1, pp. 3–42.

United Nations Conference on Trade and Development (UNCTAD). 2012. *World Investment Report: Towards a new generation of investment policies* (New York and Geneva).

United Nations Framework Convention on Climate Change (UNFCCC). 2015. *Adoption of the Paris Agreement* (FCCC/CP/2015/L.9/Rev.1), Conference of the Parties, 21st Session, Paris, 2015 (Paris). Available at: https://unfccc.int/resource/docs/2015/cop21/eng/l09r01.pdf [25 Apr. 2016].

Van der Ploeg, F. 2011. "Natural resources: Curse or blessing?", in *Journal of Economic Literature*, Vol. 49, No. 2, pp. 366–420.

Van der Ree, K. 2015. *10 action points towards a greener economy*, Comment before the opening of the Paris Conference, published 26 Nov. 2015 (Geneva, ILO). Available at: http://www.ilo.org/global/about-the-ilo/newsroom/news/WCMS_429777/lang--en/index.htm [26 Apr. 2016].

Whitfield, L.; Buur, L. 2014. "The politics of industrial policy: Ruling elites and their alliances", in *Third World Quarterly*, Vol. 35, No. 1, pp. 126–144.

World Bank. 2015. *World Development Indicators 2015* (Washington, DC).

Wright, G.; Czelusta, J. 2003. *Mineral resources and economic development*, prepared for the Conference on Sector Reform in Latin America, Stanford Center for International Development, Stanford, CA, 13–15 Nov.

—; —. 2004. "Why economies slow: The myth of the resource curse", in *Challenge*, Vol. 47, No. 2, pp. 6–38.

—; —. 2006. "Resource-based growth: Past and present", in D. Lederman and W.F. Maloney (eds): *Natural resources: Neither curse nor destiny* (Palo Alto, CA and Washington, DC, Stanford University Press and World Bank).

第二部分

旨在实现工作转型和收入转型的政策

第四章
以权利为基础的减贫途径

引言

本报告第一部分强调了工作与贫困之间关系的重要性,第二部分要说明人人享有体面工作不仅本身具有内在价值,也是最近通过的可持续发展议程目标1("在世界各国消除一切形式的贫困")的核心方法。

为此,本章要介绍基于权利的脱贫方法如何根据2030年可持续发展议程(联合国大会,2015,第18—19段)要求对所有脱贫工作提供支持。其实,解决贫困问题的目标也根植于《国际劳工组织章程》中,正如1944年《费城宣言》中所指出的"任何地方的贫穷对一切地方的繁荣都构成危害"。具体来说,本章第一节要评述有关脱贫的最新国际劳工标准及其与可持续发展目标之间的联系;第二节要讨论国际劳工标准的实施及其通过完善的劳动行政管理机构(包括劳动监察机构和司法系统)加以执行的情况,以及这些方方面面是如何帮助解决贫困差距(定义参见第二章);第三节是结束语。

第一节 作为脱贫促进机制的国际劳工标准

按照《联合国共识》[1],基于权利的脱贫方法来自于《世界人权宣言》和其他国际人权文件中规定的实现人权目标。所有人类固有尊严和人权的不可分割性是这些人权文件的核心,也与国际劳工标准有着密切的联系[2]。国际劳工标准是指国际劳工大会成员国之间经过平等协商签订的国际劳工组织公约、议定书和建议书[3],其实施由国际劳工组织的监督机制进行监控[4]。

虽然基于权利的脱贫方法大大超出国际劳工标准的范围,但国际劳工组织标准通过各种不同的途径、在不同程度上实现了重要的脱贫功能,特别是通过下列主要途径发挥了重要的脱贫促进作用:(1)为创造可持续就业和企业的成长提供框架条件;(2)增强个人和集体的能力,这是可持续性脱贫的核心;(3)防止劳工权利和工作条件恶化,从而避免贫困的恶化;(4)消除歧视;(5)促进公平收入分配。表4.1对贫困挑战(定义参见前面几章)进行了概述,并且说明了相关国际劳工标准提供的贫困挑战应对机制。

表 4.1

应对贫困挑战：关键的国际劳工组织标准和文件

贫困挑战	应对贫困挑战的机制	最相关的国际劳工标准
• 缺乏提供给弱势工作者的生产性工作，尤其是在农业部门 • 非正规就业盛行 • 低生产率工作无法提供足以脱贫的收入 • 不利于私营部门（包括中小微企业和合作社）发展的营商环境 • 整合生产链的困难	为创造体面工作和可持续性发展的企业提供框架条件	• 第 122 号公约和 169 号建议书：就业政策 • 第 189 号建议书：中小企业 • 第 193 号建议书：合作社 • 第 204 号建议书：从非正规经济向正规经济转型； 跨国公司宣言：跨国企业与体面工作
• 缺乏技能指导和职业指导 • 缺乏针对性的积极劳动力市场政策和就业服务（例如面向青年和妇女） • 技能发展和认证不足的非正规就业盛行 • 社会保障计划（例如面向受抚养者和失业者）的可得性和覆盖范围有限 • 生活在贫困线边缘人口的贫困脆弱性 • 进行就业条件谈判的能力不足	增强改善民生的能力	• 第 142 号公约和第 195 号建议书：技能发展 • 第 88 号公约和第 181 号公约：就业服务 • 第 102 号公约和第 202 号建议书：社会保障（最低标准）；社会保障底线 • 第 200 号建议书：艾滋病病毒与艾滋病 一些其他国际劳工标准，特别是有关结社自由和集体谈判的标准
• 因不遵守"工作中的基本原则和权利"而导致的持续贫困循环 • 竞争和生产模式对工作条件和雇佣关系造成的下行压力 • 因不明确的雇佣关系而导致权利和代表性的缺乏 • 职业健康风险导致贫困或使个人长期陷入贫困	防止劳工权利和工作条件恶化	• 1998 年国际劳工组织《工作中的基本原则和权利宣言》 • 第 29 号公约和第 105 号公约：禁止强迫劳动 • 第 138 号公约和第 182 号公约：禁止使用童工 • 第 95 号公约和第 85 号建议书：工资保障 • 第 158 号公约和第 166 号建议书：终止雇佣 • 第 198 号建议书：雇佣关系 • 第 155 号公约：职业安全和卫生 • 第 184 号公约和第 192 号建议书：农业安全与卫生 一些其他国际劳工标准，特别是有关结社自由、集体谈判和非歧视标准
• 特定群体（尤其是妇女、特定族群、移民工人等）的贫困集中现象	消除歧视	• 第 111 号公约：消除歧视；第 100 号公约：促进同工同酬 • 第 183 号公约：生育保障 • 第 156 号公约：有家庭负担的工人 • 第 169 号公约：原住民和部落人民的权利 一些其他标准，包括有关移民工人、残疾人口、工作领域的艾滋病人、老年工人的标准
• 收入低于贫困线 • 个人和中小微企业的发言权和代表性不足 • 企业、部门、国家和国际层面谈判能力不足 • 对分包工或临时工等弱势工作者覆盖上的差距 • 维持或导致贫困的对立政策目标	促进收入公平分配和确保包容性增长	• 第 87 号公约和第 98 号公约：结社自由与集体谈判 • 第 11 号公约和第 141 号公约：农业部门和农村经济中的结社自由 • 第 131 号公约：确定最低工资 • 第 117 号公约：社会政策 一些不同国际劳工标准中的社会对话条款；有关原住民和部落人民等特定群体的国际劳工标准

为创造体面工作和可持续性发展的企业提供框架条件

正如第一部分所表明的,创造体面工作和促进可持续性企业发展是脱贫工作的核心,而某些国际劳工标准在这方面就特别重要:

- 1964年的《就业政策公约》(第122号)要求批准国制定促进充分就业、生产性就业和自由选择职业的政策,虽然这只是一般规定标准,但仍然为创造体面工作提供了基本的框架条件。其中与贫困有关的关键基本假设是,按照第122号公约的规定,确保在政策设计和实施中充分考虑到最弱势的个人,包括第一章中讨论的无酬家庭帮工。
- 《从非正规经济向正规经济转型建议书》(2015年,第204号)鼓励成员国确保将促进从非正规经济向正规经济转型的综合性政策框架纳入相关的国家规划,比如国家发展计划和脱贫战略,并且强调了在该转型过程中应该保障个人的生计,这是确保向正规就业转型产生脱贫效果的关键问题。
- 1998年的《中小企业就业创造建议书》(第189号)以及国际劳工大会的2007年结论(关于促进可持续性企业)和2015年决议(关于中小企业)都认识到了中小企业的就业创造作用,考虑到贫困人口中存在大量的自营工作者(正如第一章中所介绍的),因此这就与脱贫高度相关。更重要的是,该建议书也认识到了中小微企业在提高生产率(第三章中提出的一个关键问题)和向正规部门转型方面受到的限制,还鼓励雇主组织和工人组织扩大成员规模,接纳中小企业,更有效地代表中小型企业,并敦促政府探索在两者之间建立沟通渠道的方法。
- 2002年的《合作社促进建议书》(第193号)鼓励成员国建立合作社的制度框架,因为合作社在组织小生产者和提高其在农业部门的发言权方面特别有效(见第五章)。该制度框架应该帮助合作社实现其内在使命,从而对可持续发展和脱贫作出贡献。

增强改善民生的能力

增强个人的能力和技能,可以让劳动者既能过上更有成效的生活,又能更有效和有意义地投入工作(森,1999年),因为正如第一章中所述,有一半以上的在职贫困人口都从事低技能工作。另外,社会保障标准也是脱贫的核心要素,因为社会保障可以提供收入的替代来源,在劳动者(包括自营工作者)从工作中无法得到收入或得到的收入不足的情况下,社会保障对于降低劳动者的贫困风险非常关键。而且,收入保障能让来自低收入家庭的劳动者可以在技能和学历方面进行投资,从而获得高技能就业的机会。最后,某些国际劳工标准可以增强集体能力,从而提高劳动者和雇主在政策制定过程中的发言权,尤其是通过其代表的参与。在处理上述问题方面,下列标准特别重要:

- 1975年的《人力资源发展公约》(第142号)和2004年的第195号建议书都提倡通过加强职业培训和职业指导来促进生产性就业,帮助获得技能,从而支持正规和非正规就业的劳动者获得体面工作和生产性工作(有关这些政策的讨论参见第六章)。从脱贫角度来看,对非正规获得的技能进行认证和从法律上加以认可也非常重要,因为缺乏认证通常是劳动者获得体面工作和生产性工作的障碍[5]。另外,整体上而言技能发展需要考虑到个人和群体的不同需求,因为他们都面临着各自独特的就业障碍(有关消除歧视的讨论参见下文)。

- 公共和私营就业服务体系的建立是实施技能发展政策和实现工作就业权的核心组成部分，其中的工作权已在 1966 年的《经济、社会及文化权利国际公约》中规定[6]，国际劳工组织 1948 年的《就业服务公约》（第 88 号）也对此进行了更详细的阐述。第 88 号公约规定，各批准国应该坚持提供免费的公共就业服务，设立当地服务网络，如有需要，也应该建立区域性就业服务机构。另外，1997 年的《私营就业机构公约》（第 181 号）旨在允许私营机构参与就业服务领域，运用其服务向劳动者提供充分的保障。因此，该公约特别规定了相关条款，确保通过私营就业服务机构或类似实体就业的劳动者不会面临恶劣工作条件的风险（有关就业服务脱贫作用的讨论参见第六章）。
- 1952 年的《社会保障（最低标准）公约》（第 102 号）包含了 9 项社会保障内容[7]，并制定了最低标准，特别关注了社会福利的覆盖范围和充分性（包括定期更新），以及对于拒绝提供福利和与福利水平有关的上诉权。2012 年的《社会保障底线建议书》（第 202 号）规定了基本社会保障保证，最少要包括获得基本医疗（包括产妇护理）、生命各阶段的收入保障、儿童的教育、营养和照顾，正如第一章中所述，这些都是影响贫困趋势的关键因素。而且，由于失业保障是在个人难以获得工作期间保障其生计的关键，因此这些特别关注失业保障的标准规定了雇员群体内部的包容性要求[8]。为了支持上述目标，2010 年的《关于艾滋病与职场的建议书》（第 200 号）认识到了贫困、社会和经济不平等与较高的艾滋病病毒传播风险之间存在的相关关系，并且提供了这方面政策的指导意见。

防止劳工权利和工作条件的恶化

确保各种形式的全球化都必须与社会进步同步发展的观点获得了广泛认可（国际劳工组织，2015a），因此，降低劳工权利受世界经济全球化不利影响的风险尤其重要，为了实现这一目标，下列文件非常重要：

- 1998 年《国际劳工组织工作中的基本原则和权利宣言》和相关的 8 个国际劳工组织核心公约[9]在这方面非常关键。这些文件聚焦于消除童工、强迫劳动和歧视，促进男女同工同酬，建立和支持结社自由和集体谈判机制。这些核心公约已经获得广泛认可，其要求几乎得到普遍覆盖，遵守其原则也已成为所有国际劳工组织成员国的义务，也是消除一切形式贫困的前提（国际劳工组织，2012 年）。
- 1930 年《强迫劳动公约》（第 29 号）要求批准国立法将强迫劳动形式的非法勒索作为刑事犯罪加以禁止，并且施加充分和严格的强制性惩罚。2014 年通过的第 29 号公约补充议定书也要求批准国采取有效措施消除强迫劳动。
- 使用童工可能会对儿童的健康和发展造成永久伤害，影响他们未来的人生机遇，极大地损耗未来的人力资源潜力，提高了他们在整个一生中经历持久贫困的可能性。1973 年的《最低就业年龄公约》（第 138 号）规定了准予就业或工作的最低年龄（一般为 15 岁），以及从事危险工作的最低年龄（18 岁）[10]，从而提高了儿童参与基本教育的权利，使他们能够在以后的生活中持续培养能力，为远离贫困的生活打下了基础。1999 年的《最恶劣形式童工劳动公约》（第 182 号）要求批准国优先实施消除最恶劣形式童工劳动的行动计划[11]，从而防止儿童从事那些可能会伤害到他们及妨碍他们脱贫潜力的活动。

其他一些有助于防止雇佣关系和工作条件（包括工资、工时和职业安全和卫生）恶化的国际劳工标准包括：

- 旨在保障工资的标准（尤其是1949年的《工资保障公约》[第95号]和第85号建议书）扩大到了不同形式的报酬，包括正规经济和非正规经济中的报酬，规定了工资应该如何支付，间隔多长时间支付，这是为了保证劳动者的体面生活水平以及他们决定如何使用自己收入的能力。2006年的《雇佣关系建议书》（第198号）指导成员国制定、实施并定期评价保证向所有处于雇佣关系中的劳动者提供有效保护的国家政策，特别考虑了那些雇佣关系不确定或不清晰的劳动者，包括在非正规经济中就业的劳动者。
- 1982年的《终止雇佣公约》（第158号）和《终止雇佣建议书》（第166号）中的条款旨在保障雇主基于正当理由解雇劳动者的权利，以及劳动者不能被不公平地剥夺工作的权利，从而在雇主权益和劳动者权益之间建立了平衡机制（国际劳工组织，2011年）[12]。
- 另外，对那些特别容易受到艰苦工作条件和贫困伤害的劳动者（例如家政人员、原住民工作者等）也制定了具体的标准[13]，通过针对性方法努力提高国际劳工标准的包容性。而且，为了提高所有人的职业安全和卫生条件，相关标准还要求制定国家职业安全和卫生政策[14]。

消除歧视

基于性别、民族、社会出身或其他属性的歧视，也许就是贫困总是集中于特定群体并且长期保持不变的原因（见专栏4.1）。实际上，歧视可以在很多方面形成，既可能强化贫困的驱动因素，也可能强化贫困的后果（例如参见布劳、费伯与温克勒，2013年；福尔布雷，2014年；伦德贝格与施塔茨，2000年；德尔康特与克林，2001年；魏斯与格罗瑙，1981年）。

这就突显了一些国际劳工标准的重要性：

- 1958年的《就业和职业歧视公约》（第111号）以及作为补充的同名第111号建议书要求批准国制定并实施旨在促进就业和职业平等的国家政策。更重要的是，非歧视要求涵盖了很多方面，从获得就业延伸到获得职业培训，表明了获得技能对于打破贫困循环非常关键。另外，非歧视要求也适用于雇佣条款和条件。歧视除了包括有歧视意图的行为之外，还包括有歧视影响的行为，即直接歧视和间接歧视（塞尔韦，2014年）。从这个意义上讲，招聘和雇佣条件应该以客观标准为基础，不能有性别或其他偏好。因为这些偏好会在劳动力市场上造成隔离，使得特定群体（尤其是妇女）充斥低薪岗位（世界银行，2012年；斯塔里茨与赖斯，2013年），面临更高的贫困风险。男女之间的薪酬不平等问题在1951年的《同工同酬公约》（第100号）和同时的第90号建议书中进行了规定，第111号公约和第111号建议书也对此进行了补充，第100和111号公约是国际劳工组织核心公约（详细名单参见尾注9）的组成部分。
- 作为脱贫的核心，生育保障旨在保障生育期间妇女和婴儿的生活水平，包括保障生育母亲的就业。2000年的《生育保障公约》（第183号）将覆盖范围扩大到"所有受雇之妇女，包括从事各种非正式从属工作之妇女"（第二条），从而促进包容性。更重要的是，生育保障提供了促进妇女在获得职业和就业方面机会平等的方法，也解决了妇女明显容易陷入贫困的问题。1981年的《有家庭责任的工人公约》（第156号）旨在帮助那些家庭照看义务影响了有效从事赚取收入活动的有工作男女工人[15]。

> 专栏 4.1
>
> **歧视与贫困的例子：原住民、种族与宗教**
>
> 原住民和部落人民是经常面临歧视和贫困的人口群组。例如，在巴西，"原住民"是最贫困的人口群组，其中12%是极度贫困人口，26%是极度或中等贫困人口（国际劳工组织基于巴西国家地理统计局进行的2012年全国家庭抽样调查数据的计算），其贫困率也是第二贫困人口群组（"混血人口（帕尔多/棕色人）"）的两倍，更大大高于"白人"的贫困发生率（极度贫困率低于2%，极度或中等贫困率低于4%）。
>
> 1989年的国际劳工组织《原住民和部落人民公约》（第169号）要求批准国采取协调而有系统的行动，确保原住民和部落人民与其他人口一样享受平等的权利和机会，包括促进其充分实现社会、经济、文化权利，帮助他们消除与非原住民/非部落人口之间可能存在的社会经济差距（第二条）。该公约特别强调了要促进原住民和部落人民参与制定与其有关的政策和决策过程，提高他们决定自身发展进程优先性和全面发展的制度和举措。该公约的具体条款还包括了对原住民和部落人民对传统占有土地和自然资源的权利，以及确保其体面工作条件（包括技能发展机会和在其工作地区提供劳动监察服务）等内容。
>
> 在其他一些例子中，种族和宗教等方面的歧视可能会成为贫困的决定因素。例如，在南非，有超过20%的"非洲人"是极度贫困人口，超过42%的"非洲人"是极度或中等贫困人口，而没有任何"白人"、"印度裔"或"亚裔"人口生活在贫困线以下（国际劳工组织基于2012年全国收入动态研究数据的计算）。在印度，宗教对极度贫困产生了重要影响，其中锡克教徒和基督教徒情况良好，极度贫困率为10%，而其他宗教人口的平均极度贫困率为20%以上，部落人民的极度贫困率为50%以上（国际劳工组织基于2012年印度人口发展调查数据的计算）。如果将极度和中等贫困综合考虑，则部落人民、穆斯林教徒和印度教徒的情况最差，分别有90%、65%和58%的人口生活在低于每天人均3.10美元购买力平价的条件下。

- 一些其他标准旨在消除工作歧视，帮助那些更容易面临工作歧视和贫困风险的劳动群体获得平等的待遇，其中包括专注于原住民和部落人民[16]、残疾人[17]、移民工人[18]、老年工人[19]、工作领域中的艾滋病人[20]等国际劳工标准。在今天的全球经济时代，原住民和部落人民的贫困问题特别令人关注。

促进收入公平分配和确保包容性增长

收入公平分配是一项重要的脱贫机制，因为正如第三章中所强调的，经济增长的脱贫作用在某种程度上要取决于收入不平等水平，即如果国家的收入不平等超过一定水平，则其经济增长的脱贫作用就会降低。在这方面，结社自由及组织权利和集体谈判的权利是促进更公平收入分配的赋权权利（国际劳工组织及其他，2015年），结社自由因此赋予了贫困劳动者和企业家相对于谈判对手的集体力量。关键标准包括下列内容：

- 1948年的《结社自由和保护组织权利公约》（第87号）以及《组织和集体谈判

权利公约》（第 98 号）是此类标准的核心，也是国际劳工组织核心公约的组成部分，其原则已被纳入"工作中的基本原则和权利"。其中，第 87 号公约规定了进行工资和工作条件谈判所需要的最基本条件，尤其是劳动者和雇主建立和加入自己选择组织的权利以及自由组织的权利。第 98 号公约进一步建立了让劳动者和雇主能够实现这些权利的有利环境，规定了对其组织活动不得干涉的要求，并且禁止基于工会活动的歧视。该公约也促进了雇主和劳动者之间集体谈判机制的建立和使用。劳动者通过工人组织代表进行集体谈判的要求旨在促进更平衡的谈判，因为个体劳动者的谈判力量通常要弱于雇主[21]。集体谈判既提高了劳动者对制订自身雇佣条款和条件的参与度（巴里恩托斯与史密斯，2007 年），也可以在劳资关系成熟的情况下创造有利于企业可持续成长的环境（米勒、特纳与格林特，2011 年）。

- 最低工资标准也提供了实现更公平收入分配的框架。1970 年的《最低工资确定办法公约》（第 131 号）要求批准国承诺建立最低工资制度，其范围"包括雇用条件适合于该范围的一切工资劳动者群体"（第一条）。该标准中的脱贫内容包括，在设定最低工资时要考虑到劳动者及其家庭的需求和生活成本（完善的最低工资政策之关键设计特征参见第六章）。另外，公平收入分配原则也包含在有关性别平等的重要国际劳工标准（第 100 号和第 111 号公约）中。

尽管国家层面的特定政策有利于脱贫目标，但其他一些政策可能会削弱或抵消其脱贫作用，因此，保持不同政策之间的一致性就要求有效处理所有情况下的贫困，包括在经济危机情况下（国际劳工组织，2013a、2014a 和 2014b）。而且，要想确保所实施的任何经济、社会和劳动力市场政策都切合当时的实际，并获得广泛的支持，那么社会合作伙伴的参与就非常关键。实际上，所有的国际劳工标准都提倡社会对话，即雇主组织和工人组织在各个层面政策制定过程中的参与，因为社会对话可以让社会合作伙伴在影响到其生活条件等政策的制定过程中发挥自己的实际专长。很多国际劳工标准都与有利于贫困人口的政策制定有关，其中尤其包括：

- 1962 年的《社会政策（基本目标和标准）公约》（第 117 号）首先规定了"经济发展必须成为社会进步的基础"（序言）这一基本前提，要求成员国的一切政策应主要致力于人民的福祉与发展，并促进人民对社会进步的要求（第一条第一款），第二条进一步规定了将提高生活水平作为经济发展计划的主要目标。第 117 号公约还制定了促进广泛社会进步的框架，其中包括提高移民工人地位、劳动者报酬、非歧视、教育培训等具体规定，也就是说，该公约也包括了以前小节中评述过的多个标准内容。
- 第 98 号公约包含了促进社会对话的条款，强调雇主组织和工人组织通过社会对话参与建立或评价集体谈判制度的必要性，目的是为了确保在集体谈判目标中包含合适的生活水平等目标[22]。另外，第 131 号公约要求在建立、管理和修改最低工资设定机制的过程中与社会合作伙伴充分磋商，包括在合适的情况下让社会合作伙伴直接参与操作。实际上，社会对话在获得社会合作伙伴对很多问题的贡献方面都非常关键，包括就业政策、职业指导和培训项目以及正规化战略的制定和实施，就业服务的经营，与劳动监察机构的合作等（有关社会对话的详细讨论参见第六章）。

第二节 改善国际劳工标准的实施与执行,令其惠及贫困人口

本节分析国际劳工标准的实际实施,重点在于核心执行机构和一些其他机制在实现体面工作和脱贫方面的作用,首先介绍国际劳工标准有效实施的主要障碍,尤其是在最弱势劳动者方面,然后介绍应该采取的一些补救这方面差距的方法,其中包括一些案例研究。

实现与国家法律和主要机构能力有关的国际劳工标准目标的主要障碍

对最弱势劳动者有效实施国际劳工标准的最重要障碍是:(1)国家法律覆盖范围有限,包括关键公约的低批准率及其没有被批准国法律完全采用;(2)劳动监察机构和司法系统等执行机制对最弱势劳动者和雇主的覆盖不足。此外,政府能力上的各种差距也阻碍了根据国际劳工标准制定政策的有效实施范围(见第六章)。

第一,世界上没有一个国家全部批准了第一节表4.1中所列有关脱贫的核心公约,尽管国家之间存在的差异相当大,但贫困有关公约批准率最高的却是发达国家(见表4.2)。在几乎所有方面,作为大多数贫困人口居住地的发展中国家公约批准率都低于发达国家和新兴国家,而且,在表4.1中所列举的四个方面(机制),发展中国家的公约批准率都低于50%,只有"防止劳工权利和工作条件恶化"机制的公约批准率相对较高,不过也只是刚刚超过60%。然而,如果要计算批准单个方面所有公约的国家比例,则批准率将大为降低,尤其是在某些发展中国家,对于有一个以上公约方面的批准率降为零。当然,批准只是第一步,公约的有效实施需要将国际劳工标准全面纳入国家法律之中(法律上覆盖),并且在国家层面上加以实施和执行(事实覆盖)。

而且,关键的执行公约(包括1978年的《劳工行政管理公约》[第150号]、1969年的《农业劳动监察公约》[第129号]和1947年的《劳动监察公约》[第81号])的批准上也存在很大差距[23]。例如,很多主要依靠农业的最不发达国家仍然没有批准第129号公约,而且在另外两个执行公约的批准上也存在很大的差距。

表4.2

关键脱贫公约的批准率

脱贫机制	发达国家	新兴国家	发展中国家	总计
为体面工作创造和可持续性企业提供框架条件(第122号公约)	68.4	59.0	36.7	58.3
增强改善民生的能力(第142、88、181、102号公约)	48.7	27.5	16.7	32.2
	(15.8)	(3.0)	(0.0)	(6.4)
防止劳工权利和工作条件恶化(第29、105、138、182、95、158、155、184号公约)	63.8	59.4	58.8	60.6
	(3.5)	(2.0)	(0.0)	(2.1)
消除歧视(第100、111、183、156、169号公约)	50.9	45.8	44.0	47.1
	(3.5)	(0.0)	(0.0)	(1.1)
促进收入公平分配和确保包容性增长(第87、98、11、141、131、117号公约)	52.3	49.3	48.3	50.1
	(3.5)	(5.0)	(0.0)	(3.7)
全部	57.2	50.1	46.5	51.7
	(0.0)	(0.0)	(0.0)	(0.0)

注:批准率是指2016年4月15日的批准率。也参见表4.1。括号内的数据是指已全部批准表中所列公约的国家比例(按机制或国家群组统计)。

资料来源:国际劳工组织基于其国际劳工标准信息库(NORMLEX)数据的计算。

第二，即便国际劳工标准得到批准，并成为批准国法律，但其对某些劳动者和企业的覆盖可能有限，从而会影响到其脱贫作用。例如，其原因可能会是与企业规模、劳动者类别或地理区域有关的标准之要求，其中特别值得关注的是占新兴和发展中国家极度贫困人口6%（详见第一章）的无酬家庭帮工以及家庭工人（见专栏4.2）。

第三，由于有限的法律覆盖和受限的机构能力，劳动监察机构的服务虽然是执行机制的重要组成部分，但并不一定能覆盖最弱势劳动者。在专注于执行的公约中，第150号公约和第129号公约特别规定了将覆盖范围扩大到第一章中认为是极度贫困人口的劳动者类别[24]，例如，第129号公约中包括了无酬家庭帮工，鼓励批准国将农业部门的无酬家庭帮工纳入劳动监察范围。但是，鉴于这些劳动者的隐蔽性，以及劳动监察机构通常没有分配到充足的资源（国际劳工组织，2006年），所以其权利的执行受到了限制。

第四，贫困人口通常难以获得司法服务，而功能良好的司法系统对保障有利于发展和脱贫的权利非常关键。最不发达国家中的极度贫困人口尤其难以获得司法服务，原因在于他们对自己的权利缺乏意识、欠缺知识、对司法系统不信任、救济手段不足、对成本和程序持续时间的担忧等（安德森，2003年）。例如，对2001到

专栏4.2

无酬家庭帮工和家庭工人面临的挑战

无酬家庭帮工：大多数生活在贫困状态的无酬家庭帮工存在于中小企业、农村经济中的小农农业和城镇经济中的非正式商业活动（例如裁缝店、零售店及其他非正规服务提供商）中。在低收入国家，包括无酬家庭帮工在内的大多数自营工作者在农业部门工作，其中主要是妇女、儿童和青年工人。无酬家庭帮工的隐蔽性意味着他们通常被排除在政府法规之外，容易遭受恶劣的工作条件。例如，家庭企业的妇女无酬帮工通常一天工作"两个工作日"，而且没有报酬和正规就业地位，使她们无法获得社会保障服务（丰塔纳，2003年；陈，2007年）。无酬家庭帮工的特殊情况也给集体劳动者协会的传统模式带来挑战。

家庭工人：也叫作"行业外包工人"，家庭工人按照委外加工协议在自己家中为雇主和承包商生产商品和服务，被认为是当今全球市场经济的重要因素（卡尔、陈与泰特，2000年）。尽管难以量化，但家庭工人被认为是弱势居家劳动者的特定类别，通常是贫困的，而且大多数是妇女（同上；陈，2014年）。另外，家庭工人也存在于更大范围的非正式非农经济中，经常在从属工作和独立工作之间进行转换（陈，塞布斯塔德与奥康奈尔，1999年）。委外加工的家庭工人通常按计件工资计算报酬，导致工作时间很长且没有规律，收入也不稳定（陈，2014年）。依靠低技术和相对隔离的工作状态使得家庭工人与当地的承包商形成了从属关系（同上），从而限制了提高生产率的机会，而生产率的提高是家庭工人向自营工作者完全转型的必要条件。而且，家庭工人一般不能从职业安全和卫生保护中受益，因此面临着较大的致贫风险。1996年的家庭工作公约（第177号）承诺采取重要措施处理家庭工人的问题。

> **专栏4.3**
>
> **腐败对贫困人口获得司法服务产生影响**
>
> 今天,世界上有三分之二的国家存在严重的腐败问题,影响了全球60亿以上的人口,包括新兴和发展中国家以及发达国家。例如,透明国际组织发布的2015年清廉指数表明,20国集团中有53%的国家以及所有金砖国家的得分都低于50分。腐败不仅破坏了整体的公共服务和民主,而且其中受伤害最大的是世界上最弱势的人口。有限的透明度和问责制以及低水平的公众参与是有关腐败的关键问题。因此,社会合作伙伴参与和加强社会对话等公众参与能够通过提高治理机制的开放性和透明度来帮助反腐败工作,拉丁美洲工会的成功及其建立的反腐败网络就是很好的例子。

2005年期间拉丁美洲和非洲国家有关获得司法服务的研究表明,在位于收入类别最低10%的非洲样本家庭中,只有5%的家庭有过寻求法庭服务或替代性争议解决机制的直接经历。同时,不能获得司法服务家庭的百分比在贝宁高达83%,在莫桑比克为81%,在南非为68%(布斯卡利亚,2009年)。尽管研究发现贫困人口使用非正式法律机制的比例更高,但是还没有证据表明,非正式法律机制在强制执行体面工作条件(包括公平工资)方面是有效的(凡德尔,2008年)。另外,腐败(尤其是在获得司法服务方面)也对脱贫带来了严峻挑战(见专栏4.3)。

批准公约(包括通过贸易协定)是实现脱贫的核心方法

国际劳工标准的有效实施,首先要求国家致力于更全面地批准有脱贫作用的核心公约,包括有关执行的核心公约,并且将其及相关建议书纳入到国家的法律和政策中。这样一来,国家就可以有效地采用国际劳工标准中的脱贫机制,朝着实现2030年可持续发展目标迈进,国际劳工组织的监督机制(尤其是公约与建议书实施专家委员会)也可以帮助国家实现这一目标。实际上,公约与建议书实施专家委员会可以提供建议,帮助国家将其法律及法律实施与国际劳工标准的目标进一步统一起来,从而对更有效的脱贫程序提供支持。而且,国际劳工标准(尤其是有关结社自由的标准)为实现可持续发展目标的包容性程序提供了框架,让雇主组织和工人组织能够监督政府为相关进展负责,并且共同努力实现脱贫目标。

在贸易协定中承诺尊重国际劳工标准也被认为是一种促进批准和遵守国际劳工标准的补充机制。在最近几年,有越来越多的贸易协定中包含了此类劳工条款,其中引用最多的是"工作中的基本原则和权利"标准(见专栏4.4)。现在就有几个此类协定正在谈判或已经签署(也参见国际劳工组织,即将发表)[25]。

贸易和投资协定中的劳工条款也可以设计为,通过社会合作伙伴和当地社区的参与(正如第169号公约中对原住民和部落人民权利的规定)对国际劳工组织的文件进行补充,并且建立有效的跟进机制。一些贸易和投资协定允许存在经济多元化以及与非正规经济和农村经济相联系,而非正规经济和农村经济正是大多数贫困人口所在之处。

专栏 4.4

贸易协定与劳工条款

在过去的二十多年中，双边和多边贸易协定数量增加了五倍，从 1995 年的 46 个增加到 2015 年的 265 个。而且，有越来越多的贸易协定中都包含了劳工条款，即缔约方通常承诺不会为了吸引外贸或外资而降低劳工标准，并且承诺实现国际劳工标准，主要是国际劳工组织的"工作中的基本原则和权利"标准（国际劳工组织，2016 年）。尽管首次达成有约束力的劳工条款是在 1994 年的《北美劳工合作协定》中，但到目前为止已经有 75 个贸易协定中包含了劳工条款，涵盖了 108 个经济体，其中有将近一半是在 2008 年以后签订的，而且 2013 年以后签订贸易协定中的 80% 都包含了劳工条款，占了向世界贸易组织通报且目前仍然有效贸易协定中的四分之一以上（28%）（同上）。

包含劳工条款的贸易协定的增加，不仅得益于最积极推动劳工条款的经济体（比如加拿大、欧盟和美国）之间签订的协定，也得益于智利、新西兰、欧洲自由贸易联盟和瑞士等国家或地区。另外，也有包含劳工条款的南南协定，包括尼加拉瓜—中国台湾（2008 年）、秘鲁—中国（2010 年）、土耳其—智利（2011 年）、哥斯达黎加—新加坡（2013 年）、韩国—土耳其（2013 年）和中国香港—智利（2014 年）之间签订的协定（同上）。劳工条款（主要是建立对话及合作活动）也被纳入到一些地区一体化的协定中，比如南方共同市场、安第斯国家共同体和西非国家经济共同体（国际劳工研究所，2015 年）。

尽管大多数劳工条款都提及"工作中的基本原则和权利"标准，但在对批准国际劳工标准的重视程度上仍存在差异。例如，欧盟普惠制方案项下的"刺激可持续发展和良治特殊安排（简称'普惠制追加安排'）"，将贸易激励政策与批准及实施人权、劳工权利、环境保护和良好治理等方面的核心国际标准联系起来。也就是说，如果发展中国家向欧盟出口，"普惠制追加安排"可以提供与批准及遵守 8 个国际劳工组织核心公约相联系的额外贸易激励政策（欧盟委员会，2016 年；欧盟条例第 978/2012 号）。而且，在欧盟的双边贸易协定中，缔约方也承诺继续努力推动国际劳工组织公约的批准（佩尔与菲诺，2015 年）。

在美国与巴林、哥伦比亚、摩洛哥、阿曼、巴拿马、秘鲁等国的贸易协定批准前，缔约方都在劳工标准方面进行了一些改善，通过修改法律解决了最低就业年龄、最低工资水平、移民工人权利、强迫劳动和临时工等针对贫困人口的关键问题（国际劳工研究所，2015 年）。

美国—柬埔寨双边纺织品协定也是一个有趣的例子，协定包含了针对就业密集型部门（纺织服装业）的劳工条款，纺织服装业的特点是在发展中国家（如孟加拉国）之间存在高度的竞争、劳动力以低技能的女性移民工人为主（萨曼与洛佩斯·莫雷洛，即将发表）。该协定与国际劳工组织的"柬埔寨优良工厂计划"相结合，显示了国际贸易、公司层面的监控和能力建设如何结合起来，形成鼓励服装行业改善工作条件的激励机制（同上；波拉斯基，2004 年）。该协定的独特之处在于使未来美国进口配额的增加以柬埔寨服装工厂工作条件的改善为前提，并且采取了受国际劳工组织监督的工作条件监控系统，要求服装工厂必须签署该监控项目（柬埔寨优良工厂计划），才能从柬埔寨政府取得出口许可，而总体出口配额的决定取决于该监控执行的结果。但是，在扩大对其他部门或国家的溢出效应以及鼓励贸易协定遵守类似标准方面都存在着重大挑战。

通过扩大和提高劳动监察机构的影响力来改善国际劳工标准的有效覆盖和执行

在国际劳工标准的背景下，重要的是要认识到雇佣关系日益多元化，尤其是在符合第198号建议书的情况下（例如在代理就业或自雇）（海特与埃比苏伊，2013年；国际工会联盟，2014年；森与李，2015年）。德国、葡萄牙、南非和英国等国家已经通过立法确定了劳动者的就业状态（国际劳工组织，2015b；海特与埃比苏伊，2013年），例如，葡萄牙最近就制定了有关"虚假自雇"的法律，允许确定其中存在的雇佣关系和扩大的权利（国际劳工组织，2013a）。而比利时、法国、意大利和波兰等国也已经明确雇佣关系和特殊类别劳动者的地位（国际劳工组织，2015b）。

在另一些情况下，必须要提高劳动监察机构的能力，才能完全实现国际劳工标准的脱贫作用。这意味着劳动监察机构必须得到覆盖弱势劳动者的授权，向企业提供合规建议和服务，保障所有个人权利，支持企业的优良劳工实践。增加预算资源（包括员工数量和保障独立性的培训）有助于扩大国际劳工标准的覆盖范围（见专栏4.5）。实际上，为了扩大服务范围，一些发展中国家已经设立了拥有完全权力的劳动监察员来实施劳动监察和提供建议，例如，与农业工人及其家庭的工作和生活条件有关的建议（国际劳工组织，2006）。

除了确保劳动监察机构资源充足以外，加强劳动监察机构与其他机构的合作也有助于扩大其覆盖范围，第81号公约（第五条）和第129号公约（第十二和十三条）就预见到此类合作。例如，与社会保障和保险机构的合作有助于防止工伤事故及其加剧贫困后果的发生。而且，与私营实体的合作也有助于覆盖最弱势劳动者，例如，童工监督员就被培训为劳动监察机构在社区层面上的代理人。雇主组织和工人组织也对提高劳动监察机构的能力作出了重要贡献。另外，还可以通过各种合作论坛开展合作，例如，巴西的国家农业常设委员会就对就业正规化和扩大社会保障范围提供了帮助（国际劳工组织，2006年）。

合作也是向企业提供重要咨询服务的有效方法。例如，1969年的农业劳动监察建议书（第133号）就促进了劳动监察部门和技术服务主管部门携手合作，为企业提供有关提高生产效率和市场准入方面的建议，而农业生产率和市场准入正是可持续脱贫的前提（见第五章）。国际劳工组织与泰国罗勇府橡胶种植园主合作的"邻里发展工作改善"项目就是一个很好的例子[26]。

专栏 4.5

劳动监察机构扩大有效覆盖范围的作用

关于农业劳动监察的第129号公约让将劳动监察服务范围扩大到农业企业家庭成员的成为可能，而且这已经在有些地方得到合法执行，例如，在洪都拉斯和危地马拉（见国际劳工组织，2006年）。劳动监察机构也可以探索与公共和私营机构进行合作的方法，从而将劳动监察有效覆盖到家庭工人。例如，非政府组织就运用各种不同的方法向无酬家庭帮工提供支持，包括夫妻双方共同参与企业发展，通过对无酬家庭帮工工作的认可，提高了男女平等水平（斯塔里茨与赖斯，2013年）。

促进贫困劳动者和小企业获得司法服务

促进贫困人口和小企业（尤其是非正式经营者）获得司法服务，从司法和脱贫两方面来说都是非常重要的。有效的司法系统不仅对所有人执行法律，无论其收入水平或者性别、民族等相关因素如何，而且可以产生可预测的判决，提供充分的救济手段（布斯卡利亚，2009 年）。因此，司法系统作为权利的核心保证，最终对脱贫作出贡献。

工人组织和雇主组织在提高司法服务可得性方面发挥了重要作用。例如，工人组织对只能通过有限的途径获得司法服务的个人起了促进作用，其中南非家庭服务和相关工人工会（SADSAWU）就在一系列问题上对会员提供支持，包括如何使用公司内部的投诉机制，如何通过和解、调解和仲裁委员会以及当地机关和政府解决争议等[27]。另外，雇主组织也可以在帮助私营企业获得司法服务方面发挥重要作用，例如通过能力建设或提供法律服务等。有效使用司法系统的能力对于中小企业来说尤其重要，因为中小企业经常面对着有限的金融服务和很高的经济脆弱性（埃琳娜、赫雷罗与亨德松，2004 年）。

在公共领域，战略合作可以在最弱势劳动者和司法系统之间建立有效的联系，尤其是在非正规经济中（见专栏 4.6）。危地马拉就是劳动监察机构和司法系统之间进行合作的又一个例子，其劳动监察机构可以迅速获得法院裁决，从而让其决定具有强制执行力。合作也需要基于法律的沟通要求，例如在卢旺达和塞内加尔，法院向劳动监察机构提供所报告的违规案件的后续信息[28]。

加强企业在遵守反贫困国际劳工标准方面的作用

私营企业可以在提高国际劳工标准的脱贫潜力方面发挥重要作用，而且也存在进一步积极发挥作用的空间。企业不仅有义务遵守业务所在国的国内法律，也偶尔

专栏 4.6

在提高司法服务可得性方面开展合作的重要性

在巴西，劳动监察机构与劳动诉讼服务机构、劳动监察合作委员会、劳工法院、社会保障律师和劳工法官协会开展密切合作，其中劳工检察机关受理涉及公众利益的案件，包括强迫劳动、童工、平等、结社自由、残疾人、工作环境等六个方面，并且起诉了一系列有关最弱势劳动者的案件（比如强迫劳动案件），在 2000 到 2010 年期间通过法院和行政调查施加的罚款总额达到了 1 500 万美元，这些罚款用于资助受害劳动者所在城市的社会项目，同时也装备联邦警察，资助劳动监察机构[1]。

在莫桑比克，法律援助和资助研究所（IPAJ）专注于正规和非正规经济中劳资冲突的法外解决，并且可以代表受害者将案件向劳工法院提起诉讼，同时通过与劳动监察机构开展合作，接手需要通过法院解决的案件[2]。

[1] 参见有关巴西劳动监察和劳工司法的介绍，可从以下网址获得：http://www.ilo.org/wcmsp5/groups/public/@ed_dialogue/@lab_admin/documents/presentation/wcms_164568.pdf （2016 年 4 月 20 日）。

[2] 1994 年 9 月 13 日关于建立法律援助和资助研究所的第 6/94 号法律。

采取超法律要求的措施来促进在有些国家实现国际劳工标准，因为这些国家的劳动法律和制度薄弱，并且雇佣了大量在职贫困人口。

这些措施是通过企业社会责任计划（CSR）实施的，通常都是通过改善报告、监控和验证机制来达到国际劳工标准及其应用的要求。此类志愿行动已经对在更高水平上坚持、监控和遵守国际劳工标准作出了贡献，但有时也由于缺乏透明度、不能与国内劳动法规和劳动机构相互协调和相互促进而面临挑战（国际劳工组织，2015a）。这也是加强企业社会责任以及完善的法规、劳动行政管理机构、劳动监察和执行机构之间的协同作用非常关键的原因。

在有些国家，政府已制定法律要求在整个供应链中建立企业社会责任报告制度。例如，《2010加州供应链透明度法案》、英国的《2015现代奴隶法案》《多德—弗兰克法案》（2012）以及欧盟的第2014/95/EU号指令都是最近令人关注的例子。

提高这些行为准则脱贫潜力的一个重要方面是加强劳动者和管理层之间的对话，以及社会合作伙伴对监控和执行的积极参与[29]。国际劳工组织的《关于跨国公司企业和社会政策的三方原则宣言》（简称"跨国公司宣言"）提供了这方面的有用参考[30]，而跨国企业与全球工会联盟之间的国际框架协议也更进一步地纳入了监控机制（国际劳工组织，2015a）。

社会合作伙伴在实现国际劳工标准中的作用

社会合作伙伴已经在上述各个挑战，即扩大法律覆盖范围、增强劳动监察机构的能力、提高司法服务可得性中作出了重大贡献，例如，在社会对话中组织和代表在职贫困人口（包括弱势劳动者），或者在出现争议或需要司法服务的情况下提供建议和服务。限制劳动行政管理和监察机构优先性及其资源以及阻碍获得司法服务的一个重要因素是薄弱的弱势劳动者和小企业组织和代表。但是，社会合作伙伴已经日渐获得更广泛的支持，社会对话也已经逐渐整合了最弱势劳动者的发言权（见专栏4.7）。

专栏4.7

组织和代表在职贫困人口

一些国家已经作出一些增加弱势劳动者代表性的努力，无论是通过建立新机构，还是扩大现有机构的覆盖范围。例如，美国已经建立移民工人中心（斯克里，2007；法恩，2015年），类似的机构还有印度的自雇妇女协会、哥伦比亚的拾荒者协会（世界银行，2013年；森与李，2015年）。

同时，工人组织和雇主组织也在努力进一步扩大规模（海曼，2015年；韦伯斯特，2015年）。例如，在日本，组织非正式劳动者已经成为工会的优先事项，因此，在2006年，日本工会联合会成立了"兼职统一战线"，专注于兼职和其他非正式劳动者（海特与埃比苏伊，2013年）。同时，雇主组织也以多种方式帮助非正规经济经营者，包括通过提高获得信息、金融、保险和技术的便利性，以及提供业务支持服务（国际劳工组织，2014c）。另外，现有的社会对话机制也在不断扩大非正式劳动者的发言权。例如，在秘鲁，由劳动者和雇主代表组成的联合技术委员会讨论有关非正式劳动者的重要问题，比如建立保障非正式劳动者和自营工作者权利的法律框架，提高发展能力和正规化能力（同上）。

这些组织一旦设立，就可以帮助其成员更有效地表达自己的权益，确保劳动行政管理和监察机构对弱势工作者的需求作出回应。即使是对于那些尚未被纳入法律范围的非正规劳动者，工会也可以在倡导扩大法律的覆盖范围以及促进不同类型的争议解决机制和可用救济手段的建立方面发挥重要作用（见专栏4.8）。

雇主组织同样能够对成员起到支持作用，包括通过提供合规建议和业务发展服务。此外，强有力的雇主组织还能倡导为不同类型的企业创造更加有利的环境，从而对脱贫产生重要的潜在作用（见专栏4.9）。

专栏4.8

工会在确认家庭工人权利方面的作用

工会已采取措施将劳动法律的覆盖范围扩大到家庭工人。例如，泰国的公民社会组织已经从法律上开展更好的保护家庭工人运动，逐渐形成家庭工人保护法（B.E.2553），以及相应的社会保障政策（梅，2011年）。家庭工人保护法规定，受雇在家中从事与工业企业中同样工作的劳动者享有同等报酬、正规合同、职业安全与卫生保护以及通过劳工法院进行追索的权利（非正规就业妇女：全球化和组织化［WIEGO］，2011年）。在印度，自营妇女协会也在积极开展扩大确认家庭工人权利的运动，使得国家最低工资法将缝纫、烟卷、线香制造等与居家工作有关的部门纳入其中（辛哈，2013年）。所有这些政策都提高了劳动者收入，扩大了劳动者的基本权利，从而也产生脱贫作用。

专栏4.9

雇主组织在为企业创造有利环境方面的作用

非正规经济中的自营工作者和小企业主的经营通常面临着法律和监管环境方面的挑战，因为某些政策可以限制他们的谋生能力，比如对使用公共空间和取得自然资源的限制，以及功能欠缺的金融机构（马，2013年；桑卡兰与马达夫，2012年）。不过，有些自营工作者组织已经设法采取协调行动倡导监管改革，例如，颁发允许商贩在公共空间经营的正式执照，征收更合理的税收，改善监管机构的功能等（阿加瓦拉，2014年）。

而且，雇主组织也能帮助小企业创造有利环境。在肯尼亚，肯尼亚雇主联合会在2004年有关新的保护中小企业政策框架的协商中充当了中小企业的代理人，该新政策框架旨在推动中小企业发展，以增加就业机会，促进经济增长。通过肯尼亚雇主联合会，非正规经济中的独立实体与较大的正规企业和外资企业之间建立了密切的联系，从而提高了产品质量，增加了中小企业获得委外加工的机会（国际劳工组织，2005年）。

在加纳，小型工业协会的代表是加纳雇主协会委员会的成员，通过这一机制，该协会与加纳政府合作设计了一些有利于中小企业的政策（国际劳工组织，2013b）。

在坦桑尼亚，坦桑尼亚雇主协会参与起草了坦桑尼亚《脱贫战略文件》，其中包括了增加中小企业参与政府采购合同投标机会的建议（同上）。

如前所述，社会合作伙伴已成为促进贸易协定中加入劳工条款的重要力量。随着时间的推移，已经有越来越多的贸易协定考虑到利益相关者的作用，而工会及其他劳工支持者在其中发挥了重要的作用。而且，有些国家已经让咨询机构加入到贸易谈判和实施的过程中，并且将企业社会责任内容明确纳入到劳工条款中（国际劳工组织，即将发表；佩尔与施奈德，2014 年）。

第三节　结束语

要想通过国际劳工标准条款实现有效脱贫，各国应该承诺全面批准具有特定脱贫机制的国际劳工组织公约，并且制定相应的国家法律及政策。很多国家仍然没有做到这一点，在世界上没有一个国家批准了所有的重要脱贫公约。同时，据分析显示，所有国家平均批准了此类公约中的一半左右，但其中只有核心公约得到了广泛批准，而非核心公约批准率只有 30% 左右。

尽管国际劳工标准对脱贫非常重要，但其充分作用受到了很多不同因素的阻碍，其中之一是国家法律对弱势劳动者的有效覆盖不足。国际劳工标准虽然提供了限制性和暂时性的例外选择，但仍在努力逐步扩大其覆盖范围。因此，除了批准核心公约之外，各国应该考虑将其劳动、社会和其他法规扩大到尽可能最广的覆盖范围，以实现国际劳工标准的最佳脱贫作用。而且，国际劳工标准也提供了实现这一目标的机制，包括逐步扩大覆盖范围的方法。如果覆盖范围仍然有限，各国就应该分析如何才能最有效地进行扩大。

而且，劳动行政管理和监察机构的能力不足也阻碍了它们对广大弱势劳动者及其雇主的覆盖，限制了劳动者权利的有效执行，以及向企业提供合规服务和咨询。一方面，由于缺乏培训和经验不足，很多雇佣关系得不到执行机构的关注，另一方面，由于劳动监察员数量不足，很多劳动场所仍然处于他们的监管范围之外。另外，有效获得司法服务也是执行的关键组成部分，但是，本章已显示，贫困个人不大可能使用正式的司法系统，而更多地使用非正式的争议解决机制，因而无法强制执行体面工作的一些规定。

实际上，在努力实现与贫困和体面工作有关的可持续发展目标过程中，各国都应该确保劳动执行机构拥有充足的资源来履行自己的使命，因为这会增加司法服务的供应，为可持续性脱贫奠定基础，也有助于促进从非正规就业向正规就业的转型，从而扩大公共资源的贡献基础。而且，通过加强劳动执行机构和其他政府机关和私营机构之间的合作，各国可以扩大对劳动者权利的覆盖范围。为雇主组织和工人组织创造有利环境也是一个非常重要的方面，因为这可以促进这些组织通过与劳动执行机构的合作来提高脱贫作用，帮助其成员获得司法服务，倡导有利于贫困人口的改革。

越来越多的贸易协定中都包含了促进国际劳工标准应用的条款，以确保贸易和投资能发挥脱贫作用。实际上，劳工条款的设计可以调整为针对最弱势劳动者，不过其脱贫作用仍然有很多未知。而在劳工条款的实施及其对法律和机构变化以及弱势劳动者工作条件的总体影响方面，部门和国家层面的分析提供了更详细但差异较大的结果。

最后，本章中讨论的所有国际劳工标准的关键组成部分是其对包容性增长的促进作用。正如前面几章中所讨论的，确保提高经济增长的包容性对未来几年的可持续性脱贫非常关键。国际劳工标准提供了这方面的特定工具，尤其是通过结社自由和集体谈判等基础标准，使考虑到经济、社会和劳动力市场政策等各个方面的包容性决策成为可能。结社自由对于促进旨在实现可持续发展目标的真正包容性全球化进程非常关键，因为结社自由奠定了强有力的雇主组织和工人组织的基础，而这些组织能够与政府部门合作，有效发挥脱贫作用。此外，为了全面发挥国际劳工标准的脱贫作用，必须通过全面有效的国家政策来执行这些标准（更详细的讨论参见第六章）。

注

1. 联合国发展集团 2013 年通过了联合国《以人权为本促进发展合作的共识》和以人权为本的规划方法。更详细内容参见：http：//hr－baportal.org/the－un－and－hrba#sthash.EBPumtvF.Dpuf（2016 年 4 月 18 日）。
2. 具体参见曼图瓦卢的《论劳工权利的人权性质》（2012 年）。
3. 公约和议定书是对批准国有约束力的文件，而建议书是提供政策或公约应用（视具体情况）指南的文件（阿博特与斯尼达尔，2000 年）。
4. 国际劳工组织的监督机制包括以下两个主要方面：基于成员国对所批准公约实施情况报告（参见国际劳工组织章程第二十二条）的一般监督；特别监督，尤其是基于违反公约提交给国际劳工局的陈述和申诉（参见国际劳工组织章程第二十四至三十四条）。国际劳工组织成员国有义务按要求提供属于未加入公约事项的本国的法律和实践信息（参见国际劳工组织章程第5e和6d款）。基础和优先/治理公约的报告周期为三年，技术性公约的报告周期为五年。公约和建议书实施专家委员会、结社自由委员会和国际劳工大会公约和建议书实施三方委员会分别负责监督功能的不同部分。
5. 除了国际劳工组织文件以外，《经济、社会和文化权利国际公约》也将技术指导、职业指导和培训项目的建立与工作就业权联系起来。参见韦尔坎的《智利资格（Chile Califica）项目》（2010 年），以及阿莱的《论正式认可证书的重要性》（2010 年）。
6. 联合国经济、社会及文化权利委员会的《经济、社会及文化权利国际公约》第六条工作权中的一般注释第 18 条（2005 年，第 26 段）。
7. 即医疗护理、疾病津贴、失业津贴、老年津贴、工伤津贴、家庭津贴、生育津贴、残废津贴和遗属津贴。
8. 1988 年的《关于促进就业和失业保护的公约》（第 168 号）要求将覆盖范围扩大到"不低于所有雇员的 85%"。
9. 即 1948 年的《结社自由和保护组织权利公约》（第 87 号）、1949 年的《组织和集体谈判权利公约》（第 98 号）、1930 年的《强迫劳动公约》（第 29 号）、1957 年的《废除强迫劳动公约》（第 105 号）、1973 年的《最低就业年龄公约》（第 138 号）、1999 年的《最恶劣形式童工劳动公约》（第 182 号）、1951 年的《同工同酬公约》（第 100 号）、1958 年的《（就业和职业）歧视公约》（第 111 号）。
10. 第 138 号公约将最低就业年龄定为不低于 15 岁，并且将其与完成义务教育联系起来。在特殊条件下，最低就业年龄可临时性定为 14 岁。从事危险工作的最低就业年龄限制为 18 岁。国家法律可以允许 13 岁儿童从事轻松的工作。1973 年的《最低就业年龄建议书》（第 146 号）建议逐步将一般最低就业年龄提高到 16 岁。
11. 第 182 号公约将最恶劣形式的童工劳动定义为：所有形式的奴隶制和类似奴隶制的做法，包括将儿童用于武装冲突；有关儿童卖淫和儿童色情的活动以及将儿童用于非法活动；而其他可能对"儿童健康、安全和道德"产生伤害的工作类型（第 182 号公约的第 3（d）款）应该通过国家磋商（包括建立和定期更新国家危险工作清单）确定。
12. 有关 2011 年 4 月 18 至 21 日在日内瓦召开的"审查 1982 年终止雇佣公约（第 158 号）和 1982 年终止雇佣建议书（第 166 号）三方专家会议"的背景文件，参见：http：//www.ilo.org/global/standards/sub-jects－covered－by－inter－national－labour－standards/employment－security/WCMS_152871/lang—en/index.htm，管理机构决定：http：//www.ilo.org/gb/de－cisions/GB312－decision/WCMS_168107/lang—en/index.htm（2016 年 4 月 18 日）。
13. 2011 年的《家庭工人公约》（第 189 号）和 1989 年的《原住民和部落人民公约》（第 169 号）。

14. 参见1981年的《职业安全和卫生公约》（第155号）和2001年的《农业安全与卫生公约》（第184号）及相应的第192号建议书。
15. 第100、111、156、183号公约构成了国际劳工组织男女平等公约。
16. 1989年的原住民和部落人民公约（第169号）。
17. 1983年的《残疾人职业康复和就业公约》（第159号）及相应的第168号建议书。
18. 1949年的《移民就业公约（修订版）》（第97号）及相应的第86号建议书、1975年的《移民工人公约》（补充条款）（第143号）和1975年的《移民工人建议书》（第151号）。
19. 1980年的《老年工人建议书》（第162号）。
20. 第200号建议书。
21. 而且，1981年的《集体谈判公约》（第154号）及第163号建议书适用于"各种经济活动"（第一条）。警察和军队适用另外的法规，因为它们是公共部门的特殊实施模式。具有广泛覆盖范围的其他相关标准保障了农业部门和农村工人（工资劳动者及自雇者）的结社自由，并且确保原住民和部落人民的全面参与，包括1921年的《农业工人集会结社权公约》（第11号）、1975年的《农村工人组织公约》（第141号）和1989年的原住民和部落人民公约（第169号）。
22. 例如参见下列公约与建议书实施专家委员会对希腊的观察：第101届国际劳工大会（2012）公布的关于1949年《组织和集体谈判权利公约》（第98号）的2011年观察；第102届国际劳工大会（2013）公布的关于1949年《组织和集体谈判权利公约》（第98号）的2012年观察。
23. 截至2016年4月，已经有75个国家批准了1978年的《劳动行政管理公约》（第150号），有145个国家批准了作为优先/治理公约之一的1947年《劳动监察公约》（第81号），有53个国家批准了1969年的《农业劳动监察公约》（第129号），这也是一个优先/治理公约。
24. 1978年的《劳动行政管理公约》（第150号）将劳动行政管理功能逐步扩大到非正式经济（第七条）。1947年的《劳动监察公约》（第81号）专注于工业和商业（可选）的监察，并且通过其1995年的议定书将其覆盖范围扩大到非商业服务部门。另一方面，1969年的《农业劳动监察公约》（第129号）提供了更广泛的包容性，因为该公约覆盖一系列不同类型的农业企业，这些农业企业的雇员签订了不同类型的雇佣合同。实际上，第129号公约的准备材料表明，考虑到农业就业通常是非正式性的，工资关系的存在应该成为覆盖的决定因素。第129号公约还提到了通常非正式地工作的几种农业工人，包括不雇佣帮工的佃农、分成佃农和企业经营者的家庭成员，批准国也应该对他们实施劳动监察（第五条）。
25. 其中包括美国与欧盟之间的《跨大西洋贸易与投资伙伴关系协定》、欧盟与加拿大之间的《全面经济和贸易协定》以及亚太地区12个国家之间的《跨太平洋伙伴关系协定》。
26. 这一模式涉及劳工部、卫生部、农业与合作部，整合了当地监察员提供的职业安全与卫生培训、农业与合作部提供的农业延伸服务以及卫生部协调当地医疗中心提供的基本医疗服务（卡瓦卡米、凯与科吉，2009年）。
27. "非正式就业妇女：全球化和组织化"组织的《组织者资料集》第5辑《非正式经济中的组织》中的《处理非正式工人与政府之间的纠纷》，参见：http：//wiego.org/sites/wiego.org/files/resources/files/ICC5-Disputes-English.pdf（2016年4月20日）。
28. 公约与建议书实施专家委员会强调了劳动监察机构和司法系统之间合作的效用，包括确保法官接受合适的劳动监察机构培训以及通过劳动监察机构处理案件（国际劳工组织，2006年）。
29. 有关企业社会责任计划对结社自由、集体谈判和社会对话的关注度不够的批评参见安纳（2012年）。
30. 目前正在对国际劳工组织关于跨国公司宣言进行审阅（参见管理机构决定第GB.325与GB.326号中的政策部分）。

参考文献

Abbott, K.; Snidal, D. 2000. "Hard and soft law in international governance", in *International Organization*, Vol. 54, No. 3, pp. 421–456.

Agarwala, R. 2014. "Informal workers' struggles in eight countries", in *Brown Journal of World Affairs*, Vol. 20, No. 2, pp. 251–263.

Allais, S. 2010. *The implementation and impact of National Qualifications Frameworks : Report of a study in 16 countries,* Skills and Employment Department (Geneva, ILO).

Anderson, M.R. 2003. *Access to justice and legal process: Making legal institutions responsive to poor people in LDCs,* Working Paper No. 178 (Brighton, UK, Institute of Development Studies (IDS)).

Anner, M. 2012. "Corporate social responsibility and freedom of association rights: The precarious quest for legitimacy and control in global supply chains", in *Politics & Society*, Vol. 40, No. 4, pp. 609–644.

Barrientos, S.; Smith, S. 2007. "Do workers benefit from ethical trade? Assessing codes of labour practice in global production systems", in *Third World Quarterly*, Vol. 28, No. 4, pp. 713–729.

Bentes Corrêa, L. 2011. *Labour inspection and labour justice in Brazil,* slides presented at the ILO/ Ca'Foscari University of Venice workshop: Strengthening Cooperation Between Labour Inspections Systems and the Judiciary, Venice, 23–30 Sep. Available at: http://www.ilo.org/wcmsp5/groups/public/@ed_dialogue/@lab_admin/documents/presentation/wcms_164568.pdf [25 Apr. 2016].

Blau, F.D.; Ferber, M.A.; Winkler, A.E. 2013. *The economics of women, men and work*, Seventh edition (New York, NY, Pearson).

Buscaglia, E. 2009. *Poverty, efficiency of dispute resolution systems and access to justice in developing countries* (New York, NY, Columbia University). Available at: https://www.researchgate.net/profile/Edgardo_Buscaglia [25 Apr. 2016].

Carr, M.; Chen, M.A.; Tate, J. 2000. "Globalization and home-based workers", in *Feminist Economics*, Vol. 6, No. 3, pp. 123–142.

Chen, M.A. 2007. *Rethinking the informal economy: Linkages with the formal economy and the formal regulatory environment*, DESA Working paper No. 46 (New York, NY, United Nations Department of Economic and Social Affairs (UN/DESA)).

—. 2014. *Informal economy monitoring study sector report: Home-based workers* (Cambridge, MA, Women in Informal Employment: Globalizing and Organizing (WIEGO)).

—; Sebstad, J.; O'Connell, L. 1999. "Counting the invisible workforce: The case of homebased workers", in *World Development*, Vol. 27, No. 3, pp. 603–610.

Del Conte, A.; Kling, J.R. 2001. "A synthesis of MTO research on self-sufficiency, safety and health, and behavior and delinquency", in *Poverty Research News*, Vol. 5, No. 1, pp. 3–6.

Elena, S.; Herrero, A.; Henderson, K. 2004. *Barriers to the enforcement of court judgments in Peru: Winning in court is only half the battle: Perspectives from SMEs and other users,* IFES Rule of Law Occasional Paper Series (Washington, DC, International Foundation for Electoral Systems (IFES)).

Ethical Trading Initiative (ETI). 2010. *Homeworkers and homeworking: An introduction,* Homeworker Briefing (London).

European Commission (EC). 2016. *Joint staff working document: The EU Special Incentive Arrangement for Sustainable Development and Good Governance ('GSP+') covering the period 2014-2015* (Brussels, High Representative of the Union for Foreign Affairs and Security Policy).

European Union. 2012. "Regulation (EU) No 978/2012 of the European Parliament and the Council of 25 October 2012 applying a scheme of generalised tariff preferences and repealing Council Regulation (EC) No 732/2008", in *Official Journal of the European Union*, Vol. L303, No. 1, pp. 1–82.

Fandl, K.J. 2008. "The role of informal legal institutions in economic development", in *Fordham International Law Journal*, Vol. 32, No. 1, pp. 1–31.

Fine, J. 2015. "Alternative labour protection movements in the United States: Reshaping industrial relations?", in *International Labour Review*, Vol. 154, No. 1, Special Issue: What Future for Industrial Relations?, pp. 15–26.

Folbre, N. 2014. "The care economy in Africa: Subsistence production and unpaid care", in *Journal of African Economies,* Vol. 23, AERC Supplement 1, pp. i128–i156.

Fontana, M. 2003. *The gender effects of trade liberalisation in developing countries: a review of the literature* (Brighton, UK, University of Sussex).

Hayter, S.; Ebisui, M. 2013. "Negotiating parity for precarious workers", in *International Journal of Labour Research,* Vol. 5, No. 1, pp. 79–98.

Hyman, R. 2015. "Three scenarios for industrial relations in Europe", in *International Labour Review,* Vol. 154, No. 1, Special Issue: What Future for Industrial Relations?, pp. 5-14.

International Institute for Labour Studies (IILS). 2015. *Social dimensions of free trade agreements,* Revised, Studies on Growth with Equity, Research Department (Geneva, ILO).

International Labour Office (ILO). 2005. *Kenya: Employers' organizations taking the lead on linking the informal sector to formal Kenyan enterprises.* Available at: http://www.ilo.org/global/about-the-ilo/newsroom/features/WCMS_075529/lang--en/index.htm [12 Apr. 2016].

—. 2006. *Strategies and practice for labour inspection,* Governing Body, 297th Session, GB.297/ESP/3 (Geneva).

—. 2010. *World Social Security Report 2010/11: Providing coverage in times of crisis and beyond* (Geneva).

—. 2011. *Termination of employment instruments,* background paper for the Tripartite Meeting of Experts to Examine the Termination of Employment Convention, 1982 (No. 158), and the Termination of Employment Recommendation, 1982 (No. 166), Geneva, 18–21 Apr. Available at: http://www.ilo.org/global/standards/subjects-covered-by-international-labour-standards/employment-security/WCMS_152871/lang--en/index.htm [14 Apr. 2016].

—. 2012. *Fundamental principles and rights at work: From commitment to action,* Report VI, International Labour Conference, 101st Session, Geneva, 2012 (Geneva).

—. 2013a. *Portugal: Tackling the jobs crisis in Portugal,* Studies on Growth with Equity, Research Department (Geneva).

—. 2013b. "Organization, representation and dialogue", in *The informal economy and decent work: A policy resource guide, supporting transitions to formality* (Geneva), Chapter 5.

—. 2014a. *Spain: Growth with jobs,* Studies on Growth with Equity, Research Department (Geneva).

—. 2014b. *Greece: Productive jobs for Greece,* Studies on Growth with Equity, Research Department (Geneva).

—. 2014c. *Transitioning from the informal to the formal economy,* Report V(2), International Labour Conference, 103rd Session, Geneva, 2014 (Geneva).

—. 2015a. *World Employment and Social Outlook: The changing nature of jobs* (Geneva).

—. 2015b. *Non-standard forms of employment,* Report for discussion at the Meeting of Experts on Non-Standard Forms of Employment, Geneva, 16–19 Feb. (Geneva).

—. Forthcoming. *Assessment of labour provisions in trade and investment arrangements* (Geneva).

—; International Monetary Fund (IMF); Organisation for Economic Cooperation and Development (OECD); World Bank Group. 2015. *Income inequality and labour income share in G20 countries: Trends, impacts and causes.* Document prepared for the G20 Labour and Employment Ministers Meeting and Joint Meeting with the G20 Finance Ministers, Ankara, Turkey, 3–4 Sep.

International Trade Union Confederation (ITUC). 2014. *Precarious work in the Asia Pacific region: A 10 case study by the International Trade Union Confederation (ITUC) and ITUC Asia-Pacific* (Brussels).

Kawakami, T.; Khai, T.T.; Kogi, K. 2009. "WIND training programme in Cambodia, Mongolia and Thailand", in *Developing the WIND training programme in Asia: Participatory approaches to improving safety, health and working conditions of farmers* (Bangkok, ILO Regional Office), pp. 73–90.

Lundberg, S.J.; Startz, R. 2000. "Inequality and race: Models and policy", in K. Arrow, S. Bowles and S. Durlauf (eds): *Meritocracy and inequality* (Princeton, NJ, Princeton University Press), pp. 269–295.

Mantouvalou, V. 2012: "Are labour rights human rights?", in *European Labour Law Journal,* Vol. 3, No. 2, pp. 151–172.

Mather, C. 2013. *Informal workers' organizing*, The Transformation of Work research series, (Washington, DC, Solidarity Center).

Miller, D.; Turner, S.; Grinter, T. 2011. *Back to the future? A critical reflection on Neil Kearney's mature systems of industrial relations perspective on the governance of outsourced apparel supply chains*, Working Paper No. 08, Capturing the Gains programme (Manchester, UK, University of Manchester).

Peels, R.; Fino, M. 2015. "Pushed out the door, back in through the window: The role of the ILO in EU and US trade agreements in facilitating the decent work agenda", in *Global Labour Journal*, Vol. 6, No. 2, pp. 189–202.

—; Schneider, A. 2014. "The potential role of the ILO to enhance institutional coherence on CSR in international trade and investment agreements", in *Bulletin of Comparative Labour Relations*, Vol. 89, pp. 139–157.

Polaski, S. 2004. "Protecting labor rights through trade agreements: An analytical guide", in *Journal of International Law and Policy*, Vol. 10, No. 13, pp. 13–26.

Samaan, D.; López Mourelo, E. Forthcoming. *The effectiveness of labour provisions in reducing the gender wage gap*, discussion paper (Geneva, ILO).

Sankaran, K.; Madhav, R. 2012. *Informal economy: Law and policy demands. Lessons from the WIEGO India Pilot Study* (Cambridge, MA, Women in Informal Employment: Globalizing and Organizing (WIEGO)).

Sen, A. 1999. *Development as freedom* (Oxford, Oxford University Press).

Sen, R.; Lee, C.-H. 2015. "Workers and social movements of the developing world: Time to rethink the scope of industrial relations?", in *International Labour Review*, Vol. 154, No. 1, Special Issue: What Future for Industrial Relations?, pp. 37–45.

Servais, J.-M. 2014. "Part II. The content of International Labour Standards", in R. Blanpain and M. Colucci (eds): *The International Encyclopaedia for Labour Law and Industrial Relations* (The Netherlands, Kluwer Law International B.V.), pp. 97–300.

Sinha, S., 2013. *Supporting women home-based workers: The approach of the Self Employed Women's Association in India*, WIEGO Policy Brief (Urban Policies) No. 13 (Cambridge, MA, Women in Informal Employment: Globalizing and Organizing (WIEGO)).

Skerry, P. 2007. "Day laborers and dock workers: Casual labor markets and immigration policy", in *Social Science and Public Policy*, Vol. 45, No. 1, pp. 46–52.

Staritz, C.; Reis, J.G. (eds). 2013. *Global value chains, economic upgrading, and gender: Case studies of the horticulture, tourism, and call center industries* (Washington, DC, World Bank).

United Nations (UN). 2015. *Transforming our world: The 2030 agenda for sustainable development*, Resolution adopted by the General Assembly on 25 Sep., A/RES/70/1 (New York, NY).

Webster, E. 2015. "The shifting boundaries of industrial relations: Insights from South Africa", in *International Labour Review*, Vol. 154, No. 1, Special Issue: What Future for Industrial Relations?, pp. 27–36.

Weiss, Y.; Gronau, R. 1981. "Expected interruptions in labor force participation and sex related differences in earnings growth", in *Review of Economic Studies*, Vol. 48, No. 154, pp. 607–619.

Werquin, P. 2010. *Recognition of non-formal and informal learning: Country practices* (Paris, OECD).

Women in Informal Employment: Globalizing and Organizing (WIEGO). 2009. *Handling disputes between informal workers and those in power*, Organizing in the informal economy: Resource books for Organizers, No. 5 (Cambridge, MA and Durban, WIEGO and StreetNet International).

—. 2013. *Winning legal rights for Thailand's homeworkers* (Cambridge, MA).

World Bank. 2012. *World Development Report 2012: Gender equality and development* (Washington, DC).

—. 2013. *World Development Report 2013: Jobs* (Washington, DC), Chapter 8: Labor policies revisited, pp. 258–291.

第五章
体面工作对于消除农村经济中贫困现象的作用

引言

本章讨论在农村经济（涵盖农业部门和农村非农经济）的背景之下的体面工作政策以及这些政策将如何推动消除极端贫困。各国政府在千年发展目标（MDG）期间和可持续发展目标框架中都对农业和农村发展重新燃起兴趣，这突显了农业作为提高生活水平和实现体面工作的潜在作用。

第一章表明，新兴和发展中国家 80% 以上的中等和极度贫困人口都生活在农村地区，且三分之二的极度贫困人口在农业部门就业。而且，第三章也强调，目前农业部门就业人口的极度贫困大致可以通过下列方式来减轻：（1）提高农业生产率，让贫困群体受益；（2）将农业部门劳动力转移出来从事更加盈利的行业，并且改善非农部门的工作条件；（3）扩大社会保障的覆盖范围。

本章要讨论上述农村脱贫的潜在路径中的前两条及其实现所需的政策（第六章则要讨论社会保障的脱贫作用）。因此，本章共分三节，第一节讨论在不断深入的全球化经济背景下，农业部门脱贫作用的证据；第二节讨论农业生产率增长的脱贫潜力，特别关注小农农业生产和小自耕农通过精心设计的订单农业安排融入全球经济的情况；第三节则讨论农村非农经济和农业授薪工作作为替代性脱贫方法的作用。

第一节 农业与农村经济：脱贫的机会与挑战

在 20 世纪八九十年代限制国家对农业部门干预的结构调整改革之后，最近几年各国政府重新燃起了对农业部门的兴趣，特别是由于在千年发展目标期间认识到农业部门的重要脱贫作用，以及 2008 年全球粮食危机的冲击后（世界银行，2008 年；国际劳工组织，2011a；德卢卡等，2012 年；金豪武，2013 年）[1]。而且，国际劳工组织也在 2008 年国际劳工大会通过了关于"促进农村就业以实现脱贫"的决议及行动计划，后来还将农村经济中的体面工作确认为其优先工作领域之一（德卢卡等，2012 年；国际劳工组织，2016a）。

目前特别值得注意的是《2030 年可持续发展议程》及相关目标，因为其中极大地提高了对农业的关注度。例如，可持续发展目标 2 中既为农业部门设定了目标——实现小农农业生产率翻倍，消除饥饿和改善营养状况，又强调了增加对农村基础设施以及农业研究和推广服务的投资等优先行动（目标 2.a）。该议程还强调了农业部门在发展中国家生产和就业方面的重要作用，例如，可持续发展目标 8 中就包含了将最不发达国家的产量年增长率保持在 7%（目标 8.1），以及促进充分的生产性就业和人人获得体面工作（目标 8.5），这些目标若没有对农业和农村经济非常重视是不可能实现的。最后，本章中讨论的最重要部分是可持续发展目标 1，即在世界各国消除一切形式的贫困。正如以下各节中要详细讨论的，鉴于贫困与农村的相关性和相对较慢的结构转型进程，上述目标的重大进步只有在显著提高农业生产率的情况下才能实现。

农业部门是发展的关键

正如第三章中所讨论的，提高部门内部生产率和部门之间生产率是脱贫的核心。通过现有研究得出的一个共同发现是，农业生产率增长对脱贫的作用要远大于工业、制造业或服务业生产率增长的作用（蒂默，1997 年；拉瓦利翁，2001 年；瑟特尔、林与皮耶斯，2003 年；国际劳工组织，2005 年）。的确有一项研究发现，相较于非农部门增长，农业增长对每天人均 1.25 美元购买力平价[2]的贫困群体的影响大三到四倍（克里斯蒂安森、德默里与库尔，2011 年）。同时，非农部门对减轻中等贫困的贡献较大，这突显了经济多元化的重要性。经济多元化是指从起主导作用的低生产率农业部门向工业和服务业等较高生产率的部门发展，包括劳动力从农业向较高生产率行业的转移。实际上，农业部门就业人口在总劳动力的比例与人均收入之间存在着明确的反比关系（见图 5.1 中 A 组）[3]。

发展中国家的农业非常重要，主要原因在于其农业的规模，例如，在南亚和撒哈拉以南非洲，通常一半左右的劳动力从事农业活动，而且农业占其经济总量的 30% 多。正如图 5.1 中 B 组所显示的，较高的农业部门就业人口占比与较高的极度贫困率相关。虽然如此，但是农业部门的增长具有通过前向生产联系和后向生产联系推动其他经济部门增长的巨大潜力，可能比工业或服务业的作用都要大，其中前向生产联系是指，农业产量增长为工业加工业提供了原材料，降低了食品成本，从而提高了工业的竞争力，而后向生产联系是指，越来越富裕的农业人口带来了对当地生产的消费品和农业生产要素不断增长的需求（瑟特尔、林与皮耶斯，2003 年；梅洛尔，1995 年）。从 19 世纪英国到当代东亚发展型国家的历史经验都表明，农业转型会在工业化之前出现，少有例外（亨利，2012 年），而且，如果在没有实现农业转型的情况下就进行工业化，那么工业扩张就不能提高农业生产率，而农业部门则会成为其他经济部门的累赘（瑟特尔等，2001 年；亨利，2012 年）。

在特定情况下，全球化与气候变化可能会削弱农业就业和农业投资的脱贫作用

农业对发展的促进作用并不是必然存在的，特别是由于城镇人口的需求可能越来越多地通过进口商品，而不是国内生产来满足，因此打破了农业与新兴产业之间的经济联系（科利尔与迪肯，2009 年）。而且，农户对农业生产进行必要投资（以及因此而承担的风险）的激励来自于稳定且相对较高的农作物价格（国际劳工组织，2011a）。鉴于强劲的城镇需求对于创造稳定且相对较高的农作物价格非常关键的观点已经得到证明（科利尔与迪肯，2009 年；联合国贸发会议，2015 年），因此保持农村经济与城镇经济之间的平衡增长就非常重要。

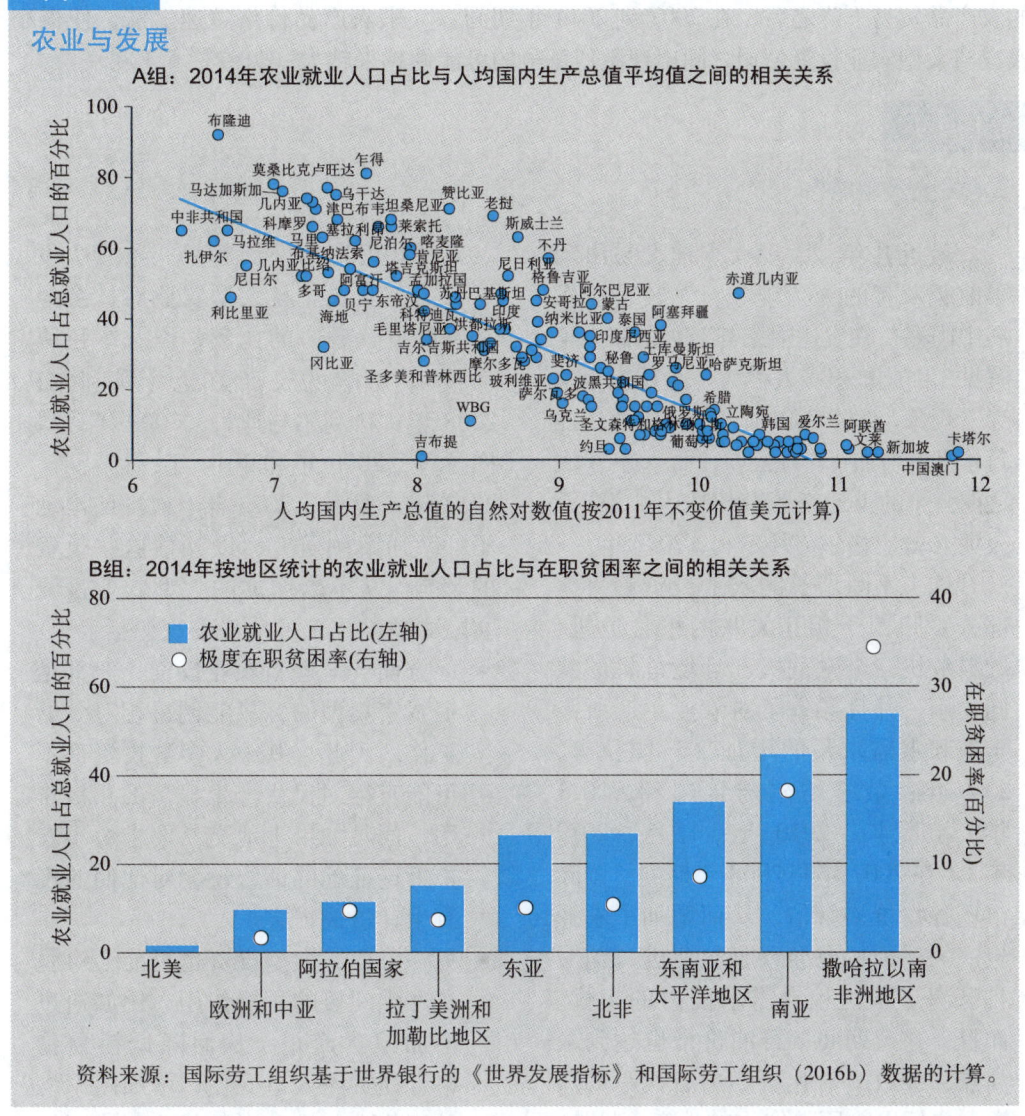

图 5.1 农业与发展

A组：2014年农业就业人口占比与人均国内生产总值平均值之间的相关关系

B组：2014年按地区统计的农业就业人口占比与在职贫困率之间的相关关系

资料来源：国际劳工组织基于世界银行的《世界发展指标》和国际劳工组织（2016b）数据的计算。

更普遍地看，当代全球化经济给各国的农业发展战略都带来了重大挑战。20 世纪八九十年代发展中世界的结构调整改革，在许多情况下导致了国家降低对农业部门的支持，从而减少了农业推广、补贴农业生产资料和经销管理等服务，但如果所有这些服务都进行适当设计和实施的话，那么就可以成为一种有效工具，为农民提供稳定环境，鼓励他们进行农业投资，从而提高生产率（张，2009 年）。

同时，贸易自由化也使农业和工业部门面临着激烈的国际竞争。在有些地方甚至导致了没有工业和非正式经济增长的"去农民化"进程（布赖森与贾迈勒，1997 年；阿拉吉，2009 年；布赖森，2010 年）。因此，不能将农村地区的高贫困率与非正式经济的挑战割裂开来，因为发展中国家的大多数农业与非农就业都要依靠非正式经济，而非正式就业通常都与低劳动生产率、低收入、较差的工作条件、有限的社会保障覆盖率相联系，尽管不同国家和不同部门之间的差别相当大（国际劳工组织，2012 年）。

在最近几十年中，全球化进程对发展中国家农业（尤其是种植业）的影响越来越大。因为生产商和工作者越来越深入地被整合到了供应链中，而地区或全球领导企业能够在供应链中通过设定价格、标准和生产进度来控制生产过程（巴里恩托斯、盖雷菲与罗西，2011 年）。而技术变革（包括交通与物流技术进步）、市场自由化和金融对实体经济越来越大的作用，已经将农业生产整合到全球供应链中。而且，经历几十年的农产品贸易下降之后，在2007到2014年期间，大宗农产品价格急速上涨，使得小农户与大型农业投资公司之间出现激烈竞争的可能性越来越大（见专栏5.1）。

> **专栏5.1**
>
> **"全球土地争夺"**
>
> 最近几年，大规模土地交易出现了前所未有的繁荣现象，尤其是在发展中国家，在发达国家与新兴国家也不鲜见，因此被很多人称为"全球土地争夺"现象。2008年以前，全球农业用地每年平均增加400万公顷，而2009年底之前公布的土地交易量却高达4 500万公顷（戴宁格尔与拜尔利，2011年）。
>
> 这一不断增长的农业投资趋势大部分要归因于相互关联的粮食危机、燃料危机、金融危机和环境危机的共同作用，并且导致了对农业生产所需土地和水需求量的增加（科图拉等，2009年；戴宁格尔与拜尔利，2011年；祖默斯，2010年；怀特，2012年）。在2007年和2008年期间，国际市场谷物价格翻倍，从而增加了农业生产的诱因，也导致了粮食进口国对自己满足国内粮食需求能力的担忧。而且，在此期间，石油价格也达到最高点，导致了对化石燃料替代品的渴求，包括生物原料作物的生产。另外，对化石燃料的环境关切也促使一些政府提倡发展替代能源，特别是2009年欧盟通过了指令，要求到2020年道路交通中所用能源中必须有10%来自于可再生能源，从而进一步刺激了生物燃料作物的生产。此外，在全球金融危机之后，很多投资基金和养老基金都不愿意在发达国家投资，转而向全球南方寻求有利可图的投资机会，其中包括农业生产领域（丹尼尔，2012年）。
>
> 这些近期的发展趋势，重新引发了有关小型农业与大型农业对社会经济发展贡献潜力的比较，以及绿色革命技术[1]影响的长期争论（科利尔，2008年；科利尔与迪肯，2009年；科图拉等，2009年和2014年；怀特等，2012年；奥亚，2013年），并且推动了一系列案例研究，以评估这些投资的影响。从不断增加的大型农业投资文献中总结出来的一般发现包括：
>
> - 一方面，这些新农业投资一般都是资本密集型的，只能创造相对少的工作。因此，其中大多数投资都不可能直接对民生产生显著的积极作用，而且如果土地交易要求对小农户拆迁征地的话，还会对他们的现有生计造成损害。
> - 另一方面，大型投资也可能会对脱贫产生间接的积极作用，比如通过增加粮食产量，从而降低粮食价格，让贫困人口受益；增加国家的外汇收入；推动当地就业创造型加工业的发展等。
> - 然而，迄今为止，这样的项目少之又少，一部分原因在于其中很多投资都专注于出口业务，因此对国内粮食生产的作用有限，而且很多投资都是最近才发生的，因此要花时间来提高生产率；另一部分原因在于其中很多投资者没有管理大型农业投资项目的经验，而且有些投资还是相对短期性的。
>
> [1] 尽管绿色革命可以极大地提高生产率，但也存在对这些农业技术的很多批评，其中主要关切之一就是绿色革命技术并不是规模中性的，而是有利于能够获得信贷、受过良好教育的较富裕农户，并且要求具备最佳的农业生产条件，而对于极度贫困农户来说，这些都是非常欠缺的（伊尔兹等，2001年）。而且，更高的生产率与较富裕农户的财富还会推动机械化的实现，从而会减少让贫困人口受益的就业机会。因此，最普遍的批评是绿色革命提高了不平等水平（皮尔斯年，1980；夏尔马，1997年），但这一发现也不乏争议（瑟特尔等，2001年；梅洛尔，2014年）。

实际上，已经有研究表明，尽管全球供应链具有产生净经济效益的潜能，但这些经济效益在整个供应链中的分配，以及将这些经济效益转化为提升劳工权利和改善工作条件方面，各个国家和行业之间差别还是非常大（国际劳工组织，2015 年）。供应链中的领导企业拥有集中的经济资源，控制着市场准入，让他们能够压制价格、设定标准和生产进度。虽然如此，但仍然存在一些有趣的例子，比如，一些供应链中产生的问题已经被那些在其整个全球供应链中始终坚守行为准则的领导企业所解决，很多买方（包括一些超级市场）要求其生产商坚守社会和就业标准，因此就可以将经济效益转化为社会效益（巴里恩托斯与比塞尔，2012；埃弗斯等，2014 年）。另外，公平定价与采购实践也能增强全球供应链的脱贫作用。

农业部门脱贫贡献面临的另一项重大挑战是气候变化。尽管环境冲击是农业生产的固有特征，但研究表明，气候变化正在让很多国家（包括发达国家和发展中国家）的环境变得越来越变化莫测，其中日益不稳定的降水和不断变化的雨季给农业生产带来了严峻的挑战。研究表明，未来气候变化可能会导致生长季节缩短、干旱日益严重、极端天气事件频繁发生（桑顿等，2011 年；埃里克森等，2013 年）。因此，不仅要提高农业生产率以实现脱贫，气候变化也使得农业生产必须适应不断变化的环境，同时还要考虑气候友好型农业在减轻气候变化方面的作用（粮农组织，2004 年；尼利、邦宁与威尔克斯，2009 年；联合国开发计划署、联合国防治荒漠化公约组织与联合国环境规划署，2009 年）。

本章接下来要详细讨论脱贫的四条路径，以及体面工作在其中的作用。前两条路径是关于拥有农地的小农户提高生产率的方法，具体包括作为独立生产商，或通过订单农业安排来进行（第二节）；另外两条路径是那些无法通过自身农业生产实现脱贫的农民可以选择的两种方式，即成立从事农村非农经济活动的小微企业和农业工薪工作的作用（第三节）。为了方便进行分析，对这些路径之间进行了明确的区分，而实际上贫困家庭和个人在脱贫过程中可能要同时依靠其中的多条路径。

第二节　通过农业生产率增长实现脱贫

较高的农业生产率可以促进贫困农户的家庭消费，增加其可用于销售的生产盈余，从而提高了其家庭收入。而且，农业生产率增长也可能会对贫困产生重要的间接作用，因为大宗粮食产量的增加会降低粮食价格，让城镇和农村贫困家庭都能从中受益，而贫困家庭是粮食的净消费者，花费在食品上的家庭收入比例一般会比非贫困家庭更高（国际劳工组织，2005 年）。

但是，实现这些效益中的挑战，不仅在于要提高总体农业生产率，还要确保贫困人口（包括很多小农户）能够获得这些效益中绝大部分，因为农业生产率的提高并不总是会产生脱贫作用，特别是在土地分配不平等的情况下（例如在很多拉丁美洲国家和南非），农业增长与脱贫之间的直接和间接联系都有可能会中断（德让内里与萨杜莱特，2000 年；蒂默，1997 年；瑟特尔、林与皮耶斯，2001 年；拉瓦利翁与达特，2002 年）[4]。

提高农业生产率要满足很多前提条件，包括使用提高生产率的技术，比如化肥、改良的种子品种和灌溉等，其中灌溉可以在降水不足时为农业生产提供保障，从而确保很多作物的年产量（国际劳工组织，2005 年；联合国贸发会议，2015 年），而且在气候变化和变化莫测的降水模式背景下，未来几年中提高灌溉设施的能力可能特别重要。另外，经过改良后的农业生产资料的推广使用，需要在适合当地特殊条件的新种子品种和化肥方面进行投资[5]，现有分析表明，这些研发投资是非洲和亚洲发展中国家经济高效的脱贫方法[6]（瑟特尔等，2003年；多罗什与梅洛尔，2013年）。

小农户对新农业技术的广泛使用取决于很多关键活动，其中最重要的是使用这些新技术所需知识和技能的传播，以及在合适的条件下种植更高价值的作物。例如，基础教育和读写能力不仅对于提高农业生产率非常关键（联合国贸发会议，2015年），而且对于设立非农企业和在非农部门就业也非常重要（国际劳工组织，2008年；世界银行，2008年）。农业推广服务让受过培训的专家与农户进行密切接触，向农户提供有关农业生产技术和新作物品种潜力等方面的建议，这也是促进农业新技术使用的关键方法。此外，广泛的可用信贷服务对于确保将农业新技术推广到最富裕农户以外的农户也非常关键，同时作物与牲畜保险还能为应对生产和需求方面的不利冲击提供保障，从而鼓励农户增加投资。更广泛的研究表明，改善市场准入的基础设施建设非常重要，因为这可以为农产品需求提供可靠的来源。

尽管提高农业生产率和种植高价值作物提供了增加家庭收入和脱贫的可能，但也存在与专门化生产有关的风险。通过生产多种不同作物和增加与农业有关的非农活动（见第三节）来促进家庭收入来源的多元化，已被证明是管理农业生产内在风险普遍采用的重要方法，包括气候冲击、虫害爆发以及价格波动等风险（布赖森与贾迈勒，1997年；巴雷特、里尔登与韦布，2001年；布赖森，2010年）。这个问题在第三章中也已经讨论过。

本节接下来首先要讨论合作社在支持独立小农户农业生产率增长方面发挥的作用；其次要讨论通过订单农业安排将小农户与供应链联系起来的可能，其中包括合作社在提高订单农户谈判地位方面的作用[7]。

通过合作社提高小农户的能力

合作社可以在支持独立小农户方面发挥重要作用，包括供应改良后的农业生产要素，提供信贷和其他金融服务，改善市场准入等（见专栏5.2）。例如，在坦桑尼亚，合作社可以帮助农户与市场对接，从而增加他们的家庭收入（西贾，2001年）。更重要的是，农业合作社还可以实现规模经济，从而提高小农户的谈判地位（国际劳工组织，2014年）。合作社成员通过共同合作，在批量购买时可以以更优惠价格取得农业生产资料，同时它还能帮助农户更好地利用等级和标准制度，让他们能够从农产品获得更大份额的附加值。而且，在某些情况下，生产商合作社还可以通过汇集资源，对既能提高生产率又能应对气候冲击的保障技术进行投资，从而弥补对灌溉设施公共投资的不足。

加入合作社还可以给女性农民带来特别的好处，因为她们一般比男性农民更难获得农业推广和金融服务，也更难为其农产品找到市场[8]。例如，卢旺达的咖啡合作社不仅提高了生产率，也对妇女赋权作出了贡献；它们提供的经济机会让这些妇女在家庭决策中拥有了更大的话语权（亚—比蒂蒂、勒巴伊与姆博宁凯贝，2015年）。

通过将小农户与供应链联系起来实现脱贫

另一个提高小农户生产率的方法是通过订单农业安排将小农户与国内或全球供应链联系起来，特别是订单农业可以通过提高农业部门生产率实现需求拉动型增长

专栏 5.2

埃塞俄比亚的脱贫：农业增长、小农户及合作社的作用

农业是埃塞俄比亚最重要的经济部门，因为该国 78% 的家庭中都至少有一位家庭成员从事农业生产（世界银行，2015a，第 xxiii 页），农业部门占其国内生产总值的 43%，出口的 90%（农业和农村发展部，2010 年，第 3 页）。在过去二十多年中，埃塞俄比亚在脱贫方面已经取得了显著的进步，同时其教育、基本医疗服务、男女平等、营养方面也得到快速的改善，极度贫困率从 1995 年的 67.9%（是当时世界上极度贫困率最高的国家之一）降至 2010 年的 33.5%，是这段时间内世界上脱贫速度最快的国家之一。

在这些令人瞩目的进步中，高速农业增长功不可没，因为自 1996 年至 1997 年以来，农业平均每年增长 10%，自 2004 年至 2005 年以来，农业平均每年增长 13%（农业和农村发展部，2010 年），而农业产值每增长 1% 可以导致贫困率降低 0.9%，所以，自 2005 年以来，在农业增长的帮助下，贫困率每年平均降低了 4%（世界银行，2015a）。

这些成就主要归功于农业增长对小农户累积产生的效益，因为小农户是农业部门的主要组成部分（中央统计局，2014 年）。自 20 世纪 90 年代初以来，埃塞俄比亚政府已经将小农农业作为其优先发展领域（东京谷物交易所，1994 年；财政与经济发展部，2003 年），并且在过去十年中将政府支出的 13% 到 17% 分配给了农业部门（农业和农村发展部，2010 年）。另外，农业推广系统也对农业生产率的增长和脱贫作出了贡献，比如，推动化肥的使用以及迅速增长对改良种子品种的开发和使用（明滕等，2013 年；梅洛尔，2014 年）。

埃塞俄比亚政府也对覆盖该国一半以上地区的 1.1 万多个合作社网络的创建提供了支持（伯纳德等，2013 年）。农业合作社已成为向农户分销化肥和改良种子的主要渠道，对农业生产率产生了重要作用。研究表明，合作社帮助成员农户取得了比非成员高得多的谷物产品价格（伯纳德、加布雷—马丁与塔费塞，2007 年；莱马，2008 年），同时有些合作社还增加了信贷、价格信息甚至农业推广等附加服务（伯纳德与施皮尔曼，2008 年）。另外，咖啡生产商合作社也被认为是将小生产商与高价值的国际市场联系起来的关键途径（国际劳工组织，2014 年）。

来产生脱贫作用。订单农业既可以与跨国零售或分销公司实现纵向的一体化，也可以形成本地性和非正式的分包商网络（泰勒与迪克西，2013 年）。正式的订单农业可以提供一个有法律约束力的机制来稳定农产品市场和保障农产品价格，而稳定的收入可以让小农户提高生活水平，并且帮助他们更好地预测和管理农业生计系统相关风险（米切尔森、里尔登与佩雷斯，2012 年）。此外，订单农业安排还可以促进当地使用更优质的农业生产资料和新技术（例如抗干旱种子），并且改善当地的农业推广服务或培训教育设施。这些机制都可以提高农业生产率，通过来自农产品的更高回报来增加家庭收入（利特尔与沃茨，1994 年），因此被有些专家提出来作为利用国际农业投资所带来的机会的方法并且同时避免"土地争夺"的危害（冯·布劳恩与迈因岑—迪克，2009 年）。

订单农业方面的证据表明，总体来说订单农业对脱贫产生了积极作用（戴宁格尔与奥基迪，2003 年；贝勒马尔，2011 年）。不过其具体作用更多的是取决于农业订单的性质，而且有很多例证显示，某些订单农业计划对小农户产生了不利的影响（利特尔与沃茨，1994年；李，2011年）。尽管人们对订单农业促进全球知识传播和技术交流抱有很高的期望，但实际上跨国零售公司没有义务提供农业支持，来自国外买方的支持也非常有限（米切尔森、里尔登与佩雷斯，2012年）。而且，很多订单农业关系都是临时性的、非正式的，很容易让农户因为难以销售而剩下的农产品遭受损害，并且得承担负债风险（纳拉亚南，2012年）。

缺乏知识和专业技能的个体农户要想与买方谈判达成公平的条款非常困难。而且，同一地区小农户之间的扩张和竞争也可能会带来价格的波动，进而让买方进一步压低价格（巴雷特、里尔登与韦布，2001年；奥亚，2012年）。此外，订单农业安排通常将极度贫困人口排除在外，更多地雇佣男性农民，而女性农民较少，从而加剧了当地的不平等，这不是对脱贫作贡献。而这些因素对那些已经处于社会弱势地位的群体产生了显著的影响，包括女户主家庭、少数民族、原住民或其他少数群体，比如印度的"表列种姓"群体（多兰，2001年）。

因此小农户拥有与买方和分销商谈判达成公平条款与条件的能力就非常关键。通过促进加入合作社和订单农业关系正式化来强化小农户的组织与权利，可以减轻他们面临的农业风险。例如，规定了明确条款与条件的有法律约束力的合同有助于降低买方放弃订单的风险，并且在订单违约的情况下可以保障农户的追索权。加强法治、打击腐败、为农户提供无偿法律援助等政策也能为农户提供帮助。另外，正如专栏5.3中所强调的，促进小农户加入合作社以及让合作社参与供应链活动还可以提高当地小农户的谈判地位[9]。

专栏5.3

尼加拉瓜对小农户订单农业的支持

虽然小农户通常被排除在农业企业的供应链之外，但是在尼加拉瓜，沃尔玛中美洲公司及拉科鲁尼亚公司（La Colonia）（尼加拉瓜一家连锁超市公司）已经参与到一项由美国国际开发署协调的合作计划，该计划旨在将超市与遥远农村地区的农户合作社直接联系起来。同时通过与四个跨国非政府组织进行合作为小农户提供灌溉服务以及信贷和技术援助。这些非政府组织根据当地对灌溉服务的实际需求来选择供应地区，因为获得灌溉已成为影响小农户与农业企业供应链之间互动的关键障碍之一。此外，这些非政府组织还参与了合作社与两家超市之间就合同条款与条件的谈判，并且帮助汇集、挑选、清洗农产品，以确保它们符合质量标准。而这些地区的农户通过加入当地合作社团体来与沃尔玛供应链建立联系，同时合作社一般会代表会员农户签订合同，并且协调小农户、非政府组织及超市之间的关系。

相关的影响评估研究表明，一方面，向超市供货提高了这些农户的产量和交易成本[1]，另一方面，这些农户从市场准入和价格稳定等因素获得的收益也抵消了这些交易成本。而且，如果沃尔玛直接从农户采购，那么它的报价虽然低于市场价，却高于农户当地的上门收购价。另外，自2007年以来，沃尔玛也已经在与农村地区农户合作社的合同中加入了价格保险。

[1] 因为这两家超市只采购最优质的农产品，从而使得30%左右的农产品被淘汰。此外，与传统市场不同，超市要求的加工水平也较高。但是，研究发现表明，尽管采购了最优质的农产品，但超市却并没有为此支付更高的价格。另外，加入订单农业还增加了农户的生产成本，因为需求规模扩大要求农户雇佣更多的劳动力。

资料来源：米切尔森、里尔登与佩雷斯（2012年）。

在小农户与订单农业网络的合作中处理不平等问题也非常重要（李，2011 年）。例如，这可以通过成立供销社（通常都在 20 世纪八九十年代的结构调整改革中被解散了）来促进与农业企业供应链供应商（包括贫困农户）之间的联系、集中控制农产品定价、提供农业信贷和直接补贴来实现（比耶纳布与索捷，2004 年；惠特菲尔德与布尔）。商业服务也可以在需要的地方通过市场来提供额外投入和教育培训服务。所有这些活动都可以通过支持小农户履行其合同中规定的条款和条件，来改善当地的基础设施，从而鼓励跨国农业企业的对内投资。最后，政府还可以为合作社创造一个有利的环境来支持订单农户，包括简化登记程序、提供监督机制、保护合作社自治权等。

第三节　小农农业的替代品：非农活动和农业授薪工作

只有小农农业生产并不能足以消除发展中国家的贫困。特别是因为贫困通常是不能获得足够的土地和其他农业生产资料所导致的，所以尽管很多极度贫困的农村家庭从独立农业生产中获得了一些收入，但是他们还必须受雇从事农业工作、非农工作或者开展非农业务来维持生计（布赖森与贾迈勒，1997 年；布赖森，2010 年）。

农村经济包含一系列不同的经济活动，比如农业生产、农产品加工和营销，以及旅游、信息和通信技术、能源生产和节能设备、人工造林和土地管理等新兴部门的机会（德卢卡等，2012 年），所有这些都有可能对体面工作和脱贫作出重要贡献。不过，本节只专注在通常认为在解决极度贫困方面具有巨大潜力的两条途径，即农村非农经济中的小微企业，以及农业授薪工作。

将农业增长与农村非农经济中的小微企业联系起来

农业可以为脱贫作出的一项重要贡献是，增加了农业生产商对劳动力、商品和服务的需求，而这些需求可以由农村非农经济中的贫困人口来提供（瑟特尔等，2001 年；布鲁因斯马，2003 年；梅洛尔，2014 年）。仿真实验一致发现，在农业和非农经济之间由于消费联系而存在着显著的乘数效应，乘数范围从亚洲的 1.6—1.8 到撒哈拉以南非洲的 1.3—1.5（黑格布拉德、黑兹尔与多罗什，2007 年；克里斯蒂安森、德默里与库尔，2011 年；联合国贸发会议，2015 年），这意味着农业产值每增加 1 美元就会进一步创造 0.30—0.80 美元的非农经济产值。同时，农村非农经济的增长也增加了对农产品的需求，从而形成重要的反馈循环[10]。

农业生产率提高促进农村非农经济发展的最成功案例是中国的乡镇企业（见专栏 5.4）。然而，不断发展的农业部门需求的增加通常集中在小微企业提供的服务上，而不是相对大型的乡镇企业。小微企业通常都是非常小的企业，由企业主本人经营，必要时会增补无酬家庭帮工，主要生产食品、纺织品和木器等产品，不经过中间商直接销售给顾客（米德与利德霍尔姆，1998 年；加维安等，2002 年）。而且，小微企业活动通常都是伴随着现有农业活动进行的，其中大多数由妇女承担，而且有证据显示，小微企业活动可以从农业生产率的提高中获得更大的收益（米德与利德霍尔姆，1998 年）。最近的研究就表明，卢旺达也正在经历这一进程，其农业生产率提高导致非农创收活动的显著扩大，并产生明显的脱贫作用（见专栏 5.5）。

专栏 5.4

中国的农业增长、农村工业化与脱贫

中国的经济增长和脱贫纪录也许是当代历史上最杰出的转型成就之一。自1978年以来，改革首先从农村地区开始，然后扩大到城镇地区，成为激励个人追求经济效率的方针。尽管对贫困线的计算仍然存在争议，但一项被广泛引用的估计值显示，从1981年到2001年，中国生活在贫困线以下人口的比例从53%下降到8%（拉瓦利翁与陈，2007年），这意味着至少有两亿人实现了脱贫（戴慕珍，2015年），其中仅仅在1981年到1985年期间，农村贫困率就从65%降至23%，占了1981到2001年整个时期全国的77%。

农村改革包括农业的非集体化与建立家庭承包责任制，即土地归集体所有的性质不变，把耕种权承包给农民家庭，其产品在交纳国家税收和集体提留之后的剩余部分归自己。此外，政府通过为农户的剩余粮食提供安全的市场，以及保障比国家任务粮高一半的价格，从而激励农业生产（同上）。更重要的是，改良的农业生产资料广泛地向农户供应，这些体制改革因此激励了农户扩大生产，由于农户对价格信号的反应非常灵敏，从而使农业生产率显著提高。根据拉瓦利翁与陈（2007年）的计算，农村改革带来的农业增长产生的脱贫作用是工业和服务业增长的四倍。

集体所有制乡镇企业在20世纪80年代迅速发展，通过劳动密集型生产活动，从简单的农产品加工（比如豆腐与肥皂）到工业产品加工（包括钢管与化工产品），加快了农村的工业化进程（同上）。在很多地方，乡镇企业最初是通过汇集农民家庭来自农业收入增长的资金来成立的，然后将企业获利重新投入，进行升级改造和扩大规模（同上）。但乡镇企业的经历也不可避免地存在着差别，有成功者，也有失败者，而失败者给村里留下了大量的债务。不过，从总体上来说，乡镇企业创造了大量的农村就业，吸收了农业的剩余劳动力，为大规模脱贫作出了贡献（加尔布雷思、克里滕斯卡娅与王，2003年；德让内里、萨杜莱特与朱，2005年；戴慕珍，2015年）。实际上，从1978年到20世纪90年代中期，乡镇企业就业人口平均每年增长9%，从1978年的2800万增长到1996年的1.35亿，乡镇企业增加值占国内生产总值的比例也从1978年的6%增长到1996年的26%（戴慕珍，2015年）。同时乡镇企业吸收了大量因家庭承包责任制提高劳动生产率而产生的农业剩余劳动力，而且，鉴于这些剩余劳动力中包含了很多农村地区的最贫困人口，因此对脱贫作出了巨大的贡献（德让内里、萨杜莱特与朱，2005年）。

尽管农村非农经济中的小微企业对减少极度贫困作出了重要贡献，但它们通常都不能提供体面工作。小微企业本身及其创造的工作通常都是不稳定的、短期的（米德与利德霍尔姆，1998年），就业质量较差。因为相对于较大规模的企业，小微企业一般在政策环境中都处于不利地位，而且本身财产及其他资源少，很难及时应对危机或变动，很少有能确保遵守复杂法律法规要求的人员，获得的金融和信贷服务也非常有限。

而且，小微企业支付的平均工资一般也比规模较大的企业更低，而要求的工作时间却更长（芬威克等，2007年）。在很多情况下，小微企业依靠无酬家庭帮工，尤其是在繁忙期间，而且不在劳动法律规定的覆盖范围内。尽管中国等少数国家并没有将小微企业和其他企业区别对待，但在大多数国家要么采用双轨制，对小微企

> **专栏 5.5**
>
> **卢旺达的农业增长与谋生手段多元化**
>
> 卢旺达贫困人口比例从2000年的77%降至2010年的60.3%,最近的分析发现了促使其快速脱贫的两大主要原因:小农户农业生产率的提高,占了脱贫成果中的将近三分之一;以及同时发生的生计多元化活动,即一系列的非农创收活动,占了脱贫成果中的四分之一以上。
>
> 农业生产率提高与作物强化计划有关,该计划旨在促进改良农业生产资料的供应和使用,在2006年到2011年期间,将谷物产量提高了135%,并且将根茎类作物的产量也提高了一倍左右。
>
> 在农业产量提高的同时,从事非农创收活动的农村家庭数量也出现了显著增长,从事非农自雇活动的人口比例从2001年的15%提高到2011年的42%,同一期间从事非农活动贫困家庭的比例也从21%提高到62%。但是,这些变化并不表示他们离开了农业部门,而是实现收入来源的多元化,在提高家庭收入的同时,也降低了单纯依赖农业生产的程度。分析表明,设立非农小企业的家庭是家庭消费增长和脱贫非常重要的来源。
>
> 资料来源:世界银行(2015b)。

业采用简化的监管框架(例如巴西和尼泊尔),要么将小微企业排除在劳动法律规定(包括职业安全与健康、集体解雇、工会代表的权利、强制加入社会保障等)之外(同上)。

因此,主要的政策挑战是如何促进小微企业转为正式就业和正式经济实体,以解决体面工作匮乏问题,同时保持甚至扩大小微企业在农村经济中的脱贫作用[11]。这就要求采用综合性策略,将激励机制与执行及合规措施结合起来。因此,支持小微企业、脱贫和提高就业质量的一个关键方法就是,创造支持性营商环境,促进企业可持续发展,其中小微企业的支持性营商环境包括:鼓励创业的激励机制;开展业务活动的空间;反不正当竞争;以及解决小微企业共同弱点的特定措施,即增加获得信贷服务以及有关技能和业务规划的培训。实际上,在适当的情况下,政策改革应该减少向正式经济转型的障碍,比如降低登记成本,采用简化的税收和社会保障缴款制度,以及提供向正式经济有效转型的激励机制,包括提高商业和金融服务的可得性、改善基础设施、市场、技术、教育与技能培训、财产权利等机制。

商业协会和合作社的推广也是支持小微企业进入市场和保护自身权益的关键方法(国际劳工组织,2011b)。尽管不同类型的企业有不同的需求,并且因此发现彼此处在相互竞争的位置,但仍然有可能制定政策促进这些企业之间有价值的经济联系,例如通过分包和贸易协议将大型企业和外国投资者与小微企业联系起来。将这些措施融合起来,可以让小微企业扩大规模,雇佣更多的工人,并且实现自我升级,提高生产率和就业质量。

在采取这些支持企业发展措施的同时,实现体面工作必须关注的一个关键要素是,通过扩大法律覆盖范围和加大劳动法律的执行力度,来提高基本劳工权利方面的合规性,包括将劳动监察扩大到所有工作场所,采取直接措施解决非正式经济工作中常见的不安全、不卫生的工作条件等[12]。

同时,政府可以为工人和雇主创造有利的环境,建立工人组织和雇主组织,并且开展集体谈判。另外,还可以通过培训和宣传活动来培养和提高工人组织和雇主组织的能力，让这些组织能够更好地评估立法和政策建议的影响，从而更好地代表其成员的权益[13]。

通过农业授薪工作中的体面工作来解决贫困问题

农业授薪工作是发展中国家的一项重要生计来源（见第一章），对那些以前受结构性约束（比如土地所有权的不平等分配）限制了农业生产率增长从而降低直接脱贫作用的国家尤其如此（世界银行，2008 年；奥亚与蓬塔拉，2015 年）。授薪工作对于很多极度贫困家庭来说尤其重要，因为这些家庭既缺乏通过农业生产实现脱贫所需的资源，也缺乏设立非农企业所需的资源。

虽然农业授薪工作非常重要，但是体面工作匮乏在农业授薪工作中仍然普遍存在，在种植园农业中尤其如此，因为农村工作者通常被排除在劳动立法和社会保障覆盖范围之外，法律上和事实中都是如此。这种结果是由农村工人的就业状态（很多农业工人的工作是兼职的、临时的，或者是季节性的）所造成的，或者是因为农村工作者属于弱势群体，比如妇女或流动人口（国际劳工组织，2008 年）。强迫劳动、童工、危险工作条件都很普遍，特别是种植园农业的工伤发生率很高，同时劳动监察通常都很薄弱，或者根本不存在，工会也非常少（费尔姆，2008 年）。

因此，促进农业授薪工作中的体面工作是保护基本劳工权利和确保就业脱贫作用的关键方法，其中尤其重要的是组织工会和集体谈判的权利，因为这可以让工作条件得到更广泛的改善（见专栏 5.6）。另外，政府也可以通过建立和实施符合国际劳工组织公约要求的支持性法律环境，来支持雇主组织和工人组织的强化与壮大。如果雇主组织和工人组织很弱小，那么农业授薪工人就特别容易受到农村授薪工作

专栏 5.6

改善巴西种植业的工作条件

巴西东北部圣弗朗西斯科山谷的葡萄种植始于 20 世纪 80 年代，此后一直保持着快速发展。巴西东北部是该国经济上最贫困的地区，极度贫困率估计为 35% 左右，葡萄及其他水果农场成为重要的就业来源。

圣弗朗西斯科山谷的葡萄生产供应国内外市场，其中较大的农场生产一般出口，因为它们能够满足严苛的质量标准，因而也需要越来越多受到良好培训的劳动力。

葡萄种植工人的主要工会"农村工人工会"自 20 世纪 80 年代以来已经开展了很多维护工人权益和改善工作条件的运动。在 1994 年，该工会与圣弗朗西斯科山谷的雇主们签署了集体协议，后来又签署了其补充协议。

而此协议签署以前，危险的工作条件非常普遍，据报告，工人因没有安全设备直接暴露在化学药品的环境中，工作时间很长，男女之间的工资歧视也普遍存在，还有使用童工现象。

农村工人工会很重视男女平等和妇女权益问题，鉴于妇女占了当地劳动力的很大一部分，所以这个问题很重要，该工会现在的领导层中就有女性代表，与雇主的协议中也包含了提供儿童照看和生育津贴的义务。一些研究表明，由于雇主认为雇佣妇女存在额外成本，已经降低了雇佣女性工人的比例，或者雇佣很多妇女作为临时工，而不是作为正式员工。

资料来源：塞尔温（2015 年）。

中普遍存在的危险和不安全工作条件的损害。这方面的相关国际劳工组织公约包括《职业安全和卫生公约》（第155、161、171号公约）、1975年的《农村工人组织公约》（第141号），以及有关农业的特定公约，特别是1958年的《种植园工人雇用条件公约》（第110号）、1969年的《农业劳动监察公约》（第129号）和2001年的《农业中的安全和卫生公约》（第184号）。

最后，从南美的哥伦比亚和秘鲁到非洲的肯尼亚和埃塞俄比亚等国家，生产非传统出口农产品（包括新鲜蔬菜、水果和切花）的农业企业已经成为农村地区就业机会的重要来源，对妇女来说尤其如此（费尔姆，2008年）。很多高价值出口农产品需要生产和物流（将农产品快速地运入市场）方面的高技能工人，例如，秘鲁的芦笋生产就需要非常精确的生长条件和复杂的灌溉方法，这让熟练工人可以获得较高工资（卡努瓦与卢沙伊，2008年）。但是，很多田间工作只需要很低的技能，通常这些工人只能充当临时工和季节工，晋升管理职位的机会非常少，而且晋升管理职位对妇女来说挑战尤其大，因为一般都是由男性担任管理职位（同上；费尔姆，2008年）。这方面的讨论突显了教育和技能培训作为获得更好就业机会方法的重要性（更详细的讨论参见第六章）。

第四节　结束语

绝大多数的极度贫困人口都生活在农村地区，在某种程度上都是依靠农业为生，因此，可持续发展目标1"在世界各国消除一切形式的贫困"不能只通过城镇的就业创造来实现，而有必要制定相关政策来关注农村经济，尤其是农业部门。农村地区具有强大的开发潜力，需要适当地加以认识，并且通过体面工作来进行开发，从而对脱贫作出重要贡献。本章概括了一些实现脱贫和人人获得体面工作的主要路径，包括农业生产率增长、扩大农村非农经济、增加农业中的体面工作等，贫困家庭可能会在寻求改善民生和脱贫的过程中综合使用其中的几种策略，不过值得注意的是，鉴于农业生产系统的多样性和经营领域千差万别的农业生态条件，各种策略的相对重要性以及农村经济和城镇经济之间的联系在各个国家和地区之间都并不相同。

第一条途径是提高独立小农户的生产率，尽管实现这一目标需要一系列政策干预，包括研究开发、提供农业生产资料和改善交通条件和市场准入，但本章的讨论特别关注了合作社在支持小农户方面的重要功能。如果政府创造了有利的支持性环境，那么合作社就有可能会在提高农业生产率、供应农业生产资料、提供信贷、改善市场准入、增强小农户在供应链中的谈判力量等方面发挥关键作用。

第二条途径是通过设计良好的订单农业安排让小农户加入到全球和国内供应链中。订单农业能够带来潜在的经济利益，包括提高农业生产率、改善市场准入、增强价格稳定性，但是也存在相当大的风险。更关键的是，国家、非政府组织和合作社的干预，能够有效地改善订单农户的组织、谈判地位和知识水平，从而确保订单农业的利益在供应链中得到较公平的分配。

第三条途径是提高小农户的农业生产率也能通过促进农村非农经济增长来产生重要的间接脱贫作用。实际上，对小微企业所提供商品和服务需求的增长可能会是农业脱贫作用的重要组成部分。因为很多极度贫困家庭缺乏利用农业生产率增长机会的资源，但能够通过设立非农小企业来使其收入来源多样化。这方面的政策挑战是要找到促进小微企业增加体面工作的方法，同时发挥农村非农经济在减轻极度贫困方面的潜力。因此需要采取综合措施鼓励农村创业，尤其是支持小微企业的成长和升级，比如通过提供信贷和商业服务；增加获得适当教育和技能发展的机会，包括企业家精神培训；扩大劳动法律法规和社会保障的覆盖范围并提高其执行力度；推动小微企业工人的集体谈判等。

本章中讨论的第四条途径是促进体面的农业授薪工作，因为尽管小农户的农业生产率增长可以通过前面三条途径提供巨大的脱贫潜力，但大农场的农业就业也给发展中国家的很多人提供了重要的收入来源。

虽然农业和农村非农经济的增长可以产生重要的脱贫作用，但单凭这些还不足以消除贫困。在任何情况下，社会保障都是增加获得体面工作的重要组成部分，在消除极度贫困中发挥关键的补充作用，包括通过建立社会保障底线来保证所有人（包括贫困人口和弱势群体）的基本社会保障水平，以及扩大缴费型社会保险（包括医疗保险）的覆盖范围，以帮助向工人提供应对冲击和风险的终身保护。而且，创造更有利于正式企业的环境也会促进低生产率的农业就业向更稳定的就业形式转型，这就需要向个人提供赢得体面工作机会所必需的技能和工具支持。

注

1. 这也与来自于传统捐助方增加的农业资金和最近的一些措施有关,包括非洲绿色革命联盟、非洲联盟的《2003非洲农业综合发展计划》以及有影响力的《2008年世界发展报告:以农业促发展》(金豪武,2013年)。
2. 每天1.25美元购买力平价的贫困线在2015年被替换为每天1.90美元购买力平价,更详细的内容参见第一章。
3. 比较反常的现象是,农业部门增长得越快,其在总体经济中的份额下降得也越快(梅洛尔,1995年)。
4. 尽管不在本章的讨论范围内,但取得土地和地权都是将农业与脱贫联系起来的关键因素,其中也包括农业生产的性别特性(拉扎维,2009年)。
5. 推广农业生产率提高技术的主要障碍之一是非洲国家农业系统的多样性。绿色革命能够在亚洲实现可观的农业生产率增长得益于水稻、小麦和玉米三种主要作物的改良品种,而当代发展中国家面临的形势更加严峻,因为今天最贫困农村地区的农业生态条件更加多样化,很多地方处于干旱和半干旱状态,灌溉系统的能力非常有限(多罗什与梅洛尔,2013年),而且主要农作物在这些国家的消费也千差万别。所有这些都表明,在当代发展中国家,开展有关生产适合当地多样化条件的农作物品种和化肥成分的针对性农业研究开发的成本,要远远高于在原绿色革命国家的成本(多沃德等,2004年;多罗什与梅洛尔,2013年)。
6. 在土地分配相对平等的大多数非洲和亚洲国家,农业研究开发的效益一般都会在小农户中累积,从而产生脱贫作用。而如果土地集中度非常高,正如大多数拉丁美洲国家的情况,那么虽然农业研究开发的投资可以提高农业生产率,但是其脱贫作用相对要小得多(瑟特尔、林与皮耶斯,2003年)。
7. 农业合作社可以通过按照国际劳工组织的体面工作议程,特别是2002年的合作社促进建议书(第193号)的要求,来支持此类活动,从而在促进农业生产率增长方面发挥重要作用。
8. 尽管妇女成为合作社成员的可能性要低于男性,但在很多地方,合作社的女性成员数量正在不断增加(国际劳工组织,2014年)。
9. 合作社可以帮助农户谈判达成公平的合同条款,解决供应链中权力不平等的业务关系,为农户提供了社会对话平台(阿鲁、沃克与巴雷特,2015年;巴雷特等,2012年)。这与那些表明买方更愿意通过生产商组织来与小农户作生意的证据是一致的,因为这样可以建立更"无为而治"的市场型业务关系(芒努斯与德·斯滕赫伊森·皮特尔斯,2010年)。
10. 已有研究表明,印度的农业增长不仅直接减轻了贫困,而且还通过发展非农经济发挥了重要的脱贫作用(拉瓦利翁与达特,2002年)。
11. 国际劳工组织小微企业方面工作的指导文件是1998年的《中小企业创造就业建议书》(第189号),也请参见2015年的《从非正式经济向正式经济转型建议书》(第204号),有关促进非正式就业向正式就业转型的更详细讨论参见第六章。
12. 这一问题的详细讨论参见国际劳工组织(2015年)。
13. 第六章也将讨论提高非正式部门生产率和工作质量的措施,以及扩大非缴费型社会保障计划的覆盖范围,通过就业保障或货币转移支付,来帮助向贫困人口提供收入保障。

参考文献

Araghi, F. 2009. "The invisible hand and the visible foot: Peasants, dispossession and globalization", in A.H. Akram-Lodhi and C. Kay (eds): *Peasants and globalization: Political economy, rural transformation and the agrarian question* (London, Routledge), pp. 111–147.

Barrett, C.B.; Reardon, T.; Webb, P. 2001. "Nonfarm income diversification and household livelihood strategies in rural Africa: Concepts, dynamics, and policy implications", in *Food Policy*, Vol. 26, No. 4, pp. 315–331.

—; Bachke, M.E.; Bellemare, M.F.; Michelson, H.C.; Narayanan, S.; Walker, T.F. 2012. "Smallholder participation in contract farming: Comparative evidence from five countries", in *World Development*, Vol. 40, No. 4, pp. 715–730.

Barrientos, S.; Visser, M. 2012. *South African horticulture: Opportunities and challenges for economic and social upgrading in value chains*, Working Paper No. 12, Capturing the Gains programme (Manchester, UK, University of Manchester).

—; Gereffi, G.; Rossi, A. 2011. "Economic and social upgrading in global production networks: A new paradigm for a changing world", in *International Labour Review*, Vol. 150, No. 3–4, pp. 319–340.

Bellemare, M.F. 2011. "As you sow, so shall you reap: The welfare impacts of contract farming", in *World Development*, Vol. 40, No. 7, pp. 1418–1434.

Bernard, T.; Gabre-Madhin, E.; Taffesse, A.S. 2007. *Smallholders' commercialization through cooperatives: A diagnostic for Ethiopia*, Discussion Paper No. 00722 (Washington, DC, International Food Policy Research Institute (IFPRI)).

—; Spielman, D.J. 2008. *Mobilizing rural institutions for sustainable livelihoods and equitable development: A case study of agricultural marketing and smallholder cooperatives in Ethiopia* (Washington, DC, International Food Policy Research Institute (IFPRI)).

—; Abate, G.T.; Lemma, S. 2013. *Agricultural cooperatives in Ethiopia: Results of the 2012 ATA baseline survey* (Washington, DC, International Food Policy Research Institute (IFPRI)).

Biénabe, E.; Sautier, D. 2004. *The role of small scale producers' organizations to address market access* (Montpellier, Centre de coopération internationale en recherche agronomique pour le développement (CIRAD)).

von Braun, J.; Meinzen-Dick, R. 2009. *"Land grabbing" by foreign investors in developing countries: Risks and opportunities*, Policy Brief No. 13 (Washington, DC, International Food Policy Research Institute (IFPRI)).

Bruinsma, J. (ed.). 2003. "Agriculture in poverty alleviation and economic development", in *World agriculture: Towards 2015/2030. An FAO perspective* (Rome, Food and Agriculture Organization of the United Nations (FAO)), pp. 212–231.

Bryceson, D.F. (ed.). 2010. *How Africa works: Occupational change, identity and morality* (Rugby, UK, Practical Action).

—; Jamal, V. 1997. *Farewell to farms: De-agrarianisation and employment in Africa* (Aldershot, UK, Ashgate).

Carnoy, M.; Luschei, T.F. 2008. "Skill acquisition in 'high tech' export agriculture: A case study of lifelong learning in Peru's asparagus industry", in *Journal of Education and Work*, Vol. 21, No. 1, pp. 1–23.

Central Statistical Agency (CSA). 2014. *Agricultural Sample Survey: Time series data for national and regional level (from 1995/96 (1988 E.C.) - 2014/15 (2007 E.C)). Report on Area and production of crops (private peasant holdings, meher season)* (Addis Ababa).

Chang, H.-J. 2009. "Rethinking public policy in agriculture: Lessons from history, distant and recent", in *The Journal of Peasant Studies*, Vol. 36, No. 3, pp. 477–515.

Chimhowu, A. 2013. *Aid for agriculture and rural development in the global south: A changing landscape with new players and challenges*, Working Paper No. 14 (Helsinki, United Nations University, World Institute for Development Economics Research (UNU-WIDER)).

Christiaensen, L.; Demery, L.; Kuhl, J. 2011. "The (evolving) role of agriculture in poverty reduction: An empirical perspective", in *Journal of Development Economics*, Vol. 96, No. 2, pp. 239–254.

Collier, P. 2008. "The politics of hunger: How illusion and greed fan the food crisis", in *Foreign Affairs*, Vol. 87, No. 6, pp. 67–74.

—; Dercon, S. 2009. *African agriculture in 50 years: Smallholders in a rapidly changing world?*, paper presented at the High-Level Expert Forum: How to Feed the World in 2050, organized by the Food and Agriculture Organization of the United Nations (FAO), Rome, 24–26 June.

Cotula, L.; Oya, C.; Codjoe, E.A.; Eid, A.; Kakraba-Ampeh, M.; Keeley, J.; Kidewa, A.L.; Makwarimba, M.; Michago Seide, W.; Ole Nasha, W.; Owusu Asare, R.; Rizzo, M. 2014. "Testing claims about large land deals in Africa: Findings from a multi-country study", in *The Journal of Development Studies*, Vol. 50, No. 7, pp. 903–925.

—; Vermeulen, S.; Leonard, R.; Keeley, J. 2009. *Land grab or development opportunity? Agricultural investment and international land deals in Africa* (Rome, International Institute for Environment and Development (IIED), Food and Agriculture Organization of the United Nations (FAO), International Fund for Agricultural Development (IFAD)).

Daniel, S. 2012. "Situating private equity capital in the land grab debate", in *The Journal of Peasant Studies*, Vol. 39, No. 3–4, pp. 703–729.

Deininger, K.; Byerlee, D. 2011. *Rising global interest in farmland: Can it yield sustainable and equitable benefits?* (Washington, DC, World Bank).

—; Okidi, J. 2003. "Growth and poverty reduction in Uganda, 1999–2000: Panel data evidence", in *Development Policy Review*, Vol. 21, No. 4, pp. 481–509.

Dolan, C. 2001. "The 'good wife': Struggles over resources in the Kenyan horticultural sector", in *Journal of Development Studies*, Vol. 37, No. 3, pp. 39–70.

Dorosh, P.A.; Mellor, J.W. 2013. "Why agriculture remains a viable means of poverty reduction in Sub-Saharan Africa: The case of Ethiopia", in *Development Policy Review*, Vol. 31, No. 4, pp. 419–441.

Dorward, A.; Kydd, J.; Morrison, J.; Urey, I. 2004. "A policy agenda for pro-poor agricultural growth", in *World Development*, Vol. 32, No. 1, pp. 73–89.

Ericksen, P.; de Leeuw, J.; Thornton, P.; Said, M.; Herrero, M.; Notenbaert, A. 2013. "Climate change in Sub-Saharan Africa: What consequences for pastoralism?", in A. Catley, J. Lind and I. Scoones (eds): *Pastoralism and development in Africa: Dynamic change at the margins* (London, Routledge), pp. 71–82.

Evers, B.; Opondo, M.; Barrientos, S.; Krishnan, A.; Amoding, F.; Ndlovu, L. 2014. *Global and regional supermarkets: Implications for producers and workers in Kenyan and Ugandan horticulture*, Working Paper No. 39, Capturing the Gains programme (Manchester, UK, University of Manchester).

Food and Agricultural Organization of the United Nations (FAO). 2004. *Carbon sequestration in dryland soils*, World Soil Resources Report No. 102 (Rome).

Fenwick, C.; Howe, J.; Marshall, S.; Landau, I. 2007. *Labour and labour-related laws in micro and small enterprises: Innovative regulatory approaches*, SEED Working Paper No. 81, Small Enterprise Programme (Geneva, ILO).

Ferm, N. 2008. "Non-traditional agricultural export industries: conditions for women workers in Colombia and Peru", in *Gender and Development*, Vol. 16, No. 1, pp. 13–26.

Galbraith, J.K.; Krytynskaia, L.; Wang, Q. 2003. *The experience of rising inequality in Russia and China during the transition*, Working Paper 23 University of Texas Inequality Project (UTIP) (Austin, TX, University of Texas).

Gavian, S.; Ender, G.; El-Meehy, T.; Bulbul, L. 2002. *The importance of agricultural growth to SME development and rural employment in Egypt*, Special Study No. 5 (Cambridge, MA, Abt Associates Inc.).

Haggblade, S.; Hazell, P.B.R.; Dorosh, P.A. 2007. "Sectoral growth linkages between agriculture and the rural nonfarm economy", in S. Haggblade, P.B.R. Hazell and T. Reardon (eds): *Transforming the rural nonfarm economy: Opportunities and threats in the developing world* (Baltimore, MA, Johns Hopkins University Press), pp. 141–182.

Harou, A.P.; Walker, T.; Barrett, C.B. 2015. *Is late really better than never? The farmer welfare effects of pineapple adoption in Ghana*, Working Paper No. 6, Charles H. Dyson School of Applied Economics and Management (Ithaca, NY, Cornell University).

Henley, D. 2012. "The agrarian roots of industrial growth: Rural development in South-East Asia and Sub-Saharan Africa", in *Development Policy Review*, Vol. 30, issue supplement s1, pp. s25–s47.

International Labour Office (ILO). 2005. *World Employment Report 2004/05: Employment, productivity and poverty reduction* (Geneva), pp. 127–182.

—. 2008. *Promotion of rural employment for poverty reduction.* Report IV, International Labour Conference, 97th session, Geneva, 2008 (Geneva).

—. 2011a. *World of Work Report 2011: Making markets work for jobs* (Geneva), pp. 75–96.

—. 2011b. *The role of cooperatives and business associations in value chain development,* Value Chain Development Briefing Paper No. 2 (Geneva).

—. 2012. *The informal economy and decent work: A policy resource guide. Supporting transitions to formality* (Geneva).

—. 2014. *Cooperatives and the sustainable development goals: A contribution to the post-2015 development debate* (Geneva).

—. 2015. *World Employment and Social Outlook: The changing nature of jobs* (Geneva).

—. 2016a. *Understanding the drivers of rural vulnerability* (Geneva).

—. 2016b. *World Employment and Social Outlook: Trends 2016* (Geneva).

Irz, X.; Lin, L.; Thirtle, C.; Wiggins, S. 2001. "Agricultural productivity growth and poverty alleviation", in *Development Policy Review*, Vol. 19, No. 4, pp. 449–466.

de Janvry, A.; Sadoulet, E. 2000. "Rural poverty in Latin America: Determinants and exit paths", in *Food Policy*, Vol. 25, No. 4, pp. 389–409.

—; Sadoulet, E.; Zhu, N. 2005. *The role of non-farm incomes in reducing rural poverty and inequality in China,* University of California at Berkeley, Department of Agricultural and Resource Economics and Policy (CUDARE) Working Paper Series (Berkeley, CA, University of California).

Lemma, T. 2008. "Growth without structures: The cooperative movement in Ethiopia", in P. Develtere, I. Pollet and F. Wanyama (eds): *Cooperating out of poverty: The renaissance of the African cooperative movement* (Geneva, ILO).

Li, T.M. 2011. "Centering labor in the land grab debate", in *The Journal of Peasant Studies*, Vol. 38, No. 2, pp. 281–298.

Little, P.D.; Watts, M.J. (eds). 1994. *Living under contract: Contract farming and agrarian transformation in Sub-Saharan Africa* (Madison, WI, University of Wisconsin Press).

de Luca, L.; Fernando, M.; Crunel, E.; Smith, L.O. 2012. *Unleashing the potential for rural development through decent work: Building on the ILO rural work legacy 1970s-2011* (Geneva, ILO).

Mangnus, E.; de Steenhuijsen Piters, B. 2010. *Dealing with small scale producers: Linking buyers and producers* (Amsterdam, Royal Tropical Institute (KIT)).

Mead, D.C.; Liedholm, C. 1998. "The dynamics of micro and small enterprises in developing countries", in *World Development*, Vol. 26, No. 1, pp. 61–74.

Mellor, J.W. 1995. "Introduction", in J.W. Mellor (ed.): *Agriculture on the road to industrialization* (Baltimore, MD, The Johns Hopkins University Press), pp. 1–22.

—. 2014. "High rural population density Africa: What are the growth requirements and who participates?", in *Food Policy*, Vol. 48, pp. 66–75.

Michelson, H.; Reardon, T.; Perez, F. 2012. "Small farmers and big retail: Trade-offs of supplying supermarkets in Nicaragua", in *World Development*, Vol. 40, No. 2, pp. 342–354.

Ministry of Agriculture and Rural Development (MoARD), Government of the Federal Democratic Republic of Ethiopia. 2010. *Ethiopia's agricultural sector Policy and Investment Framework (PIF) 2010–2010* (Addis Ababa).

Ministry of Finance and Economic Development (MoFED), Government of the Federal Democratic Republic of Ethiopia. 2003. *Rural development policy and strategies* (Addis Ababa).

Minten, B.; Tamru, S.; Engida, E.; Kuma, T. 2013. *Ethiopia's value chains on the move: The case of teff,* Ethiopia Strategy Support Program (ESSP) Working Paper No. 52 (Addis Ababa, IFPRI).

Narayanan, S. 2012. *Notional contracts: The moral economy of contract farming arrangements in India*, Working Paper No. 20 (Mumbai, Indira Gandhi Institute of Development Research (IGIDR)).

Neely, C.; Bunning, S.; Wilkes, A. 2009. *Review of evidence on drylands pastoral systems and climate change: Implications and opportunities for mitigation and adaptation*, Land and Water Discussion Paper No. 8 (Rome, Food and Agriculture Organization of the United Nations (FAO)).

Oi, J.C. 2015. "Development strategies and poverty reduction in China", in Y. Bangura (ed.): *Developmental pathways to poverty reduction* (Basingstoke, Palgrave Macmillan), pp. 230–257.

Oya, C. 2012. "Contract farming in Sub-Saharan Africa: A survey of approaches, debates and issues", in *Journal of Agrarian Change*, Vol. 12, No. 1, pp. 1–33.

—. 2013. "The land rush and classic agrarian questions of capital and labour: A systematic scoping review of the socioeconomic impact of land grabs in Africa", in *Third World Quarterly*, Vol. 34, No. 9, pp. 1532–1557.

—; Pontara, N. 2015. "Improving the functioning of rural labour markets and working conditions: Towards a policy agenda", in C. Oya and N. Pontara (eds): *Rural wage employment in developing countries: Theory, evidence, and policy* (London, Routledge), pp. 329–350.

Pearse, A. 1980. *Seeds of plenty, seeds of want: Social and economic implications of the Green Revolution* (Oxford, UK, Clarendon Press).

Ravallion, M. 2001. "Growth, inequality and poverty: Looking beyond averages", in *World Development*, Vol. 29, No. 11, pp. 1803–1815.

—; Chen, S. 2007. "China's (uneven) progress against poverty", in *Journal of Development Economics*, Vol. 82, No. 1, pp. 1–42.

—; Datt, G. 2002. "Why has economic growth been more pro-poor in some states of India than others?", in *Journal of Development Economics*, Vol. 68, No. 2, pp. 381–400.

Razavi, S. 2009. "Engendering the political economy of agrarian change", *The Journal of Peasant Studies*, Vol. 36, No. 1, pp. 197–226.

Selwyn, B. 2015. "Structuring rural labour markets: A case study from North East Brazil", in C. Oya and N. Pontara (eds): *Rural wage employment in developing countries: Theory, evidence, and policy* (London, Routledge), pp. 254–75.

Sharma, S.D. 1997. "Agricultural growth and 'trickle-down' reconsidered: Evidence from rural India", in *Development in Practice*, Vol. 7, No. 3, pp. 267–275.

Sizya, M.J. 2001. *The role co-operatives play in poverty reduction in Tanzania*, presented at the United Nations International Day for the Eradication of Poverty, New York, 17 Oct.

Thirtle, C.; Irz, X.; Lin, L.; McKenzie-Hill, V.; Wiggins, S. 2001. *Relationship between changes in agricultural productivity and the incidence of poverty in developing countries*, Report No. 7946 (London, Department for International Development).

—; Lin, L.; Piesse, J. 2003. "The impact of research-led agricultural productivity growth on poverty reduction in Africa, Asia and Latin America", in *World Development*, Vol. 31, No. 12, pp. 1959–1975.

Thornton, P.K.; Jones, P.G.; Ericksen, P.J.; Challinor, A.J. 2011. "Agriculture and food systems in Sub-Saharan Africa in a 4°C+ world", in *Philosophical Transactions of the Royal Society A: Mathematical, Physical and Engineering Sciences*, Vol. 369, No. 1934, pp. 117–136.

Timmer, C.P. 1997. *How well do the poor connect to the growth process?*, Consulting Assistance on Economic Reform (CAER) II Discussion Paper No. 17, Center for International Development (Cambridge, MA, Harvard University).

Transitional Government of Ethiopia (TGE). 1994. *An economic development strategy for Ethiopia* (Addis Ababa).

Tyler, G.; Dixie, G. 2013. *Investing in agribusiness: A retrospective view of a development bank's investments in agribusiness in Africa and southeast Asia and the Pacific*, Agriculture and Environmental Services Discussion Paper No. 1 (Washington, DC, World Bank).

United Nations Conference on Trade and Development (UNCTAD). 2015. *The Least Developed Countries Report 2015: Transforming rural economies* (Geneva).

United Nations Development Programme (UNDP); United Nations Convention to Combat Desertification (UNCCD); United Nations Environment Programme (UNEP). 2009. *Climate change in the African drylands: Options and opportunities for adaptation and mitigation* (New York, UNDP).

White, B.; Borras Jr., S.M.; Hall, R.; Scoones, I.; Wolford, W. 2012. "The new enclosures: Critical perspectives on corporate land deals", in *The Journal of Peasant Studies*, Vol. 39, No. 3–4, pp. 619–647.

Whitfield, L.; Buur, L. 2014. "The politics of industrial policy: Ruling elites and their alliances", in *Third World Quarterly,* Vol. 35, No. 1, pp. 126–144.

World Bank. 2008. *World Development Report 2008: Agriculture for development* (Washington, DC).

—. 2015a. *Ethiopia poverty assessment 2014* (Washington, DC).

—. 2015b. *Rwanda poverty assessment* (Washington, DC).

Ya-Bititi, G.M.; Lebailly, P.; Mbonyinkebe, D. 2015. *'Coffee has given us voice': Coffee cooperatives and women's empowerment in Rwanda's rural areas*, paper presented at the Co-operatives and the World of Work: CCR/ILO 2015 International Research Conference, Antalya, Turkey, 8–10 Nov.

Zoomers, A. 2010. "Globalisation and the foreignisation of space: Seven processes driving the current global land grab", in *The Journal of Peasant Studies*, Vol. 37, No. 2, pp. 429–447.

第六章
为人们提供支持并促进优质工作[*]

引言

为了实现可持续性减贫,迄今为止本分析所展现的内容指出了需要通过政策来促进生产性就业并为最弱势群体的收入提供支持。在此基础上,本章采取了一种综合性的方法来评估如何最好地为人们提供支持并促进高质量就业。该方法审视了在始终确保政策整体一致性的前提下,实现以下三个目标的途径:(1)为那些处于劳动力市场之外最易陷入贫困的群体提供收入支持;(2)帮助求职者找到新的(且更好的)工作;(3)推动就业质量的提高。

特别是,第一节在第二章的基础上更加详尽地探讨了社会保障在减贫中的作用,对那些非适龄劳动人口以及无工作能力群体给予了特别关注(其中包括针对如何解决代际贫困的简短分析)。接下来第二节审视了帮助失业人口减贫并助其在新的增长型行业中找到可持续性就业机会所需的一系列措施。事实上,这种方法对于第三章所讨论的结构性转型是很重要的。之后,第三节考察了我们在第一章中所提到的在全球所有贫困人口中的比例接近三分之一的在职贫困人口,并探讨如何改善其工作质量和收入从而以一种可持续的方式助其脱贫。在上述各个部分中,国家社会保障底线的核心作用在减贫中至关重要[1]。

最后一个部分考察了交叉政策的重要性以及有效的劳动力市场制度和社会对话作为在所有上述领域正确实施政策的核心举措所发挥的作用。本章也给出了许多国家案例,各国可基于本国的实际情况予以参考和调整。

第一节 社会保障在帮助非劳动适龄人口和无工作能力人口实现减贫中的作用

老年人的收入保障

在新兴和发展中国家中,几乎三分之一的65岁及以上人口生活在极度贫困或中等

---

[*] 作者在此感谢弗洛伦斯·邦尼特、克莱门特·皮尼亚蒂和埃尔瓦·洛佩斯·莫雷洛对本章各个部分的贡献,以及乌马·拉尼对最低工资子部分的贡献。

贫困之中（在发达国家中，根据相对贫困的衡量指标，接近13%的老年人为贫困人口）[2]。有关老年人口贫困的一个重大挑战是，几乎一半老年人口没有任何养老金（国际劳工组织，2014a）。这一问题在老年女性当中尤为突出[3]（国际劳工组织，2016a）。此外，尽管在过去的十年中，在推广非缴费型养老金计划方面实现了显著进步，但关于养老金充足性的担忧依然存在。例如，2013年，非缴费型养老金的受益人占老年领取退休金者的三分之一，但是他们所领取的金额仅占到养老福利资源的5%（国际劳工组织，2015a）。该问题的根源至少在部分上是由于贫困人口无力支付养老缴费，且通常对已建立的制度缺乏信心。正如我们在第二章所提及的，在职贫困人口中参与缴费型养老金计划的比例不足8%，因此，他们在达到退休年龄的时候，缺乏充分的支持。

为提高缴费型养老金计划的覆盖面，需采取一些举措。通过引入差异化的缴费类别，简化规程以及为最弱势群体的缴费提供补助，都可以在一定程度上解决这一问题（出处同上）。帮助人们从非正规就业过渡到正规就业并强化制度能力和管理对于提高缴费计划的参与度以及对缴费计划的信任度（第三节和第四节中所讨论的问题）也是至关重要的。尽管上述措施将为提高未来福利的覆盖面和充分性提供基础，但目前依然亟须同时制定非缴费型计划，因为在一些情况下，非缴费型计划在为老年群体提供最低水平的收入保障方面是最为合适的选择方案（专栏6.1）。此类计划的设计必须考虑到现有资源、覆盖面以及福利水平之间的权衡关系。

专栏6.1

降低老年群体中的贫困：南非的情况

南非的老年津贴是一种基于经济情况调查的非缴费型计划，该计划覆盖该国的大部分老年人并有效防止津贴领取者及其家庭成员陷入贫困。南非老年津贴的发放对象是60岁以上的老年人。该津贴对符合条件人口的覆盖水平是相对较高的，尤其是针对最贫困的30%人口。据估计，南非的非缴费型补贴将贫困率降低了三分之一以上（乌拉德、哈特根和克拉森，2010年）。

面向儿童的基本收入保障以及营养、教育、保育和其他服务的获得

如第二章中所描述的，新兴和发展中国家中的大部分贫困人口所在家庭儿童的比例都是较高的。事实上，在新兴和发展中国家有超过一半的孩子生活在极度贫困或中等贫困之中（根据相对贫困衡量标准，发达国家中超过三分之一的儿童生活在贫困之中——见第一章中的表1.2）。此外，全球很大一部分人口营养不良，这在儿童中更为明显（第一章第四节）。

在过去的几十年中，各种儿童和家庭福利已经改善了儿童的营养状况，也提高了医疗保健服务的使用率，从而显著地增进了儿童健康并降低了贫困和不平等。针对儿童的非缴费型现金转移计划是全民型（主要在发达国家实施）或接近全民型的，通过大规模的基于经济状况调查的举措开展（如纳米比亚和南非的情况），其中包括条件性现金转移计划。事实证明，在许多新兴和发展中国家中，此类计划能够有效地将社会保障扩展至未被覆盖的人口。

然而，全球40%以上的国家未提供任何法定儿童福利。平均而言，政府的儿童和家庭福利支出占国民生产总值的比例为0.4%。这包括所有类型的福利，如以全民型福利、社会保险以及条件性现金转移等有针对性的社会援助计划等形式提供的现金或实物福利。政府支出占国民生产总值的百分比在西欧的2.2%到非洲和亚太

地区的 0.2% 之间（国际劳工组织，2014a）。实施此类计划对于预算紧张的新兴和发展中国家而言尤其具有挑战性，但是蒙古的全面儿童资金计划表明确实存在着创新型解决方案（见专栏 6.2）。事实上，现金转移可以成为对抗贫困过程中的一个重要补充措施。在设计现金转移计划时，应进行充分考虑以确保：（1）受益人的适格性标准具有透明性，尤其针对基于经济状况调查的非全民型计划；（2）建立简单的援助交付机制，如定期支付以及补充性社会服务；（3）在提供向贫困儿童开放的学校和医疗服务等运营基础设施和服务（供应侧）的基础上，建立强大的监控和评估体系。

儿童的收入保障与其父母或监护人以及所在家庭的状况也是密切相关的[4]。在此方面，要可持续性地解决儿童贫困问题就必须提高全民型或接近全民型面向就业的社会保障计划（如儿童保育服务、产假等）对工作家庭的覆盖率（见第三节）。

专栏 6.2

蒙古的儿童资金计划

在过去的十年中，蒙古正式推出了儿童资金计划，该计划为每个家庭的每个孩子每月提供 20 000 蒙古图格里克（大约 15 美元），几乎覆盖全部家庭。蒙古制定了一系列广泛的儿童社会计划，如伙食津贴、补助和免费寄宿学校等，儿童资金计划是其中的一个组成部分（联合国、国际劳工组织和蒙古国政府，2015 年）。

杨和豪斯称（2015 年），在 2010 年至 2012 年期间，蒙古国的总体贫困水平下降幅度在 18% 和 34% 之间，其儿童资金计划可能起到了促进作用。人们发现，该项计划的设计明显是亲贫困群体的，其 2011 年的福利水平达到了人口中最低十分位群体消费需求的 70%，而仅占到最高十分位群体的 5%。然而，其影响对低龄辍学等非货币性贫困的影响尚未可知。

针对无工作能力残障人士的收入保障

对于那些无法工作的残障人士而言，他们通常不能获得从缴费型计划中获益的必要权利，这使他们面临更大的贫困风险。值得一提的是，在可获得数据的 183 个国家中，90% 以上的国家依照法律为残障群体提供一些社会保障福利，特别是现金福利。但是，这些国家中仅有一半是通过各种最有机会覆盖无工作能力者尤其是贫困者的机制来提供这些福利。因此，许多残障人士希望依赖非缴费型或全民型的保障计划。在我们所考察的 183 个国家中，87 个国家中建立了这样的计划，但是，提供此类福利的新兴和发展中国家仅有三分之一，远低于发达国家四分之三的比例[5]。为了满足残障人士的特定需求并限制贫困和支持社会包容性，有必要加强对收入保障和社会医疗保障等社会保障体系的重视。

第二节　支持人们重返就业岗位

正如我们在第一章中详述的，大部分贫困群体为劳动适龄人口，其中有相当大的比例是那些无法找到优质可持续工作的人士，这种情况在发达国家中尤为突出。事实上，在发达国家中，失业人口之中存在最高的贫困率（超过 42%）。面对诸多实现就业或再就业的障碍，积极的劳动力市场政策（ALMPs）[6]能够有效地帮助人们进入就业状态并帮助劳动者实现工作的转型，如进入一个不同的行业[7]。

积极的劳动力市场政策越来越被视为旨在促进更多更好优质工作、避免社会排斥并借此减少贫困的政策战略的一个基本因素。尽管积极的劳动力市场政策传统上一直限于发达国家，但目前其在新兴和发展中国家的重要性也在不断提高（专栏6.3）。特别是，通过提高人力资本和改善体面工作成果（如通过技能积累和提供必要的收入支持），积极的劳动力市场政策能够提高终身收入潜能并产生积极的代际影响。

此外，如果在设计积极的劳动力市场政策的时候能够以一种相互兼容的方式结合采用被动措施（收入支持），尤其是将其作为一个利用各个计划组成部分并防止权衡取舍的更为广泛的框架的一部分时，即可实现积极的劳动力市场政策总体影响的最大化。例如，某些积极的劳动力市场政策（如培训）会产生一种间接的收入影响，这种影响只有在中期或长期才能体现出来。因此，需要采取收入支持措施（无论是缴费型的还是非缴费型的）使人们免于陷入贫困并维持生活标准。这些举措也有助于避免勉强接受低标准的就业机会，而此类就业机会可能导致收入或工作条件的显著降低，同时加剧并延续在职贫困的循环。于是，出现了以下常见的经验教训，而这些经验教训对于积极的劳动力市场政策的减贫成果而言是至关重要的。

专栏6.3

积极的劳动力市场政策将消除贫困：来自拉美和加勒比地区的证据

自21世纪初以来，拉美和加勒比地区的国家在减贫和处理不平等问题方面取得了显著的进步。这一进展的取得在一定程度上得益于创新性政策的实施，这些政策将社会保障的覆盖面扩大至最弱势群体。与此同时，积极的劳动力市场政策的实施对于抗击贫困也发挥了重要的潜在作用。尤其是，该地区的迹象表明，一般而言，参加培训计划对收入会产生积极影响，而且如果培训产生了人力资本积累的话，那么这种积极影响可能是永久性的。与此类似，我们发现，公共就业计划能够为参与者实现持续减贫，而且对女性和年轻人的影响最大。在通过技术援助和财政支持双管齐下进行最成功干预的情况下，旨在促进自营工作者和微型企业创建的政策也能够提高参与者的收入。其他有关贫困的积极的劳动力市场政策（例如劳动力市场服务）的影响可能会通过就业质量的提高（如更高的匹配度）而间接产生。而且，尽管积极的劳动力市场政策可以在个人层面产生积极影响，但如需在宏观层面产生影响，需要将政策在全国范围内进行扩展和推广（当前这种做法在大多数新兴和发展中国家中依然是有限的）。

资料来源：国际劳工组织（2016b）。

应对就业障碍并实施早期干预

积极的劳动力市场政策需要清除影响生产性就业的障碍，比如贫困陷阱、技能不足或者普遍存在的个人资产积累或储蓄缺乏。有效的劳动力市场和就业服务有助于发现贫困群体正在面对哪些具体的整合和再整合障碍，以及如何通过量身定制的干预措施来克服这些障碍（海恩穆勒等人，即将出版）。比如，印度安得拉邦的一项工作匹配计划能够将农村的青年弱势群体与半城区的工作机会联系起来，而中国的一项工作匹配计划为来自山区的外来工人提供非农就业机会（世界银行，2007年）。

在失业出现之后尽早进行干预也可提高再就业的可能性，同时，如果目标定位适当且具备适合的条件，无谓损失和替代影响可以得到限制（专栏6.4）。不过，尽早进行干预不是小事，也不能直接开展，部分原因在于其涉及用于支持更为弱势群体的优先就业服务资源。尽管如此，早期干预的理念在长期失业风险最大、且福利减少和贫困发生率最为普遍的时候是最具相关性的。即便是在发展中国家，对劳动力市场服务开展早期干预可为求职者提供更多时间来寻找适当的就业机会，同时这也是预防劳动力市场排斥和贫困的一个有效方法。

专栏6.4

改善目标定位：丹麦和长期失业者

在2012年6月和2013年6月期间，丹麦政府针对那些失业保险基金覆盖但其失业津贴资格不足6个月的长期失业人员实施了一项特别的服务。该计划的出台旨在在一定程度上抵消同期对失业津贴资格有效时间的缩减，因为缩短失业津贴资格有效时间会使该国的长期失业人口面临更加严峻的贫困风险。从2013年6月开始，当这项全国性计划结束的时候，哥本哈根市承诺为一项专门的长期失业服务计划提供资金，该计划主要针对两个群体，即无技能群体和拥有大学学历的群体。该项服务计划包括举办更加频繁的咨询会议以及额外的积极的劳动力市场政策。会议的频率根据受教育程度的不同而有所区别（针对大学毕业生为每周一次，而针对无技能群体的频次相对较低）。在失业津贴资格有效的最后6个月中，只有在接下来获得正规就业机会的可能性被视为"较好"的情况下，才能使用新工作培训和工资补助计划。事实上，所提供的服务是侧重于职业转变的培训课程和个人工作建议（包括通过外部服务提供者），以便为提高机动性和推动创业提供便利。这种特别具有个性化的方法的目的不仅在于确保失业人员重返就业岗位，也在于确保其找到优质工作（如与其所掌握的技能对口）并通过避免持续的工作流动来降低贫困风险。

通过需求引导型培训增强技能获取

正如我们在第一章中详细讨论的，较高的贫困率是与较低技能的职业相关的。比如，在我们选择的可获得数据的部分新兴和发展中国家中，超过四分之一的低技能工作者生活在极度贫困之中（而中等技能工作者的贫困率为10%，高技能工作者的贫困率仅为不足4%）。因此，技能提高很显然为改善工作前景和摆脱贫困提供了一个途径。此外，提高技能也有助于通过新技术和能力的获得提高行业内部以及行业之间的生产率，从而促进结构性转型的进程（见第三章和第五章）。

培训，作为积极的劳动力市场政策的一个组成部分，有助于通过实现失业和就业之间的平稳过渡来对抗长期贫困，主要是通过提高技能的方式，同时也帮助人们与劳动力市场保持联系。在此方面，对于最为贫困的群体而言，培训可以带来技能，而从长远来看，通过技能可以同时改善就业和工资前景。积极的劳动力市场政策，尤其是培训的有效性，在很大程度上受到其与经济需求匹配程度的影响，这种现象在发达国家和发展中国家中均有体现。在这方面，社会对话以及与私营部门的合作对于确保技能获取能够带来优质工作和可持续性减贫而言是至关重要的（见第四节）。

将收入支持和培训结合起来：公共就业计划

积极的劳动力市场政策的一个具体职能是直接创造工作机会，这对于减贫而言是特别有效的。在实施此类举措的时候，公共就业计划（PEP）为能够工作的人员提供重要的劳动收入来源，并发挥着为一次性或经常性外部冲击充当反周期保障网的作用。公共就业计划既包括公共工作计划，也包括就业保障方案，这对于为促进平滑消费而提供暂时性收入来说是极为有效的，尤其是在此类方案的目标救助对象是那些没有足够累积储蓄的人们，即最贫困群体。此外，许多公共就业计划侧重于培训和技能培养，因此可以成为通过帮助计划受益者改善长期就业和工资前景的一个有效减贫工具。事实上，如果缺乏技能提高，就业影响可能是暂时性的。

此类性质的计划还可以对发展产生更为广泛的积极溢出效应，这是因为，这些计划通常是针对改进公路、灌溉系统以及其他核心基础设施的开发，并可以促进私营部门的发展（马上产生或者在计划实施之后产生）。在此方面，上述计划可成为发展农村非农经济的一个核心要素（见第五章）。不过，也可能存在一系列负面因素风险，其中包括劳动力从其他长期性生产活动转向此类计划，以追逐从此类计划中可迅速获得的现金收入。因此，应精心设计和认真实施公共就业计划，这对于避免挤出效应是至关重要的。在此方面，为了吸引适当的符合条件的人员，可以将自我目标设定作为一项重要的设计特征。有一种方法采用工资设定的方式，将工资设置在足够低的水平，以避免私营部门工作者的转移，同时工资水平还足以保证参与者维持适当的生活水准（威迪亚，2013年）。尽管人们普遍认同设定较低的工资水平是在贫困群体之中实施目标自我设定的一种最为有效的方式，但是，所提供的低工资被认为是不符合道德标准或者太低了。此外，有部分证据显示，较低的工资水平可能不足以确保贫困群体进行充分的自我目标设定（麦克德，2005年）。鉴于以上原因，各种计划业已增加了一套管理要求（如申请或登记流程等），旨在确保只有具有较强上进心的候选者能够通过自选方式进入计划之中（专栏6.5）。当然，由于较严格的管理要求可能会对最弱势群体参与此类计划产生潜在的负面影响，所以，需要在两者之间进行权衡。

> **专栏6.5**
>
> **公共就业计划中的培训和目标设定规则：秘鲁建设计划**
>
> 秘鲁建设计划是秘鲁于2007年至2011年期间实施的公共工程计划。该计划的目的是提高贫困失业家庭的就业能力，同时在该国的贫困地区建设小规模的基础设施项目。该计划的参与者可获得短期的就业机会（从几周到4个月不等），同时他们也可以参加有组织的培训课程以培养软技能或参加技术培训。在公共资源有限的背景下，该计划制定了三个不同的目标设定规则，以确保该计划能够正确识别最需要帮助的群体（埃斯库德罗，2016年）。首先，为每个区设定一个物质贫困和发展不足之处指标，用该指标来确定该区域是否有资格参与计划（即地理区域目标设定）。在有资格参与计划的各区之中，采取第二个步骤：将工资水平设置得足够低，以确保只有贫困人口才会对参与计划感兴趣（自我目标设定）。最后，在申请者中进行调查以衡量家庭的货币和物质贫困程度，从而优先考虑那些最需要帮助的贫困群体（社会经济目标设定）。

第三节　应对工作质量和在职贫困问题

改善有工作意愿和工作能力的个人的劳动力市场产出是减贫过程中的一个重要问题，但是找到工作并不一定意味着达到适当的生活标准和实现自给自足。事实上，在新兴和发展中国家中，超过三分之一的在职人员处于极度或中等贫困之中，而在发达国家中，15%的在职人员的收入不足收入中位数的60%。从某些情况来看，这是劣质工作的反映，可能由于工作者无法获得他们所需的帮助（如因为非正规性），或者因为他们没有能力赚足够的钱（即便在全职工作的情况下）来使自己（及其受抚养家属）摆脱贫困。解决在职贫困问题需要采取一些措施，其中包括可发挥如下作用的政策：（1）通过有效的最低工资计划更加直接地推动体面工作；（2）通过社会保障和公平税制为在职贫困群体的收入提供支持；（3）促进正规就业。

最低工资政策：制定最低工资

有关最低工资在设计合理的前提下可如何帮助解决工作贫困问题的辩论目前再度重燃，该辩论也适度考虑了对就业水平的潜在影响。尽管最低工资实现减贫这一理念有着天然的吸引力，但该议题在近期的文献中受到质疑并引起争辩（贝尔赛和拉尼，2015年）。支持提高最低工资的人士称，此举措可以为处于收入分配底部的人士提高工资，进而减轻工作贫困并刺激总需求（卢贝利，2003年）。另外，反对者认为，该举措不但不能缓解低收入家庭的家庭经济困境，还将产生许多劳动力市场扭曲（值得一提的是，其对就业所产生的负面影响可忽略不计，这一点越来越达成共识）[8]。

在新兴和发展中国家中，预计最低工资在减贫方面存在更大的潜力，这是因为最低工资可能对更大比例的人口产生影响——以直接或间接的方式（拉尼等，2013年）。最低工资对贫困产生积极影响的潜力取决于几个关键系数。

针对完善的最低工资政策的关键设计特点

- **影响覆盖**。尽管并不存在放之四海而皆准的模型，但为了确保最低工资的广泛覆盖，需要在差异化所带来的收益与复杂性导致的成本之间寻求平衡，这一点具有重要意义。一方面，许多国家正在为最低工资政策进行目标设定，以便更加准确地反映不同区域、经济部门或工作者子群体在经济条件方面的差异（国际劳工组织，2014a）。另一方面，简单的最低工资制度更易于监控，也更有可能实现更高的覆盖率和合规率。因此，在不合规水平较高且非正规就业普遍存在的国家，如针对目标工作者群体制定具体的子类别最低工资需进行审慎考虑，因为这种方法有可能要求其他监控形式。
- **合规**：不合规现象在许多新兴和发展中国家通常是普遍存在的（拉尼等，2013年；布洛克、弗蒂和凡杜威尔，2015年）。抗击不合规现象需要确保那些有资格获得最低工资的人士能够真正领取到最低工资。例如，巴西的联邦最低工资制度适用于所有工薪阶层，而集体合同只能规定等于或高于联邦最低工资的工资下限。这一结构上的简易性也使得最低工资政策更加容易得到有效执行，因为对现行最低工资的认识有所提升。此外，政府在执行机构方面也已投入巨资，这确保了在大约80%雇佣劳动者中可实现该政策的遵行（拉尼等，2013年）[9]。

- **定期更新**：为了避免最低工资实际价值的缩水，应定期以可预测的时间间隔对最低工资进行经常性的审查，而不是采取临时性的方式（另请参阅《最低工资确定办法公约》，1970年，第131号）。相关修改和调整应考虑到工作者及其家庭成员的需要以及经济因素，如生活成本的变化、经济增长率或者生产率的改变等。例如，巴西的相关证据表明，最低工资按照之前一年的通胀率以及之前两年的GDP增长率之和进行调整。与此类似，英国的低收入委员会每年基于形势分析对最低工资调整提出建议。在上述两个国家中，最低工资的调整对解决贫困问题均发挥了有效作用。
- **提高调整机制的透明性**：需要对最低工资以基于证据的透明方式定期进行调整。这要求社会伙伴和政策制定者从国家统计来源或学术界获得相关数据和分析。为了达到此目的，许多国家指定了特别的独立专家委员会，如南非的就业条件委员会，其任务是根据经济和社会因素建议政府开展有针对性的最低工资标准修订。
- **促进社会对话**：为确保最低工资调整考虑到不同行业领域以及不同规模公司中工作者的状况和生产效率变化，并通过设立临时性三方机构等方式让社会伙伴参与到最低工资标准设定中来，开展社会对话具有重要意义。根据《最低工资确定办法建议书》（1970年，第131号），应与社会伙伴开展充分的磋商，特别是针对下列事项：（1）用于确定最低工资水平的标准的选择和应用；（2）需确定的最低工资率；（3）针对最低工资率的定期调整；（4）在执行最低工资立法的过程中所遇到的问题；（5）为了向最低工资制定当局提供信息所进行的数据采集和研究（国际劳工组织，2014b）。

在职福利成为降低在职贫困的一种方法

尽管最低工资对于维持生活水平而言发挥着核心作用，但在许多情况下尚不足以确保劳动者个人获得充足的劳动收入以摆脱贫困。在此背景下，在职福利可以成为降低在职贫困的一个有效的补充政策工具。在职福利主要包括一系列属于更为广泛的社会保障体系的福利（专栏6.6和国际劳工组织，2014a）。它包括：（1）提供儿童保育、医疗保健支持、住房津贴等，对劳动收入进行补充以避免贫困；（2）替代由于失业、职业伤害、伤残、疾病或者生育而临时性或长期性损失的收入（或者由于达到退休年龄而损失的劳动收入）；（3）为促进重返工作岗位提供支持，例如培训。

其他可以直接为低收入个人直接提供工作收入支持的方法包括在职税收抵免，其重要性业已作为一种降低工作贫困的工具而不断提升[10]。此类计划所采取的方式是，按照低收入或中等收入个人或家庭税后收入的一定比例给予税收抵免（伊莫佛尔和皮尔森，2009年）。这种方法旨在鼓励工作投入（以及从非正规就业转向正规就业）并将收入倾向于工资分配的较低一端进行再分配。事实上，税收抵免通常会随着所赚取收入的增加而有所提升——因此这种方法可以激励工作时间的延长，但在达到一个峰值水平之后，税收抵免逐渐停止，最后在达到一个足够高的收入水平时完全消失[11]。在此方面，税收抵免对税后收入起到了支撑作用并扩大了受益者在职时所能获得的收入与失业时或工作时数较短时所获得的收入之间的差距。同样，在职税收抵免也可以成为促进非正规就业向正规就业转变的一个补充措施（见以下的子部分内容），因为这种措施可以在一定程度上抵消低薪工作（尤其是兼职工作）实现正规化的一些不利因素（科艾特和韦伯，2014年）。

> **专栏 6.6**
>
> **将针对就业群体的社会保障福利作为一种权利导向型的贫困消除方法**
>
> 国家社会保障的基线目标之一（《社会保障基线建议书》，2012年，第202号）是在最低限度上实现为"处于活跃年龄但无法赚取足够收入（特别是在患病、失业、生育或残疾等情况下）的人士提供基本收入保障，且不得低于国家规定的最低标准"。另外一个目标是在国际劳工组织社会保障标准的指引下，逐渐为尽可能多的人士提供更高的社会保障水平。其他国际劳工组织标准，尤其是《社会保障（最低标准）公约》（1952年，第102号），针对具体的政策领域提供了更为详尽的指导。
>
> 在贫困群体的生育保障领域，许多国家目前业已推出了非缴费型计划或者扩大了其覆盖范围，为贫困群体提供各种收入保障并为不具备传统生育保障的女性（处于非正规经济中的女性工作者或者一般贫困妇女）提供孕产妇保健服务（国际劳工组织，2014a，2014c 和 2016a）。
>
> 对于肩负家庭责任的工作者（包括儿童、老年人或者残障人士）而言，儿童保育、残障和长期保健服务的缺乏或完全缺失对于改善生活条件构成了一个主要障碍（第二章）。尽管证据显示，通过优质儿童保育的方式投资于年幼儿童会带来更高的学业成绩、提高健康水平和就业能力以及获得更高的收入，但只有为数较少的国家将儿童保育作为一项公益事业并提供普遍的儿童保育权利以便对儿童/家庭福利进行补充（凡·朗科、格西尔斯和坎蒂隆，2012年；联合国教科文组织，2015年；国际劳工组织，2016a 和 2016b）。
>
> 这种性质的社会投资会产生一种再分配的良性循环并减少无酬保育工作，同时会产生有酬工作，这会对经济增长、最大限度降低贫困的代际转移以及提高社会包容性提供支持（詹森，2009年；国际劳工组织，2016a）。此外，可以对任何此类计划进行调整以适合具有家庭责任的为人父母者的需求（纳克维、坎贝尔和雷萨卡，2015年）。

几个国家采用了这种性质的计划，有证据显示，此类计划有潜力降低在职贫困，并且与此同时在工资分配的较低一端产生许多积极的劳动力市场成果（专栏6.7）。不过，有许多注意事项是值得考虑的，这在一定程度上解释了为什么各国有限制性地采取此类计划，这些事项包括：（1）此类计划设计复杂；（2）此类计划有时是不透明的；（3）此类计划可能会打击家庭中第二位有收入者的工作积极性并可能会阻止职业发展和人力资本投资，具体情况取决于税收抵免的逐渐取消速度；（4）此类计划可能会产生锁定效应，将受益者局限在低工资就业岗位[12]。

尽管存在上述注意事项，有证据表明，在职税收抵免计划在设计得当的情况下，依然是一个有效的补充性政策工具，可以有效地解决在职贫困问题并提高劳动者个人对劳动力市场的依附程度。同样，在设计此类计划时需要认真考虑许多问题，以便最大限度降低非预期效应并扩大其对新出现弱势群体的覆盖。

第一，应针对各国的具体情况量身定制在职税收抵免政策，这一点具有重要意义。特别是，在那些预计引入税收抵免政策会促进劳动力市场参与率提高（即从失业转入工作状态）的国家，最优的税收抵免政策设计应基于较低的保障收入以及较低的福利提取率，这一点与美国的所得税抵免计划相似。相反，如果预计在职税收

> **专栏 6.7**
>
> **在职税收抵免福利综述**
>
> **减贫**：当在职税收抵免成为"永久性"的政策或者其目标针对低收入家庭时，就会出现强大的再分配效应。尤其是，当在职税收优惠在收入达到相对较高的水平时开始逐渐退出的时候，大部分福利通常会流向那些最需要帮助的家庭，这使得在职税收抵免成为了解决家庭在职贫困问题的一个非常有针对性的政策工具（切蒂、弗里德曼和赛斯，2013 年）。这是目前爱尔兰、新西兰、英国和美国所采用的此类计划的一个突出特点，此类计划所提供的最高税收优惠在收入中位数的 10% 至 25% 之间，目标针对低收入家庭。由于在许多情形下，优惠程度取决于家庭中儿童的数目，所以在职税收抵免可有效地降低儿童贫困，并有可能减少贫困的代际传递。
>
> **改善的劳动力市场成果**：成果的改善可推动贫困家庭和个人劳动力市场参与率的提高（伯克豪斯，2015 年），同时事实证明，其对单亲母亲群体会产生积极的就业影响（胡尼斯和帕特尔，2015 年；迈耶，2010 年）。
>
> **积极的溢出效应**：由于低收入家庭通常具有最高的边际消费倾向，上述举措促进总消费，进而推动经济增长。

抵免将推动工作时数的提高而非促进劳动力市场参与决策时，其优化设计方案应为较高的保障收入辅之以较快的逐步退出速度（塞斯，2002 年）。

第二，应对最低工作时数要求加以调整。有些国家制定了适格标准中包含了最低工作时数要求的在职税收抵免计划。尽管这可以对全职工作在经济方面的抑制因素起到限制作用，而且事实证明也是行之有效的，但最低工作时数要求依然是一个限制性的适格标准。事实上，将全职工作作为一种适格要求可能会在相当大的程度上减少某些类别工作者的税收抵免受益人数，比如单亲母亲以及年幼子女的母亲，这样就增加了减贫任务的复杂性。

第三，在一些实例中，在职税收抵免仅限于小范围之内的工作者，可以在需要时向更大范围的工作者类型扩展，如单身工作者或者年轻人。近年来工作贫困明显加剧，这不但出现在人口较多的大家庭，无须抚养家属的年轻人中也是如此，因此将在职税收抵免扩展至通常不易得享此类计划的上述群体可能是有益的。[13]比如，降低适格年龄（通常被设定为 25 岁）可能有利于减轻年轻人中的在职贫困。建立一个无须申请，通过税收体系即可提供在职税收抵免的系统将有助于至少在一定程度上解决部分上述问题。

促进向正规就业的转变

在解决工作质量和贫困问题方面，非正规工作者所面临的挑战是，通常他们没有条件享受本章中所讨论的各种支持性措施，不论这些措施是通过就业获得社会保障、适当设计的工资政策、培训还是公共就业计划。这证实了我们在之前第二章中提出的结论，即是否能够有条件参与安全的政府管控的就业安排在很大程度上决定了是否能够获得就业相关社会保障。这将非正规工作者及其家庭置于经济和社会的弱势局面之中，同时又妨碍了他们提高生产效率并找到摆脱贫困的途径（国际劳工组织，2014b）。事实上，非正规就业在全部非农就业中的份额与贫困是密切相关的

图6.1

极度贫困和中等贫困与非正规性之间的关系，2013年（百分比）

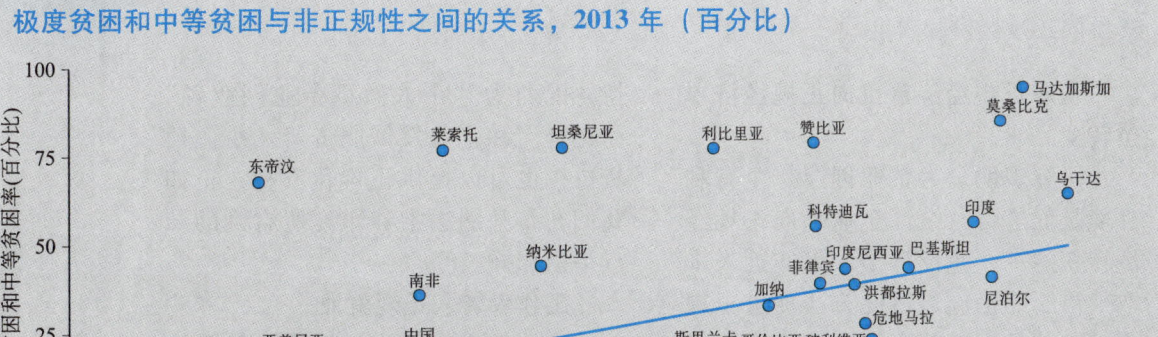

注：贫困率的定义为每天人均收入或消费低于3.10美元（按照购买力平价）的人口所占比例。第二章的附录G给出了国家名称以及相对应的ISO3代码。

资料来源：国际劳工组织基于世界银行PovcalNet、ILOSTAT和各国资料所进行的计算。

（图6.1）。此外，非正规就业使贫困问题更加持久，而贫困会通过使人们无法获得更好的就业机会而进一步扩大就业的非正规性（国际劳工组织，2014d）。

不过，打破贫困和非正规就业之间彼此互相强化这样的恶性循环并非易事。正如《从非正规经济向正规经济转型建议书》（2015年，第204号）中所言，需要建立一个综合性的政策框架，其中包括促进工作者和经济单位从非正规经济向正规经济转变（见第四章）。在这个过程中，需要保障收入安全，并保留通过非正规活动取得的创新和技能，这一点具有重要意义。促进工作正规化的努力包括扩大社会保障范围，同时就以多种形式存在的从属性就业而言，应承认雇佣关系的存在，借此工作者和雇员有条件获得相关规定为其提供的各种权利保障。

此外，第204号建议书重点关注了促进正规就业中企业和体面工作的创建和保持。事实上，通过为可持续性企业创建有利环境来促进在非正规经济中运营的经济单位（尤其是中小型企业）的正规性是至关重要的，因为此类企业是创造就业的主要引擎。这可以通过促进健全的企业管理、引入更为有效和公平的税收制度以及有效的企业注册来得以实现（专栏6.8）。例如，乌拉圭于2001年推出了一项简化的税收征收计划（称之为"单一税"），事实证明，该计划对于实现小微企业的正规化而言是行之有效的。这一统一的税收缴纳征收方法使营业额有限的微型企业能够通过单一税的缴纳来完成其税务和社会保障义务，这进而显著地促进了非正规经济中社会保障的正规性和范围扩展（国际劳工组织，2015a）。与此类似，巴西政府于2009年通过了《补充性个人微型企业法》以降低微型企业和自营工作者的管理和税务负担。这一举措促进了自营工作者以及年收入在60 000巴西雷亚尔（17 000美元）的小型企业的登记，并使得这些企业家能够将其税收和社会保障缴款额合并为一个固定的月度支出，而且这一支出额大大低于一般性税收和缴费（国际劳工组织，2014c）。

第六章 为人们提供支持并促进优质工作

> **专栏 6.8**
>
> **支持向正规经济的转变**
>
> **从非正规经济单位向正规经济单位转变**
>
> 研究表明，为企业创建一个有利环境是促进可持续性企业和向正规经济转变的一个重要环节。南非近来采取了果断的措施通过此方法促进正规化，尤其是通过其全国非正规企业提升战略。此外，在国际劳工组织的支持下，南非开展了一项可持续性企业有利环境（EESE）评估，并借此成为首个将非正规性作为一项评估要素的国家。该 EESE 评估促进了行动计划的制订并使政策改革获得支持，同时得出结论，企业实现正规化的主要障碍在于企业登记的困难性，并凸显了企业环境中的各种其他问题。该项政策侧重于五个领域，针对每个领域均制定了不同的优先措施。每一领域的措施均为战略性干预措施的组合，其中包括改善法律和监管环境、开发基础设施、培养技能和企业发展、合作关系以及利益相关者管理和知识管理。
>
> 其他各国也采取措施促进非正规经济单位的正规化，其中拉美国家尤为突出。这其中包括，例如，哥伦比亚为实现中小企业和微型企业的正规化提供减税等激励机制、实现企业发展服务的现代化以及提供金融服务支持，巴西为"个人微型企业创业者"简化登记和企业发展服务等。小额信贷机构也可以提供正规化支持，正如我们在布基纳法索和印度所看到的试点举措那样。
>
> **工作者转入正规就业**
>
> 支持就业正规化的举措包括将社会保障范围有效扩大至之前未被覆盖的工作者、签订就业合同并进行登记以及申报之前未申报的工作岗位。所有这些举措均假设扩展法律法规和/或旨在促进、执行和监管劳动法规和社会保障法律的措施的适用范围（另请参阅第四章）。例如，阿根廷鼓励通过各种方式实现正规化，如降低新招募员工的社会保障缴款、改进检查方式、增强全国农业工作者和雇主登记处的职能，使其在原有登记职能的基础之上，提供社会保障福利并监督劳动法和社会保障的合规情况。在欧洲，德国、意大利、荷兰和斯洛文尼亚为临时性的非正式工作通过了特别规定，使参与此类型工作的工作者获得社会保障，其中覆盖了那些工作时数非常少和/或报酬低微的工作者。这对于家政从业人员的益处是较为显著的。
>
> 资料来源：国际劳工组织（2014d，2015c，2016c 以及即将出版的资料）。

第四节 结束语：确保通过劳动力市场制度和社会对话实现扶贫战略的连贯性

连贯性这一话题不仅针对本地和国家的国内政策层面，也针对国际层面，比如对国际劳工组织基本公约和建议书的批准和采用。这也要求对一系列政策的互补性权衡取舍加以考虑（国际劳工组织，2003 年）。事实上，在之前章节中讨论的政策工具需要从其互动方面来看待，以确保在减贫方面获得尽可能好的成果，所以 2017

年可持续发展目标中的第 14 项目标就特别具有相关性，即"提高可持续发展的政策连贯性"。这一点在本章中也进行了重点说明。例如，证据表明，当与失业津贴等收入支持举措相结合的时候，积极的劳动力市场政策（ALMP）是最为有效的，对更为弱势的工作者而言尤为如此。同样，就业服务在促进和加强培训的有效性方面发挥着重要作用。社会保障和最低工资并非替代品而是补充性政策（威克斯—林和汤普森，2010 年；卡尔德拉·桑切斯、拉乃恩和弗勒彻，2014 年）。例如，优质且价格实惠的儿童保育对于赚取最低工资的工作者而言特别具有相关性，并有助于通过对女性工作者提供支持来实现性别平等目标。

特别值得一提的是，实施制度对确保减贫战略的有效性而言至关重要，这在新兴国家和发展中国家尤为如此。事实证明，三类制度对于确保连贯性而言特别重要。第一，劳动管理部门需确保劳动法得到正确贯彻实施，这对于扶贫政策改革是极为重要的。因此，扩展劳动监察机构在劳动力和预算资源方面的能力是尤为重要的。在此方面，在劳动视察实践的有效设计方面在全球范围内进行的经验分享业已提供了有益的指导。例如，印尼、马来西亚和越南等许多亚洲国家已经成功地采取了措施，通过投资于视察人员培训以及授权他们提起民事诉讼和向违规人员处以罚款等方式将其劳动监察惯例与国际最佳实践接轨（国际劳工组织，2015b）。

尽管加强劳动监察机构的重要性对于新兴和发展中国家强调得更为频繁，但不能忽视其对发达国家的重要性。事实上，几个发达国家中的未申报经济规模依然巨大，在一些南欧和东欧国家中，其价值在 GDP 中的比例达到 20% 或更高（国际劳工组织，2014d）。澳大利亚、法国和英国等国家近期实施了有针对性的计划，对监察人员针对职业安全和卫生议题开展培训，将其作为更为广泛的劳动监察计划中的一个关键组成要素，尤其是针对农业和建筑等特定行业。

公共就业服务（PES）作为劳动管理的一个重要方面，通常为各种广泛的就业和社会政策负责（克鲁乌，2010 年和 2016 年）。不过，专门用于上述服务的资源通常是有限的，这在低收入国家中更为突出[14]。但是，可将此类资源用于指导更加有效地针对贫困群体的计划。此外，私人服务也可以通过促进达成体面工作目标的方式来提供补充[15]。

第二，应培养充分的能力并建立适当的制度性安排并在此框架之中征税并交付项目结果。如果没有此类税收和福利制度，就无法赢得减贫战役的胜利。因此需要投入大量的努力，以便：（1）通过各种激励因素和支持措施的组合以及强制性申报和处罚来强化税收体系，从而扩大税基并降低非正规性；（2）为就业和收入支持的交付和评估强化机构设置。

针对前者，为公司提供增值税和税务许可和注册方面的支持性服务可为那些愿意实现正规化的公司起到重要的激励作用。简化税收制度管理对于旅游等行业的增值税尤为重要，因为如果针对不同产品和服务适用情况不均衡的话，可能显著降低税收制度合规性（美国国际开发署，2005 年）。类似地，正如我们在在职福利计划中所强调的，为确保收入支持能够真正面向最需要帮助的群体，加强税收管理部门和社会保障部门之间的联系依然是至关重要的。

针对后者（计划交付和管理），需要开展定期评估，在一些情况下，应加强进行定期评估以确保相关福利是充分的。这要求建立跟踪系统，并将其作为强化社会保障制度、税收和劳动视察的一个重要补充。

第三，社会对话是加强减贫的劳动力市场维度的一个重要方法（专栏 6.9）[16]。事实上，有证据表明，行业关系系统对贫困可能会产生重大影响，这在一定程度上是通过增加社会保障公共支出来实现的（普拉斯曼和莱克斯，2001 年）。在发达国家中，社会对话在减少贫困方面一直是有效的，这在一定程度上归功于承认了贫困和劳动力市场之间的关系。例如，在欧洲，所有社会伙伴的对话和参与促进了注重就业密集型和扶贫型增长的规定和政策的制定。同样，所有社会伙伴的参与可以确保不断更新劳动力市场相关规定，且与工作和合同条件及安排性质上的变化保持一致。最后，社会对话不仅仅是一种民主治理方式，而且也代表了延伸至劳动力市场内外的一系列广泛的问题。

不过，开展有效的社会对话需要某些先决条件，以确保各国能够有效对抗贫困，这些先决条件包括：(1) 强大且独立的工人和雇主组织，以保证上述群体具备所需的技术能力并能够获得必要的相关信息以便在社会对话中在知情的基础上发挥作用；(2) 代表所有相关方参与社会对话的政治意愿和承诺；(3) 对结社自由和集体谈判基本权利的尊重，以确保营造允许社会伙伴自由运作，无须担心遭到报复的良好环境；(4) 适当的制度性支持（国际劳工组织，2013 年）。

专栏6.9

让社会伙伴参与减贫对话促进了重心的转变并对更加明智的政策制定流程提供支持

国际自由工会联合会（ICFTU）在 20 世纪 90 年代与国际货币基金组织和世界银行的对话过程中作出的努力推动了布雷顿森林体系从仅注重经济增长向关注更为广泛的不平等衡量指标和生活标准转变。正是在这一时期，工会组织受邀参与制定减贫战略文件（PRSPs），这些文件是各国被纳入债务免除考虑之前由国际货币基金组织和世界银行要求必须具备的。请工会组织加入减贫战略文件制定为工会提供了参加政策制定流程并与非政府组织和其他全国性和国际性机构进行接洽的机会。最重要的是，这使得全球范围内的工会组织能够在推动扶贫和有利于工作者的改革和战略中团结协作（出处同上）。

此外，加入到雇主组织之中有助于支持更多实证性流程并借此实现减贫。例如，印尼的全国性雇主组织（APINDO）扩大了其议程范围，将与准备参与相关流程相关的贸易议题纳入其中，着手记录对省际贸易造成负面影响的各种障碍，并倡议消除这些障碍。全国性雇主组织所作出的种种努力最终推动了将已发现的问题纳入到政策改革议程之中（国际劳工组织，2006 年）。

在此方面，减贫和劳动力市场领域的社会对话面临着许多挑战。事实上，在发展中国家中，此种性质的有效社会对话的大量先决条件通常是缺失的，其中结社自由和集体谈判尤为突出。各大部门之间的广泛参与和连贯性至关重要，比如说，劳动部门更加积极地参与对于确保劳动力市场问题获得充分重视具有重要意义，因为这可以对健康和教育领域的减贫战略构成补充（巴克利和卡萨里，2006 年）。通常而言，减贫战略受到卫生和教育部门的影响较大，这一点不难理解，因为医疗卫生和教育因素对于任何程度的减贫发展均具有根本的重要性，这在人力资本开发方面尤为突出。

雇主组织若对于改善有利营商环境表现出明确的兴趣，这对于减贫会产生直接影响。例如，经营资本和金融市场的扩大不仅有助于贫困群体获得信贷支持，也会促进优化商业流程并推动经济增长和生产率的提高。事实上，私营部门常常会参与到减贫相关事项之中,因为私营部门在提供就业和推动经济增长方面的作用业已在2030年可持续发展议程以及第三届国际发展融资会议上通过的亚的斯亚贝巴行动议程中得到认可。在此方面,雇主组织的一系列优先事项是直接与减贫相关的,其中包括宏观经济和政治稳定性、透明和可持续的财政政策、有效治理和法制、成熟的监管环境和完善的财产权,以及开放和透明的市场。除此之外,社会性和实物性基础设施开发和人力资本获取对于建立有利的营商环境、减贫和为贫困群体增加生产性机会具有直接影响。

将工会纳入到针对减贫战略的社会对话之中对于确保大多数工作者具有发言权和代表权具有重要意义。不过,在新兴和发展中国家中,鉴于许多原因,工会的代表权并不充分,相关原因包括劳动力市场的不正规性程度、政治问题和能力限制。近年来,女性以及其他最易陷入贫困的群体在工会运动以及自主就业妇女集体组织等非正规工作者群体中的活跃度不断增强(国际劳工组织,2016a)。这促进了代表权的扩大并将对女性产生不公平影响的问题凸显出来,其中包括促进家政工作者的体面工作以及性别工资差距。

社会对话还有助于统一在常见优先领域中减贫工作对不同利益相关者的不同影响。通过社会对话,可进行政策的制定和实施以确保责任共担并划清责任界限。正是通过这种方式,我们能够可持续地实现消除贫困和促进体面工作这一双重目标。

注

1. 国家社会保障底线至少要保障所有贫困人口在整个生命周期中能够获得基本医疗和基本收入保障。这包括至少以下四种在国家层面上定义的保障：（1）获得包含孕产保健在内的基本医疗服务；（2）儿童基本收入保障，提供获取营养、教育、保健以及其他必要物品和服务的保障；（3）针对无法赚取足够收入（尤其是出于疾病、失业、生育和残疾等原因）的经济活动人口的基本收入保障；（4）老年群体的基本收入保障（国际劳工组织，2014g）。如需获得更多信息，请参阅第四章有关第202号建议书和第102号公约的讨论，也可参考以下网址的内容：http://www.ilo.org/secsoc/areas–of–work/policy–development–and–applied–re–search/social–protection–floor/lang––en/index.htm（2016年4月29日）。

2. 极端贫困的定义标准为家庭中每天人均收入或消费额不足1.90美元购买力平价。中等贫困的定义为每天人均生活支出在1.90美元和3.10美元之间（按照购买力平价计算）。对于发达国家，主要采用一种相对性的衡量标准，设定为各国可支配收入中位数的60%。如需了解更多内容，请参阅第一章。

3. 超过退休年龄的女性获得养老金的比例平均比男性低10.6个百分点。在一些地区，女性的劳动参与率较低，非缴费型养老金的发展也较为有限，这对女性的实际养老金覆盖率产生了显著的影响。就社会保障覆盖率而言，大型非缴费型养老金计划的存在可以在一定程度上抵消女性较低的劳动力市场参与率以及降低不太有利的就业环境的影响（国际劳工组织，2016a）。

4. 根据国际劳工组织有关解决跨代贫困循环问题的标准，社会保障以及针对家长和看护者推广创收活动对于消除童工而言是一项重要因素（第四章）。

5. 这些计划或者是遵照统一标准，或者是基于经济情况调查，而后一种方式最为常见（国际劳工组织，2014a）。

6. 积极的劳动力市场政策（ALMP）通常由一系列措施构成，其中包括求职帮助、培训、公共工程计划、就业补助、自营者支持以及微型企业创建。

7. 更具体地说，积极的劳动力市场政策旨在通过以下方式降低失业：（1）通过直接的求职帮助或信息提供将求职者与当前的工作空缺进行匹配；（2）更新和调整当前求职者的技能以提高其就业能力；（3）为个人或者公司提供从事特定工作或雇佣特定类别工作者的激励措施；以及（4）通过提供公共部门就业职位或者为私人部门工作提供补助的方式来创造就业机会（国际劳工组织，2016b）。

8. 许多试图对现有研究领域进行总结的当前研究工作指出了三个被广为认可的结论：（1）最低工资水平的适度提高不太可能对整体就业产生显著的负面影响（吉欧提斯和赫勒特索斯，2015年）；（2）当发现最低工资产生的就业影响有所提高时，该影响的程度相对较小，而且其影响是正面或负面的可能性是相等的（那塔瑞吉等，2014年；布克曼，2010年）；（3）在一些情况下，最低工资提高可能对年轻人等弱势群体产生温和的负面就业影响（布洛克、弗蒂和万德威尔，2015年）。

9. 在巴西，生活在极度贫困之中的雇佣劳动者的份额在2004年/2005年至最近数据可获得年份之间从3.9%下降至1.8%，处于中等贫困之中的雇佣劳动者的份额在同期从12.1%下降至6.1%。

10. 这些计划通常在解决在职贫困问题之外还具有多个其他目标，同时，在许多情况下，也旨在提高劳动力市场参与率并解决技能缺乏问题。

11. 存在两大类"永久性"在职税收抵免：一种是针对低收入个人劳动者的，另外一种是针对低收入家庭的。前者主要旨在激励工作，而后者更加侧重于降低低收入家庭的在职贫困。在几个国家中，税收抵免以及可得到的最大税收优惠随着家庭中受抚养子女人数的增加而提高,从这一情况中可以看出,在职税收抵免中的"家庭友好型"维度得到了进一步加强。

12. 后一种影响在很大程度上取决于低技能工作者在其工作生涯中经历工资大幅提升的实际机会;而这种情况似乎是相对少见的(卡德、米哈洛普洛斯和罗宾斯,2001年)。

13. 例如,尽管美国无子女个人在所有享受工作所得税收抵免(EITC)人口中的比例占到约20%,这一群体的税收抵免仅占到全部 EITC 支出的 2%(伊萨和哈尼斯,2008年)。

14. 然而,许多新兴和发展中国家近期的公共就业服务(PES)改革侧重于通过引入新技术(如电子职介平台)来提高服务的效率,以便扩大服务的覆盖范围(马萨,2013年)。

15. 据国际私人就业服务联盟(CIETT)称,2014年,私人就业服务在 7 000 多万人口与全球各地的劳动力市场之间搭建了桥梁(国际私人就业服务联盟,2016年)。

16. 社会对话涉及"政府、雇主和工人代表之间,或者是雇主代表和工人代表之间针对有关经济和社会政策的共同关心的问题进行的各种类型的谈判、磋商和信息共享"(国际劳工组织,2013)。

参考文献

Belser, P.; Rani, U. 2015. "Minimum wages and inequality", in J. Berg (ed.): *Labour markets, institutions and inequality: Building just societies in the 21st century* (Geneva, ILO).

Boockmann, B. 2010. *The combined employment effects of minimum wages and labor market regulation: A meta-analysis,* Discussion Paper Series, No. 4983 (Bonn, Institute for the Study of Labor (IZA)).

Broecke, S.; Forti, A.; Vandeweyer, M. 2015. *The effects of minimum wages on employment in emerging economies: A literature review,* National Minimum Wage Research Initiative (Johannesburg, School of Economic and Business Sciences at the University of Witwatersrand).

Buckley, G.J.; Casale, G. 2006. *Social dialogue and poverty reduction strategies* (Geneva, ILO).

Burkhauser, R.V. 2015. "The minimum wage versus the earned income tax credit for reducing poverty", in *IZA World of Labor,* Vol. 153, May (Bonn, Institute for the Study of Labor (IZA)).

Caldera Sánchez, A.; Lenain, P.; Flèche, S. 2014. *Improving well-being in the United States,* OECD Economics Department Working Papers No. 1146 (Paris, OECD). Available at: http://dx.doi.org/10.1787/5jz0zbc80tvl-en [1 Apr. 2016].

Card, D.; Michalopoulos, C.; Robins, P.K. 2001. *The limits to wage growth: Measuring the growth rate of wages for recent welfare leavers,* NBER Working Paper No. 8444 (Cambridge, MA, National Bureau of Economic Research (NBER)).

Chetty, R.; Friedman, J.N.; Saez, E. 2013. "Using differences in knowledge across neighborhoods to uncover the impacts of the EITC on earnings", in *American Economic Review,* Vol. 103, No. 7, pp. 2683–2721.

Eissa, N.; Hoynes, H. 2008. *Redistribution and tax expenditures: The earned income tax credit,* NBER Working Paper No. 14307 (Cambridge, MA, National Bureau of Economic Research (NBER)).

Escudero, V. 2016. *Workfare programmes and their impact on the labour market: Effectiveness of Construyendo Perú,* Research Department Working Paper No. 12 (Geneva, ILO).

Giotis, G.; Chletsos, M. 2015. *Is there publication selection bias in minimum wage research during the five-year period from 2010–2014?* Economics Discussion Paper No. 2015-58 (Kiel, Kiel Institute for the World Economy).

Hainmueller, J.; Hofmann, B.; Krug, G.; Wolf, K. Forthcoming. "Do lower caseloads improve the performance of public employment service? New evidence from German employment offices", in *The Scandinavian Journal of Economics.*

Hoynes, H.W.; Patel, A.J. 2015. *Effective policy for reducing inequality? The earned income tax credit and the distribution of income,* NBER Working Paper No. 21340 (Cambridge, MA, National Bureau of Economic Research (NBER)).

International Confederation of Private Employment Services (CIETT). 2016. *Economic Report 2016* (Brussels). Available at: http://www.ciett.org/economicreport2016/ [1 Apr. 2016].

International Labour Office (ILO). 2003. *Working out of poverty,* Report of the Director-General, International Labour Conference, 91st Session, Geneva, 2003 (Geneva).

—. 2004. "Trade unions and poverty reduction strategies", in *Labour Education 2004/1-2,* No. 134–135.

—. 2006. *Poverty Reduction Strategy Papers, A Guide For Employers' Organizations* (Geneva).

—. 2013. *National tripartite social dialogue: An ILO guide for improved governance* (Geneva), p. 12.

—. 2014a. *Global Wage Report 2014/15: Wages and income inequality* (Geneva).

—. 2014b. *Informality and the quality of employment in G20 countries,* report prepared for the G20 Labour and Employment Ministerial Meeting, Melbourne, 10–11 Sep.

—. 2014c. *Policies for the formalization of micro and small enterprises in Brazil* (Lima, ILO Regional Office).

—. 2014d. *Transitioning from the informal to the formal economy,* Report V(1), International Labour Conference, 103rd Session, Geneva, 2014 (Geneva).

—. 2014g. *World Social Protection Report 2014/15: Building economic recovery, inclusive development and social justice* (Geneva).

—. 2015a. *World Employment and Social Outlook: The changing nature of jobs* (Geneva).

—. 2015b. *Labour inspection and other compliance mechanisms in the domestic work sector: Introductory guide* (Geneva).

—. 2015c. *Formalization of the informal economy: Area of critical importance*, Governing Body, 325th Session, Geneva, 29 Oct.–12 Nov. 2015 (Geneva).

—. 2016a. *Women at Work: Trends 2016* (Geneva).

—. 2016b. *What works: Active labour market policies in Latin America and the Caribbean* (Geneva).

—. 2016c. *The enabling environment for sustainable enterprises in South Africa* (Geneva).

—. Forthcoming. *Formalizing employment in domestic work* (Geneva).

Immervoll, H.; Pearson, M. 2009. *A Good time for making work pay? Taking stock of in-work benefits and related measures across the OECD*, OECD Social, Employment and Migration Working Paper No. 81 (Paris).

Jenson, J. 2009. "Redesigning citizenship regimes after neoliberalism: Moving towards social investment", in N. Morel, B. Palier and J. Palme (eds): *What future for social investment?* (Stockholm, Institute for Futures Studies).

Kluve, J. 2010. "The effectiveness of European active labor market programs", in *Labour Economics*, Vol. 17, No. 6, Dec., pp. 904–918.

—. 2016. *A review of the effectiveness of active labour market programmes with a focus on Latin America and the Caribbean*, Research Department Working Paper No. 7 (Geneva, ILO).

Koettl, J.; Weber, M. 2014. "Does formal work pay? The role of labor taxation and social benefit design in the new member states", in M. Frölich, D. Kaplan, C. Pagés, J. Rigolini and David Robalino (eds): "Social insurance, informality, and labor markets: How to protect workers while creating good jobs" (Oxford Scholarship Online).

Mazza, J. 2013. "Connecting workers to jobs: Latin American innovations in labor intermediation services", in *Latin American Policy*, Vol. 4, No. 2, pp. 269–284.

McCord, A. 2005. *Win-win or lose? An examination of the use of public works as a social protection instrument in situations of chronic poverty*, paper presented a conference on Social Protection for Chronic Poverty, University of Manchester, 23–24 Feb.

Meyer, B.D. 2010. "The effects of the earned income tax credit and recent reforms", in *Tax Policy and the Economy*, Vol. 24, No. 1, pp. 153–180.

Naqvi, M.; Campbell, L.; Raysarkar, C. 2015. *In Ethiopia, a safety net program helps improve gender roles*, World Bank Blogs. Available at: http://blogs.worldbank.org/voices/ethiopia-safety-net-program-helps-improve-gender-roles [28 Apr. 2016].

Nataraj, S.; Perez-Arce, F.; Kumar, K.B.; Srinivasan, S.V. 2014. "The impact of labor market regulation on employment in low-income countries: A meta-analysis", in *Journal of Economic Surveys*, Vol. 28, No. 3, pp. 551–572.

Plasman, R. Rycx, F. 2001. "Collective bargaining and poverty: a cross-national perspective", in *European Journal of industrial Relations*, Vol. 7, No. 2, pp. 175–202.

Rani, U.; Belser, P.; Oelz, M.; Ranjbar, S. 2013. "Minimum wage coverage and compliance in developing countries", in *International Labour Review*, Vol. 152, No. 3–4, pp. 381–410.

Rubery, J. 2003. *Pay equity, minimum wage and equality at work: Theoretical framework and empirical evidence* (Geneva, ILO).

Saez, E. 2002. "Optimal income transfer programs: Intensive versus extensive labor supply responses", in *The Quarterly Journal of Economics*, Vol. 117, No. 3, pp. 1039–1073.

United Nations (UN); International Labour Organization (ILO); Government of Mongolia. 2015. *Social protection assessment based national dialogue: Definition and cost of a social protection floor in Mongolia* (Ulaanbaatar).

United Nations Educational, Scientific and Cultural Organization (UNESCO). 2015. *Education for All 2000–2015: Achievements and challenges* (Paris).

United States Agency for International Development (USAID). 2005. *Removing barriers to formalization: The case for reform and emerging best practice* (Washington, DC).

Vaidya, K. 2013. *Towards acceptable wages for public employment programmes: A guide for conducting studies for wage setting and estimating labour supply response* (Geneva, ILO).

Van Lancker, W.; Ghysels, J.; Cantillon, B. 2012. *An international comparison of the impact of child benefits on poverty outcomes for single mothers*, Working Paper No. 3, Herman Deleeck Centre for Social Policy (Antwerp, University of Antwerp).

Wicks-Lim, J.; Thompson, J. 2010. *Combining minimum wage and earned income tax credit policies to guarantee a decent living standard to all U.S. workers* (Amherst, MA, Political Economy Research Institute).

Woolard, I.; Harttgen, K.; Klasen, S. 2010. *The evolution and impact of social security in South Africa*, paper prepared for the Conference on "Promoting resilience through social protection in Sub-Saharan Africa", organized by the European Report of Development in Dakar, Senegal, 28–30 June. Available at: http://erd.eui.eu/media/BackgroundPapers/Woolard-Harttgen-Klasen.pdf [5 Apr. 2016].

World Bank. 2007. *World Development Report 2008: Agriculture for development* (Washington, DC)

Yeung, Y.; Howes, S. 2015. *Resources-to-cash: A cautionary tale from Mongolia*, Development Policy Centre Discussion Paper No. 42, Crawford School of Public Policy (Canberra, Australian National University).